金融法学文库
刘志云 主编

互联网金融监管研究

何剑锋 著

FINANCIAL LAW

法律出版社 LAW PRESS·CHINA

总　序

金融作为现代经济的核心，具有优化资源配置，调节经济运行之功效，其资本运作良善与否甚至关乎社会稳定的实现。基于此，金融业的发展成为各国政府关注的重中之重，而通过制度供给促进金融业的良好发展也成为普遍并可行的路径。在此背景下，金融法研究乘势而起，成为近世之显学。兴起虽晚，却生机勃勃，在深入汲取相关部门法的理论积淀的同时，也广泛容纳各种跨学科知识与方法，并探求自身内省性之品格，最终成就如今的这个底蕴深厚、逻辑自洽的新兴学科体系。

我国金融法的产生和发展伴生于改革开放的推进，经济体制转型的既有进路，型构了中国金融法制变迁之现实。虽然西方先验逻辑提供的立法技术素不匮乏，但我们真正所要面对的，却是如何让成熟的技术真正地契合本国的现实国情，发挥其应有的功效。内生金融交易秩序的制度根基的缺乏，曾使得中国金融法制在本土化复归的路途中一再迷失。同时在另一方面，全球化的推进，又敦促着中国必须及时完成经济转型，早日实现我国金融市场与国际金融市场的有效对接，从而更是加剧国内金融法制的发展困境。对于从事金融法研究的学者而言，任务艰巨如斯，前路漫漫，任重而道远。当然，恰逢这一转型之历史路口的吾辈,能直面历史之转折,兢兢业业,矢志科研;鉴前世之兴衰,考当今之得失;博观而约取,厚积而薄发。显然,从另一个视角观之,这是一种幸运。

“千淘万漉虽辛苦,吹尽狂沙始到金。”厦门大学法学院是全国较早开展金融法教学和科研的单位之一。早在2005年,便开始挂靠其他专业博士点招收“金融法”方向的博士研究生;2006年,在厦门大学获得法学一级学科硕士、博士学位授予权的基础上,设立经济法博士点,金融法研究成为主要招生方向之一;2010年12月,厦门大学法学院正式成立金融法研究中心。近年来,金融研究中心的学术团队承担了大量的国家级与省部级科研项目,并相继出版与发表大量的学术专著与专业论文,在国内开始产生一定的影响。而今,金融法研究中心日益壮大,已经形成一支老中青相结合的优秀学术团队,并成为我国金融法高层次专门人才的重要培养基地之一。

“非学无以广才,非志无以成学。”为了进一步推动金融法研究中心的学科建设以及促进国内金融法研究的繁荣,我们于2014年起决定编辑出版连续性的《厦门大学金融法学文库》。期以“前沿意识、精品理念”为指导,以系列学术专著、译著的形式,集中展现我国金融法领域的专题研究成果,促进学术繁荣和理论争鸣。“盖文章,经国之大业,不朽之盛事。年寿有时而尽,荣乐止乎其身,二者必至之常期,未若文章之无穷。是以古之作者,寄身于翰墨,见意于篇籍,不假良史之名,不托飞驰之势,而声名自传于后。”诚如斯言,我们期以本文库作为思想传播之媒介,学术交流之平台,博学审问,慎思笃行,自由争辩,自察自省,通过严肃认真的学术讨论和学术批评,推动金融法研究的不断创新。

在法律出版社的支持下,2016年伊始,《厦门大学金融法学文库》正式更名为包容性更大的《金融法学文库》。本文库稿件来源不限于金融法研究中心的学者、校友,而以最大的诚意广泛征集海内外金融法专著、译著。当然,我们亦知,就整个金融法学研究而言,本文库仅为沧海一粟。庙廊之才,非一木之枝,希望能与学界同仁相濡相闻,砥砺共进。

是为序。

刘志云

2016年7月22日

目录

导　论

一、研究的背景和意义

（一）研究的背景

当金融自由化的理念大行其道之时，金融监管的放松是一种必然。于是当金融风险累积到极致，就爆发了席卷全球的2008年国际金融危机。在后危机时代，各国深刻反思之后更加注重宏观审慎监管和微观审慎监管二者的结合，这使得传统金融机构的经营成本剧增。在综合考虑成本与收益以及风险之后，金融机构慎贷甚至惜贷，大大减少了对中小企业及个体信贷的支持，实体经济信贷需求受到了抑制。而我国还存在金融管制森严、利率双轨制未彻底改革等制度性因素，这些无疑影响了中小微企业和居民金融需求。现代金融市场的特征之一乃是先进技术的快速应用，技术已经趋于扮演一个扩音器或者促成者的角色来推动其他市场要素发挥作用。[1] 基

---

① Ethiopis Tarfara 认为现代金融市场六个特征为：全球化的市场，以高度流动性的资本；金融服务提供者之间的激烈竞争为特征；不再以传统上彼此区分的各类金融产品、行业和主体之间的壁垒为特征；复杂金融产品的广泛应用，致使投资者、金融机构以及监督市场行为与风险的监管者付出的成本不断增加；以规模庞大、流动性相对较高且不受监管的机构间金融市场与受监管的金融市场之间的共存为特征；先进技术的快速应用。参见［英］艾利斯·费伦等：《后金融危机时代的监管变革》，罗培新、赵渊译，法律出版社2016年版，前言第2页。

于以上两个方面的因素，把金融的功能和互联网技术与精神融合创新的互联网金融应运而生。互联网金融随着移动支付、社交网络、搜索引擎、云计算、大数据、区块链等互联网信息技术的发展而兴起，将会影响到人类社会金融模式的发展。[①] 互联网金融是一种区别于传统金融的创新型金融形态，其创新模式的演化与增多，不单单是融资方式的简单替换，而是促使金融市场向高效、稳定演变的重要推动力。[②] 随着第三次工业浪潮的到来，互联网金融发展是大势所趋，也是信息时代重大的变革，更是今后金融科技[③]的基础与先导。它将发挥降低信息成本与交易成本、增加信息透明度、提高金融效率、合理配置资源、实现普惠金融的关键性作用。但是，互联网金融的本质依然是金融。即使在信息化技术条件下，互联网金融依然要在新的不确定风险下对资金进行配置与交换，它不仅蕴含着金融风险，同时还携带着技术与创新的风险。尤其是在现代通信与计算机网络技术的推动下，在推动跨境竞争、促进金融产品的跨行业的可替代性和极大地增加市场参与者面临激烈竞争的同时，也放大了潜在的系统性风险。[④] 金融是在创新与监管的博弈中成长起来的，互联网金融也不例外。在风险社会中如何通过制度的安排构建一个合理的互联网金融监管框架来降低风险、减少不确定性是世界各国亟待思考与解决的问题。

从互联网诞生的第一天起，欧美发达国家就把互联网和金融不断地融合。金融危机之后传统的信贷萎缩，已满足不了新兴的小企业和个人金融服务的需求。网络信息科技和金融的融合，以互联网金融的姿态出现，迅速改变了中小微企业融资的窘境。因此，欧美发达国家的互联网金融应运而生。其中，最核心、最具有创新性的是 P2P 网贷和众筹融资及区块链，并在此基础上不断拓展。世界著名调查咨询公司 Massolution 预测在 2013 年全

---

① 谢平、邹传伟、刘海二：《互联网金融模式研究》，载《新金融评论》2012 年第 1 期。

② 艾瑞咨询：《互联网金融创新金融模式研究》，载艾瑞网：http://report.iresearch.cn/2068.html，2014 年 12 月 2 日最后访问。

③ FSB 将金融科技（Fintech）初步定义为：技术带来的金融创新，能创造新的业务模式、应用、流程或产品。

④ [英]艾利斯·费伦等：《后金融危机时代的监管变革》，罗培新、赵渊译，法律出版社 2016 年版，前言第 10 页。

球众筹融资量将增加81%,市场规模将达到51亿美元。[①] 而实际上,2013年的全球众筹量达到了61亿美元,远远超出预期。接着,2014年全球众筹量迅速增长达到了162亿美元,整整增长了167%,其中债权众筹(P2P网贷)达到了110.8亿美元。Massolution估计2015年众筹金额将比2014年增长2倍多,总额达344亿美元。[②] 世界银行于2013年发布的《发展中国家的众筹潜力》("*Crowdfunding's Potential for the Developing World*")报告称,到2025年全球发展中国家的众筹投资将达到960亿美元。[③] 互联网金融市场的发展使得其蕴含的金融风险和科技风险等不确定性因素不断的显现、累积,亟待监管及时跟进并规范化其发展。

互联网金融监管的实践中,美国在众筹融资监管方面居于世界领先地位。美国率先制定出《促进初创企业融资法》(*Jumpstart Our Business Startups Act*,简称JOBS法案)。根据JOBS法案,美国证交会(the U. S. Securities and Exchange Commission, SEC)制定了具体股权众筹监管规则。意大利于2012年12月17日颁布《2.0号发展法案》,随后制定了《关于创新型企业通过网络平台的股权筹集资本的规定》。在2014年3月6日,英国金融行为监管局(Financial Conduct Authority, FCA),发布《FCA对网络众筹和通过其他方式发行不易变现证券的监管规则》(*The FCA's Regulatory Approach to Crowdfunding over the Internet and the Promotion of Non-readily Realisable Securities by other Media*,简称《FCA众筹监管规则》)对债权众筹和股权众筹进行适度监管。2014年5月30日法国制定了《参与性融资法令》监管股权众筹与借贷模式众筹,已于10月1日正式生效。目前,西班牙、新西兰、日本、韩国、澳大利亚等国已经制定出众筹监管法规或拟定草案。欧美等国正在积极探索区块链技术的应用及合理监管,对比特币监管也在摸索之中,亟待完善。此外,欧美等国借助传统法律法规监管框架对第

---

① Massolution, "The Crowdfunding Industry Report(2013)", http://research.crowdsourcing.org/2013cf-crowdfunding-industry-report, Dec. 2, 2013.

② 百筹网:《Massolution发布众筹行业报告:2015年全球众筹金额预计344亿美元》,载百筹网:http://www.100chou.com/site/news/trend/id-95,2014年5月1日最后访问。

③ The World Bank, "Crowdfunding's Potential for the Developing World", http://search.worldbank.org/all?qterm=Crowdfunding%E2%80%99s%20potential%20for%20the%20developing%20world, May 1, 2014.

三方支付进行的监管已趋成熟。总之,域外发达国家的监管举措与步伐,足以证明再好的互联网金融创新都有风险和不确定性,需要对其进行合理、适度的监管。新的监管框架与制度必须解决因互联网金融创新而带来系统性风险增加的问题,只有这样才能更好地促进互联网金融发展。

目前,我国互联网金融的崛起有以下三个方面的原因:一是当前我国金融管制森严、利率双轨制未彻底改变的制度性因素,导致小微企业和居民个体金融需求难以满足。① 二是我国网民人数随着互联网技术的应用迅速增加。例如,截至2015年12月,我国互联网普及率已经超过百分之五十,②截至2016年12月,我国网民规模达7.31亿,相当于欧洲人口总量,互联网普及率达到53.2%,超过全球平均水平3.1个百分点,超过亚洲平均水平7.6个百分点。中国互联网行业整体向规范化、价值化发展,同时,移动互联网推动消费模式共享化、设备智能化和场景多元化。③ 三是政策的指引和肯定推动了互联网金融的发展。国务院办公厅2013年发文指出:要利用互联网新技术,创新互联网金融的发展(中国人民银行、银监会、证监会、保监会按职责分工负责)。④ 2013年8月2日,中国人民银行发布了《中国货币政策执行报告二〇一三年第二季度》报告。该报告指出在资金需求方和资金供给方之间,新兴的互联网金融业提供了有别于我国传统银行业和证券市场的新融资渠道,它提高了资金融通的效率,是我国现有金融体系的有益补充。⑤ 2013年11月12日,十八大提出发展普惠金融。国务院在2014年政府工作报告中首次提出促进互联网金融健康发展,完善监管协调机制。

---

① 张钟凯:《互联网金融倒逼金融改革　机遇与挑战并存》,载新华网:http://news.xinhuanet.com/finance/2013-11/05/c_118013819.htm,2013年12月4日最后访问。

② CNNIC:《第37次中国互联网络发展状况统计报告》,载中国互联网络信息中心网:http://cnnic.cn/gywm/xwzx/rdxw/2015/201601/t20160122_53283.htm,2016年2月28日最后访问。

③ CNNIC:《第39次中国互联网络发展状况统计报告》,载中国互联网络信息中心网:http://www.cnnic.cn/hlwfzyj/hlwxzbg/hlwtjbg/201701/t20170122_66437.htm,2017年2月28日最后访问。

④ 《国务院办公厅关于金融支持小微企业发展的实施意见》(国办发〔2013〕87号)。

⑤ 中国人民银行:《中国货币政策执行报告二〇一三年第二季度》,载中国人民银行网:http://www.pbc.gov.cn/publish/zhengcehuobisi/4098/2013/20130802172702627245654/20130802172702627245654_.html,2013年12月4日最后访问。

2015年3月5日,国务院政府工作报告中进一步明确:制定我国"互联网+"计划,促进互联网金融良性发展。在互联网金融发展的早期,我国政府对互联网金融的鼓励与包容,有力地推动我国互联网金融的健康发展。

我国互联网金融市场是发展与风险并存的市场。我国P2P网贷从2006年开始发展,到2012年,我国仅有110家P2P网贷平台。[①] 截至2015年12月底,网贷行业运营平台已迅猛增长到2595家。[②] 但是由于监管空白和不到位,产生了诸如"跑路"等一系列问题。截至2016年12月底,网贷行业正常运营平台数量为2448家,相比2015年年底减少了985家。但是,2016年全年网贷行业成交量达到了20638.72亿元,相比2015年全年网贷成交量(9823亿元)增长了110%。[③] 我国众筹市场潜力巨大,世界银行预计中国众筹到2025年规模会超过500亿美元,将会是全世界最大的众筹市场。[④] 但是,受制于现行法律法规,我国的众筹融资尚处于起步阶段。2013年及之前全国众筹行业仅成功筹资3.35亿元,2014年成功融资21.58亿元,2015年成功筹资额达到114.24亿元,首次全年筹资额破百亿元。[⑤] 2016年全国众筹行业共成功筹资224.78亿元,是2015年全年成功筹资额的1.97倍,是2014年全年全国众筹行业成功筹资金额的10.42倍。[⑥] 据不完全统计,截至2016年12月底,全国正常运营众筹平台共有427家,与2015年年底全国正常运营众筹平台数量283家相比,涨幅达50.88%。因此,亟待法律法规的修订与监管措施的出台,为众筹的合法发展铺平道路。此外,从2013年开始,基金、保险等在线理财产品由于条件成熟发展迅速。

---

① 第一财经新金融中心:《中国P2P借贷服务行业白皮书》(2013),中国经济出版社2013年版,第29页。

② 网贷之家、盈灿咨询:《2015年中国网络借贷行业年报》(完整版),载网贷之家网:http://www.wdzj.com/news/baogao/25661.html,2016年1月18日最后访问。

③ 网贷之家、盈灿咨询:《2016年中国网络借贷行业年报》(完整版),载网贷之家网:http://www.wdzj.com/news/yanjiu/52614.html,2017年2月28日最后访问。

④ The World Bank, "Crowdfunding's Potential for the Developing World", http://search.worldbank.org/all? qterm = Crowdfunding% E2% 80% 99s% 20potential% 20for% 20the% 20developing% 20world, May 1, 2014.

⑤ 网贷之家、盈灿咨询:《2015年全国众筹行业年报》(完整版),载网贷之家网:https://www.wdzj.com/news/baogao/25767.html,2016年1月18日最后访问。

⑥ 网贷之家、盈灿咨询:《2016年全国众筹行业年报》(完整版),载网贷之家网:http://www.wdzj.com/news/yanjiu/54404.html,2017年2月28日最后访问。

例如,余额宝从上线1周年时基金规模突破5000亿元,用户数量超过1亿户,[①]到2016年预计可达1.5万亿元规模。[②] 截至2017年12月31日,余额宝总规模1.58万亿元,用户共计4.743亿人,个人投资者持有份额占比99.94%。[③] 其T+0运营模式蕴含的风险,也是监管不断努力的结果。艾瑞咨询公司数据显示:2015年第三季度,我国第三方互联网支付交易额达到3万亿元,同比上涨52.6%,[④]第三方移动支付市场交易额达到24204.9亿元,同比上涨64.3%。[⑤] 到了2016年第四季度,第三方移动支付达到18.5万亿元[⑥],第三方互联网支付达到6.1万亿元[⑦]。相对而言,我国第三方支付市场监管较早。从2011年开始,中国人民银行已经发放了270张第三方支付牌照,有效期为5年。在第三支付发展的过程中,主要存在违规存放客户备付金和无证经营等方面的问题。从2015年到现在,已经有12家支付机构被注销《支付业务许可证》。[⑧] 可见,对第三方支付的监管仍需进一步的完善。总体而言,截至2017年年底,中国互联网金融交易总规模已超过24.6万亿元,占GDP比例达20%,互联网金融用户超过6亿。[⑨] 互联网金融的蓬勃发展使得其潜在的各种风险也日益显现。

(二)研究目的和意义

中小企业融资难是全球普遍性的难题。而以众筹、P2P网贷等为代表

---

① 赵明超:《互联网金融改变了什么》,载《上海证券报》2014年6月13日,第3版。

② 毛军华:《中金公司:余额宝2016年可达到1.5万亿元》,载新浪网:http://finance.sina.com.cn/money/fund/20140228/143518367849.shtml,2015年2月28日最后访问。

③ 《余额宝发布2017年度报告:总规模1.58万亿元》,载搜狐网:http://www.sohu.com/a/226989402-465976,2018年4月3日最后访问。

④ 杨春秀:《艾瑞:2015Q3第三方互联网支付交易规模达3.0万亿》,载艾瑞网:http://report.iresearch.cn/content/2015/12/256608.shtml,2015年12月4日最后访问。

⑤ 李哲峰:《艾瑞:2015Q3第三方移动支付规模达24204.9亿元》,载艾瑞网:http://report.iresearch.cn/content/2015/12/256609.shtml,2015年12月4日最后访问。

⑥ 郑莹、李哲峰:《艾瑞:2016Q4第三方移动支付达到18.5万亿元》,载艾瑞网:http://report.iresearch.cn/content/2017/04/267623.shtml,2017年2月28日最后访问。

⑦ 张念晨:《艾瑞:2016Q4第三方互联网支付达到6.1万亿元》,载艾瑞网:http://report.iresearch.cn/content/2017/04/267622.shtml,2017年2月28日最后访问。

⑧ 央视网:《中国人民银行:已注销12家第三方支付机构牌照》,载央视网:http://news.cctv.com/2017/06/15/ARTIwowMTkNZyZ1Ztlxo2JZU170615.shtml,2017年6月18日最后访问。

⑨ 胡靖:《以法律保障互联网金融消费者权益》,载社会科学报网:http://www.shekebao.com.cn/shekebao/n440/n441/u1ai13139.html,2018年3月27日最后访问。

的互联网金融,能很好地适配中小企业融资的需求。但是作为新生事物的互联网金融在迅猛发展、野蛮生长的过程中所带来的金融风险和创新风险挑战着各国监管当局。尤其是互联网金融蕴含的颠覆性技术使得它并不能简单地被纳入任何现存的监管框架里,这是数字化时代的一个特点。① 面对这一世界性难题,先行的国家都在探索监管之道,但都强调依法监管及完善相关的法律制度。

目前,我国金融市场面临着中小微企业及个体资金需求旺盛与传统的金融体系资金供给不足、无动力的现实问题。根植于市场需求的互联网金融,成为互联网时代创新发展的必然,它有助于实现高效、个性化、定制化的普惠金融。但是,我国监管的空白和不到位导致互联网金融在发展过程中风险不断、乱象环生。最为突出的 P2P 网贷行业,2015 年全年问题平台达到 896 家,其中跑路占 55%,提现困难占 29%,停业占 15%,经侦介入占 1%,2015 年的问题平台是 2014 年的 3.26 倍。② 2016 年年底中国 P2P 网贷风险预警系统的风险池预警平台 3878 家,占全国 P2P 网贷平台 6635 家的 58.45%,全国主动关闭、提现困难、失联跑路问题平台等累计 2456 家。③ 对互联网金融的如何监管,是互联网金融发展过程中面临的最为棘手、最为紧迫的问题。

为此,互联网金融监管的探索从此拉开序幕。2013 年 8 月 1 日,由央行等七部委组成的"互联网金融发展与监管研究小组"专程到上海、杭州两地进行调研。④ 2014 年、2015 年两会期间,我国政府工作报告明确鼓励互联网金融创新与发展。2015 年,十部委发布了《关于促进互联网金融健康发展的指导意见》(以下简称《互联网金融意见》)。2016 年 4 月,央行牵头联合各金融监管部门成立专项整治小组,出台《互联网金融风险专项整治工

---

① [加]唐·塔普斯科特、亚力克斯·塔普斯科特:《区块链革命:比特币底层技术如何改变货币、商业和世界》,凯尔等译,中信出版社 2016 年版,第 273 ~274 页。

② 网贷之家、盈灿咨询:《2015 年中国网络借贷行业年报》(完整版),载网贷之家:http://www.wdzj.com/news/baogao/25661.html,2016 年 1 月 18 日最后访问。

③ 《2016 年新发网贷问题平台 938 家 数量大幅度减少》,载搜狐网:http://www.sohu.com/a/123456492_351022,2017 年 6 月 18 日最后访问。

④ 黄蕾:《七部门联合调研 互联网金融立法或发轫》,载《上海证券报》2013 年 8 月 6 日,第 F01 版。

作实施方案》对互联网金融进行专项整治,时至今日尚未完成。在理论界,我国的专家学者对互联网金融监管进行了大量、有益、持续的研究,具有一定的参考价值和借鉴意义,但是其中存在一定的问题:第一,对我国互联网金融的监管仍然着眼于现行的分业监管模式,只是在现有基础上提出监管的改良;第二,大多文献在梳理和借鉴国外的经验基础上,提出了原则性的建议,但缺乏具体监管规则的构建与完善;第三,缺乏对互联网金融混业发展的研究及基于此构筑的互联网金融监管模式及设计监管制度。总而言之,无论国内还是国外,对互联网金融这个新生事物的监管都还正处于探索阶段。虽然国内外有关互联网金融监管的研究热情经久不衰,但总体上呈现出碎片化、条块化的局面,更多的研究成果集中在互联网金融国内外具体业务形态方面,如P2P网贷、股权众筹等方面,缺乏系统化、深入化的互联网金融监管理论及制度构建的研究成果。

互联网金融的创新并非是一种毫无节制的创新。在推行我国金融法治的逻辑下,只有在金融监管法律自由之下的框架中,互联网金融的创新才具有法律和社会的双重意义。英、美、意、法等国通过完善互联网金融法律制度或者制定相适宜的监管法律法规,佐证了互联网金融监管的价值。互联网金融监管虽然在某种程度上压抑了互联网金融的效率与创新,但是在法律的价值位阶中,安全作为实现正义的前提是维护权利实现的保障。也正是这种“以驯服金融风险,保证国家安全,并确保了人们对自己的经济行为有合理预期”的善意之恶,是人类社会越来越依赖于金融体系的时代下必须存在的克服人类理性缺陷的不可或缺之恶。① 凝视当前互联网金融的发展及对传统金融的冲击,去中心化、去媒/脱媒的潮流意味着金融处在一个创新的旋涡,众筹、第三方支付、P2P、大数据分析、区块链及时已经使得传统金融机构在市场服务中面临逐步失去对整个价值链条的控制地位,虽然从当前的规模来说,这些金融创新还在萌芽期,然而仅仅因为传统金融对实体经济的支持力度不足而对金融创新在法律法规上网开一面、姑息迁就,就会破坏金融法规的严肃性、公平性,并可能引发金融邪恶的另一方面,导致

---

① 黎四奇:《我国银行法律制度改革与完善研究》,武汉大学出版社2013年版,第23页。

系统不稳定。[①] 因而,互联网金融创新必须在安全的前提下和法律的框架内进行,注重效率与安全兼顾、创新与监管兼容。通过对"互联网金融监管"这一挑战性命题的研究,笔者试图探寻完善法律监管制度,协调互联网金融安全与效率、创新与监管之间的矛盾,最终在维护金融市场稳定和保障金融消费者权益的前提下,完善我国互联网金融监管制度,并在此制度安排下发挥互联网金融的功能与价值,实现普惠于民的金融社会。这正是本书所寻求的目的与意义。

二、研究方法

库恩所提出的"范式",是指在某一学科内被人们所共同接受、适用并用来交流思想的共同的一套概念体系和分析方法。可见,范式既是一种世界观,又是理论方法约定的集合。[②] 而"每种学问都运用一定的方法,或遵循特定的方式来答复自己提出的问题"。[③] 因此,在法学视野下,互联网金融这一创新事物也必须以金融稳定为基础和底线,在法治轨道上探寻监管制度的构建与完善,进而实现效率与安全兼顾、创新与监管平衡的普惠金融社会。卢曼说过一句经典的话:方法总是和问题相伴。我们要善于根据问题的不同选择合适的研究方法,而不是盲目推崇某一种研究方法,唯其马首是瞻。[④] 因此,根据本书的选题和内容,笔者将选择以下几种研究方法展开研究:

(一)跨学科研究方法

在互联网信息时代,将互联网技术、精神与金融融合的互联网金融引起了一系列深刻的社会变化。互联网金融改变着金融的格局与服务模式,影响着监管制度的选择与重塑,推动着基于传统市场经济结构与商业模式的法律体系的变革。"进行跨学科的交叉研究所能获取的具体利益,不仅在于每个学科能够建设性地借用另一个学科现有并得到广泛使用的概念,也

---

① [英]安德鲁·帕尔默:《金融创新》,郭杰群、草沐译,中国人民大学出版社2016年版,译者序第XIII页。

② 马涛:《经济学范式的演变》,高等教育出版社2017年版,第15页。

③ [德]卡尔·拉伦茨:《法学方法论》,陈爱娥译,商务印书馆2003年版,第19页。

④ 陈瑞华:《论法学研究方法》,北京大学出版社2009年版,第74页。

在于每个学科可以有效地运用另一学科的研究手段或分析方法，乃至每个学科的既有研究成果可以为另一学科的研究提供丰富的论证材料。”①互联网金融监管涉及经济学、行为金融学、社会学、法学、互联网技术等多学科领域的相关理论，对互联网金融监管的研究，必须从多学科的视域中探寻其内在的机理，从各个角度、多个层面重构互联网金融监管理论基础，进而重新定位其监管价值，并基于此完善法律法规和重塑监管制度，最终形成系统化的互联网金融监管基础理论，并指导我国互联网金融监管。

（二）比较分析法

互联网金融正处于创新发展的起步阶段，对各国的金融监管提出了新的挑战。近年来，美国、英国、意大利、法国等发达国家纷纷制定监管法律法规，强调依法监管，并逐步完善互联网金融的监管制度。但各个国家市场环境、制度背景和法律体系的不同，导致在面对互联网金融监管这同一命题时各国的制度出现了差异，即各个国家监管的侧重点有所不同。“任何理论都是针对本土问题而提出的，任何制度也都是为了解决本土的法制问题而作出的一种规范。”②因此，本书立足于世界的眼光、中国的问题，运用比较分析法研究互联网金融监管。比较分析法在本书中主要体现在两个方面：一方面，比较发达国家互联网金融监管的法律制度和监管模式及理念方面的不同点和相同点。通过此方法，在剔除各个国家特有制度背景因素之后，归纳出互联网金融监管的共性因素。另一方面，对比域内外互联网金融的基本状况、市场环境、法律法规在制度方面、监管等方面的差异，以此来重构或完善我国互联网金融的监管模式、推动完善相关的法律法规、因地制宜地提出完善监管制度的路径。这种比较方法是围绕着互联网金融监管的核心，审视和凝练国际上对互联网金融监管的先行经验，即或制定新的法规、颁布新的监管规则，抑或是监管模式选择与具体制度的架构。从而挖掘出对我国互联网金融监管有益的资源，并对我国现有的法律法规、金融监管模式及相应的监管制度进行完善或者重构，最终回归到互联网金融监管的本土化研究。

---

① 刘志云：《国际关系与国际法跨学科研究之路径》，载《世界经济与政治》2010 年第 2 期。
② 陈瑞华：《论法学研究方法》，北京大学出版社 2009 年版，第 62 页。

（三）法律经济学研究方法

法律经济学（economics of law），是用经济学的方法和理论来考察、研究法律和法律制度的学说。依照科斯定律，在交易成本存在的世界里，能使交易成本最小化的法律是最适当的。基于此，波斯纳进一步提出法律应该通过清晰的界定权利而降低交易成本。① 申言之，通过制度（包括法律制度）的构建与完善，来消除私人之间通过谈判达成协议的障碍、降低交易费用、合理进行资源配置，进而实现效率最大化。因此，基于成本与效率的考量，法律的经济分析决定应该制定什么样的法律。作为新生事物的互联网金融本身能发挥普惠金融的效率，能在一定程度上实现合理配置金融资源；但是互联网金融市场又存在一定的市场失灵，制约和影响着金融效率和资源配置。对于这种两难的局面，如果通过设置或者完善互联网金融监管制度，来降低社会经济活动中的交易费用，使得人们能借助良好的法律制度环境来从事互联网金融活动。“法律研究是一个开放的体系。任何一门学科的知识如果对解释一部分法律现象有帮助和价值，都可以加以利用。”②因而，运用法律经济学的方法去分析如何进行互联网金融监管制度的完善，进而在法律制度上安排好效率、公平和安全，实现金融资源的合理配置不失为一种好的方法。

三、研究内容

互联网金融是信息化时代下金融领域的新生宠儿。它携带着金融与互联网技术的基因，挑战和冲击着现存的监管制度。放眼全球，互联网金融监管在各个国家都处于小心翼翼摸索前行的状态，并无长期实践总结且可直接套用的经验。针对碎片化、零散的互联网金融监管研究与实践现状，本书试图从多学科的角度出发，把互联网金融监管的理论基础系统化，转变以往只注重互联网理论研究而较少涉及互联网金融监管理论的局面。在评析现有的互联网金融目标监管模式和功能监管模式之后，将研究重点放在我国

---

① ［美］理查德·波斯纳：《法律的经济分析》（第7版），蒋兆康译，法律出版社2012年版，第51～52页。

② 陈瑞华：《论法学研究方法》，北京大学出版社2009年版，第72页。

互联网金融监管的完善上，即全面分析我国互联网金融监管现状与存在的问题，通过监管模式选择、监管原则的确立和价值定位，如何去通过相应的制度型塑，来完善我国互联网金融监管，进而实现效率、安全和公平的民主金融社会。本书的难点在于互联网监管制度的设计与评估，这也是本书面临的最大的挑战。互联网金融监管实践，不过短短的几年时间，先行实践的国家屈指可数，大多数国家正在观望与探索之中。基于现有的发达国家互联网金融监管的实践，本书试图从为数不多的实证材料中并借助理论的分析框架设计出不同监管模式下的制度，并在此基础上进行绩效分析。虽然这一工作十分艰难，但是互联网金融监管制度的设计与绩效评估有助于完善我国互联网金融监管制度，这也是本书的意义所在。

除了导论和结语之外，本书的正文部分主要分为五章：

第一章主要阐述互联网金融概况与监管的必要性。法律概念是研究问题的逻辑起点和基础，故本书首先以法学的视域界定互联网金融，即它是指秉承互联网精神，融合金融功能与互联网信息技术，体现支付、资金融通和信息中介的新兴金融业态，从而将互联网金融交易行为置于法律法规之下；其次，界定互联网金融功能并划分互联网金融模式，以确定互联网金融适用监管法规的范围，发挥其补充与竞争的作用；再次，从宏观和微观视角定位互联网金融的价值，确保监管不偏离轨道；最后，在深入分析互联网金融的系统性风险、流动性风险、信用风险、操作风险、市场风险、法律风险、信息技术风险和"长尾"大众风险的基础上，从矫正金融市场外部失灵、规范和促进我国互联网金融行业的发展、维护金融消费者利益、维护金融稳定等方面论证互联网金融监管的必要性。

第二章主要阐述了互联网金融监管的理论基础与价值取向。互联网金融监管需要理论来支撑其监管的正当性与合理性。互联网金融市场并非是一个理想化的市场。因此，第二章以经济学为视角，从两个方面论证了互联网金融监管的理论依据：一方面，分析了互联网金融的外部性、信息不对称、垄断、公共物品等市场失灵问题；另一方面，从行为金融学的层面阐述了个体的非理性行为与认知偏差。由于互联网金融交易各方在市场交易中是利己的，因而存在背离正义、失序与效率低下等问题。然而，正义、安全和效率是法追求的永恒价值。因此，从法学维度阐述互联网金融监管的价值支撑意义深远。此外,如何最大限度地消除互联网金融带给人们的慌乱与不安需要依托风险社会理论。基于此,互联网金融监管的价值取向应为兼顾效率与安全、维护公平竞争与包容创新。只有确立了监管的价值定位,方能不偏离有效监管的轨道,充分实现制度矫正。

第三章主要研究互联网金融监管的既有模式分析与监管原则的确定。互联网金融对各国监管提出了挑战,各国都自愿或非自愿的适时调整了其监管模式及制度。目前,功能监管与目标监管是互联网金融监管的主要模式。本章在互联网金融监管的实践基础上,解析了功能监管模式利于创新、监管专业、监管一致、监管公平的优势,以及难以防范系统性风险、创新产品权属不清、协调成本增加等缺陷,同时,评价了目标监管模式的优点,即全面监管风险、突出保护金融消费者、平衡监管与创新、提高监管效率,以及其目标选择上的冲突性、简单化及增加监管成本等不足。选择合理的监管原则,对于互联网金融的发展至关重要。互联网金融监管的原则包括:鼓励创新与风险防范相结合原则、适度原则、金融消费者保护原则、依法监管原则、监管协调原则。这些原则贯穿于互联网金融监管的始终,具有重要的意义。

第四章主要研究互联网金融监管的制度设计与绩效评估。在风险社会中,互联网金融监管制度要尽可能消除风险,用一个合理、有效的激励结构减少不确定性。为了探寻当下及今后互联网金融监管制度的有效性,本章着重阐述了在功能监管与目标监管两种模式下的制度设计。在考量制度变迁与成本、公平正义和风险的基础上,功能监管模式主要围绕着金融功能、协调监管和金融消费者保护等方面进行制度设计。而目标监管制度设计是以行为监管和审慎监管为核心的。互联网金融监管制度的绩效体现在对互联网金融资源分配和利用的效率上。对互联网金融的功能监管制度和目标监管制度进行绩效评估,其主要标准是效率与安全,即在追求效率的过程中,防范互联网金融产生的系统性风险,保障金融系统的安全。二者的绩效因其制度的架构与理念不同,具体表现也有所不同。

第五章主要探讨如何完善我国互联网金融监管的完善构想。首先,基于我国互联网金融监管的现状,本章梳理与分析我国互联网金融监管存在的监管空白、监管模式不匹配、法律制度供给不足等问题;其次,在确定我国互联网金融监管价值取向的基础上，提出建议即最终的监管模式采用目标监管模式、中短期的功能监管、协调监管和金融消费者保护为一体的监管模式；随后，界定了我国互联网金融监管的基本原则；最后，从完善基础性法律法规、征信与网络安全方面的基础性制度和各业务类型监管制度三个层面，具体阐述我国互联网金融监管制度的完善建议。

四、创新与不足之处

本书运用经济学、行为金融学、社会学、法学等多学科的理论，通过理论分析与比较研究等方法，围绕着互联网金融监管这个核心问题，较为系统的形成了监管的理论基础、价值定位、监管原则、监管模式等理论体系。较以往碎片化、分散化的研究状况，有一定程度的改进。

此外，现有的互联网金融监管研究缺乏从监管模式、制度设计和互联网金融混业要求等角度的考量，大多直接基于现存的分业监管模式提出完善建议。本书试图从互联网金融目标监管模式与功能监管模式的评析、制度设计及绩效评估等方面，勾勒出互联网金融监管在不同模式选择下的不同制度架构及体现出的不同绩效，进而针对我国互联网金融监管制度的完善，基于不同的时间阶段采取不同的模式及制度架构，即最终的监管模式采用目标监管模式、中短期的则以功能监管、协调监管和金融消费者保护为一体的监管模式和现阶段的法律法规的修订与完善。并从法律法规、基础制度、具体业务类型的完善三个层面，推进我国现阶段互联网金融监管制度的完善。

互联网金融监管是一个世界性的难题。互联网金融在网络空间活动中对身份认定、合同关系、资金监管、个人信息保护、消费者权益维护等提出了一系列的挑战。[①] 金融危机印证了无论法律规定得如何细密，岁月的年轮和商业周期的潮起潮落，都会将其冲刷的千疮百孔。[②] 一味的固守传统监管理论无法适应互联网金融出现的新型交易风险。目前，互联网金融监

---

① 阎庆民、杨爽：《互联网 + 银行变革与监管》，中信出版社 2015 年版，第 120 页。

② ［英］艾利斯·费伦等：《后金融危机时代的监管变革》，罗培新、赵渊译，法律出版社 2016 年版，总序第 13 页。

管实践时间较短，正处于起步摸索阶段，欧美等国已经推行的法律监管制度有待实证检验。在此背景下，实证数据材料的缺乏，第一手资料收集的困难(因语言的限制而不能对法国、西班牙、意大利、日本等国的第一手资料进行收集)和本人的知识结构限制，本书从 2013 年选题开始，到 2016 年 7 月完稿，在此期间对这一问题进行完整的研究绝非易事。互联网新技术层出不穷、更新换代迅速，使得互联网金融处于动态的快速发展之中，而世界各国对互联网金融监管都是在谨慎的探索中前行。因此本书在互联网金融监管的理论和制度设计等方面的研究有待进一步的深入和升华，难免有缺漏与缺陷。

第一章　互联网金融概述与监管的必要性

时下,互联网金融成为最热门最时髦的话语。但是监管的不到位甚至缺失,导致互联网金融业乱象丛生,鱼龙混杂,良莠不齐,这严重地制约了互联网金融行业的健康发展。因此,针对市场中的互联网金融乱象,有必要从法律视域界定互联网金融的概念,分析互联网金融的功能、业务模式及其价值,剖析互联网金融的风险,阐述对互联网金融进行监管的必要性及逻辑所在,进而铺垫好研究互联网金融监管的基础。

第一节　互联网金融的内涵界定与特征分析

随着网络技术的兴起与突飞猛进,互联网技术和思维开启了人类社会网络信息化时代。在这个全新的时代中,互联网以分享、协作、平等、自由、开放、民主、创新的精神理念,去中心化、扁平化、自组织的独特品性,引发了互联网技术与金融要素的聚合与重构,创新出异于传统金融的互联网金融。互联网金融有助于消除金融抑制、高效配置资源、实现普惠金融与民主金融,创新了金融业务形态,颠覆了传统金融的思维,引发了金融行业的变革,改变了金融行业的格局。作为互联网金融及监管理论研究的逻辑起点和基石,首先要明确何谓互联网金融?看似简单的问题,实则难以回答。

学界、业界及监管机构对互联网金融认识不一,这或许是由于互联网金融为一种创新事物,抑或是观察事物的角度和立场不同,更或许是世界各国监管制度的不同。要推动互联网金融的健康发展、进一步完善我国互联网金融监管制度、守住不发生系统性和区域性金融风险的底线,就必须对互联网金融界定一个明确的、法律意义上的概念。概念有其特定的内涵与特征。"借着——属于(外部的)体系,或可以毫不困难地植入体系中的——概念来掌握规整或契约模式的规整内容,此谓之法律上的'构想'。"①因此,本节通过考察、分析学术界与实务界对互联网金融不同定义,对凌乱的互联网金融形态的共性进行梳理,以此明确互联网金融的范畴。

一、互联网金融的内涵界定

(一)互联网金融的概念

概念是人的发明,是用文字表述的,是科学的思维工具。② 研究任何问题都必须有清晰的概念,没有明确的概念界定就难以进行科学的研究。③在法律经济化的当下,有必要从概念入手去认知、评价法律制度。④ 在我国,"互联网金融"(Internet Finance)的概念最早由中国人民银行科技司司长陈静在 2001 年的《立足央行职责　推动我国互联网金融服务健康发展》一文中提出。⑤ 此后,谢平教授等人在 2012 年发表的《互联网金融模式研

---

① [德]卡尔·拉伦茨:《法学方法论》,陈爱娥译,商务印书馆 2003 年版,代译序第 16 页。

② 梁慧星:《法学学位论文写作方法》(第 2 版),法律出版社 2012 年版,第 151 页。

③ 刘少军:《互联网金融合法与非法的判断标准》,载岳彩申、盛学军主编:《互联网与民间融资法律问题研究》,法律出版社 2014 年版,第 11 页。

④ 黎四奇:《对后危机时代影子银行监管的冷思考》,载《暨南学报》(哲学社会科学版) 2014 年第 8 期。

⑤ 陈静:《立足央行职责　推动我国互联网金融服务健康发展》,载《金融电子化》2001 年第 9 期。

究》一文中首次将其系统化、理论化。[①] 从此,"互联网金融"在我国成为炙手可热的词汇,引发了各行各界对互联网金融的关注与研究。金融与互联网的融合源于20世纪90年代的欧美发达国家,但由于经济、技术、金融环境、制度等方面的差异,国外并无对应的"互联网金融"一词。随着21世纪的金融创新,欧美等发达国家出现诸如众筹和P2P网贷等互联网金融新型业务形态,我国的互联网金融也脱胎于此。但是,互联网金融是在我国语境中使用的一个富有中国特色的概念。

1. 学术界对互联网金融的各种定义

最近几年,对互联网金融的研究是学术界的热点。互联网金融概念呈现出多样化的状态。主要的代表性观点有三种,即"去中介论""融合论"和"工具论"。

谢平教授是"去中介论"的代表性学者。他认为在现代网络信息技术的推动下,出现第三种融资模式——互联网直接融资市场(互联网金融模式)。此种模式下,支付方便快捷,市场信息不对称的程度和交易成本非常低,传统的金融中介诸如银行与交易所几乎都不起作用。[②] 在此基础上,谢平教授又把互联网金融的概念进行了扩展,认为它包括了处于传统的金融中介和市场与瓦尔拉斯一般均衡的无中介或市场之间所有的金融交易和组织形式,[③]将互联网金融发展到包含范围广、具有前瞻性的谱系概念。

芮晓武等学者持"融合论"观点。此类学者认为互联网金融是金融与互联网技术及精神融合形成的新型金融模式。例如,芮晓武等人认为互联网金融是在网络平台上聚合成的开发式、功能化的金融业态及包括互联网金融监管框架在内的服务体系。[④] 吴晓求、杨东、黄震等教授认为互联网金融在网络平台上实现金融和互联网技术、思维的融合与跨界,是一种创新型的金融形态。[⑤] 此外,李耀东和李钧学者着重强调了互联网金融是互联网

---

① 谢平、邹传伟、刘海二:《互联网金融模式研究》,载《新金融评论》2012年第1期。

② 同上。

③ 谢平、邹传伟、刘海二:《互联网金融手册》,中国人民大学出版社2014年版,第1页。

④ 芮晓武、刘烈宏主编:《中国互联网金融发展报告》(2013),社会科学文献出版社2014年版,第1~3页。

⑤ 参见吴晓求等:《中国资本市场研究报告(2014)——互联网金融:理论与现实》,北京大学出版社2014年版,第15页;杨东:《互联网金融监管体制探析》,载《中国金融》2014年第8期。

思想的金融,是针对金融长尾市场,它依托互联网技术或思想所进行的金融创新工作。[1]

殷剑峰等学者持"工具论"观点。他认为互联网是金融服务的工具,是电子金融的一种。[2] 耶鲁大学陈志武教授认为,互联网金融只是金融销售渠道、金融获取渠道意义上的创新,并不是新金融。[3] 此类观点认为互联网金融是互联网技术工具下的一种金融类型。

总而言之,学术界目前主要从经济学、金融学、信息技术等方面对互联网金融进行界定。

2. 实务界对互联网金融的各种界定

实务界包括互联网金融从业者、专业研究机构和金融监管机构。

互联网金融从业者对互联网金融的认识与界定,是从商业模式、经营理念与思维、客户需求等方面提炼出来的,他们注重互联网精神、技术对金融的深度融合与创新,强调客户的需求。例如,马云认为互联网金融有着完全不同的理念,它实现了金融与互联网的融合,成为金融行业的"搅局者"。[4] 再如,罗明雄等人认为互联网金融是具备互联网理念及精神的金融。[5] 姚文平认为是否具备互联网精神、能否以客户的需求为导向并注重客户体验等要素是互联网金融与金融互联网的本质区别。[6] 此外,波士顿咨询公司在《互联网金融生态系统2020——新动力、新格局、新战略》报告中指出:互联网金融是通过互联网技术、思维与金融的深度融合并进行创新,深刻的革新了金融行业的经营理念、业务模式和运营方式。[7] 新华社《金融世界》、中国互联网协会在其报告中认为:互联网金融是运用互联网技术实现资金融

---

① 李耀东、李钧:《互联网金融:框架与实践》,电子工业出版社2014年版,第180~181页。

② 殷剑峰:《"互联网金融"的神话与现实》,载《上海证券报》2014年4月22日,第1版。

③ 陈志武:《互联网金融到底有多新》,载《新金融》2014年第4期。

④ 陈宇:《风吹江南之互联网金融》,东方出版社2014年版,第13页。

⑤ 罗明雄、唐颖、刘勇:《互联网金融》,中国财政经济出版社2013年版,第4页。

⑥ 姚文平:《互联网金融》,中信出版社2014年版,第21页。

⑦ 邓俊豪、张越、何大勇:《互联网金融生态系统2020——新动力、新格局、新战略》,载BCG网:http://image-src.bcg.com/Images/BCG_The_Rise_of_Digital_Finance_in_China_Oct_2014_CHN_tcm55-143316.pdf,2016年1月18日最后访问。

通的一种新金融模式。①

监管部门从业务类型、金融功能等方面界定互联网金融。中国人民银行等十部委发布的《互联网金融指导意见》中指出:互联网金融是传统金融机构与互联网企业运用网络信息技术实现支付、信息中介和资金融通的新型金融。②

3. 本文对"互联网金融"概念的界定

概念有其内涵与外延。作为概念质的规定性,概念的内涵是被人们认识到的事物的本质属性或者区别性特征。③ 而概念的外延,是指具有概念所反映的本质属性的全部对象,换言之是指概念的对象范围,它表明概念所反映的对象有哪些。④

互联网金融在我国虽然尚未成为一个正式的法律概念,但是从学术界和实务界对其定义中,我们不难发现互联网金融的概念存在一些共性要素。此外,互联网金融不同概念的纷争不止,如果没有一个清晰、明确的法律上的概念,就无法甄别其内涵并定位外延。尤其从金融监管的角度来说,"互联网金融"的概念内涵决定了监管目标、监管原则、监管内容、监管模式、监管方法等一系列的问题。⑤ 因为法律概念是用来以一种简略的方式辨识那些具有相同或共同要素的典型情形的工作性工具。明确了法律概念,进而才能实现法律的首要目的之一即将人的行动与行为置于某些规范标准的支配之下,⑥在此基础上实现法律对社会合理秩序的规范和对正义、平等、安全、自由价值的追求。因此,在对互联网金融的概念进行界定时,必须符合

---

① 新华社《金融世界》、中国互联网协会:《中国互联网金融报告》(2014),载百度网:http://ke.baidu.com/view/5208fa5676c66137ef061951.html,2014 年 9 月 9 日最后访问。

② 中国人民银行、工信部、公安部、财政部、工商总局、国务院法制办、中国银监会、中国证监会、中国保监会、国家互信办:《关于促进互联网金融健康发展的指导意见》(银发〔2015〕221 号)。

③ 陈波:《逻辑学导论》,中国人民大学出版社 2003 年版,第 274 页。

④ 南开大学哲学系逻辑学教研室:《逻辑学基础教程》(第 2 版),南开大学出版社 2008 年版,第 23 页。

⑤ 武长海、涂晟:《互联网金融监管基础理论研究》,中国政法大学出版社 2016 年版,第 8 页。

⑥ [美]E. 博登海默:《法理学:法律哲学与法律方法》,邓正来译,中国政法大学出版社 2004 年版,第 501 ~ 502 页。

法律的目的与价值追求。

基于以上考量并结合互联网金融的创新性、动态性、多样性、延展性，笔者对互联网金融的概念以法学视域予以界定，采用概括式与列举式定义互联网金融。概括的方法用于归纳互联网金融的本质特征，着重其内涵。列举的方法罗列组成互联网金融的各种类型，着重互联网金融的外延。所谓互联网金融，是指根植于市场之中，秉承互联网精神与理念（分享、协作、平等、自由、开放、民主、创新），融合金融功能与互联网信息技术，通过互联网平台创新金融业务模式，体现支付、资金融通和信息中介的金融本质，形成的一种普惠、民主的新兴金融业态。

具体而言，互联网金融的内涵主要包括：第一，互联网金融依然是金融。尽管互联网金融具有独创性，但是它并未改变金融对经济风险进行定价与交易的核心功能，从而有效配置经济要素资源，实现效用的最大化，①更好地服务于实体经济。第二，互联网金融与传统金融形成有益的竞争与补充。目前来看，替代论的看法过于理想化，还远未实现。而互联网金融与传统银行机构的竞争，不仅改善了金融市场的效率，而且提升了银行机构的效率，终将有效地提升了整个体系的效率。② 第三，互联网金融具有互联网基因。分享、协作、平等、自由、开放、民主、创新的互联网精神和金融功能的融合，形成了去中心化、扁平化和自组织的互联网金融。第四，互联网金融依托互联网信息化技术。Web2.0（以用户为主的）互联网技术的兴起，尤其是移动支付、搜索引擎、社交网络、大数据、云计算、区块链等技术发展，对人类经济、社会、生活等方面产生了颠覆性的影响，对金融的影响最为明显。第五，互联网金融体现了普惠金融、民主金融，有利于促进金融资源配置，降低交易成本，促进经济增长。第六，互联网金融不拘泥于目前所出现的模式，处于动态发展演化的过程中。

互联网金融外延覆盖的宽窄直接关涉监管范围的大小，那些被纳入到“互联网金融”概念之中的市场主体就必然要履行一定的义务，受到一定的

① 范文仲等：《互联网金融理论、实践与监管》，中国金融出版社2014年版，第1页。

② 艾瑞咨询：《互联网金融创新金融模式研究》，载艾瑞网：http://report.iresearch.cn/2068.html，2013年12月2日最后访问。

规制约束。① 互联网金融区别于传统金融,其监管方式也有别于传统金融的监管方式。从外延上来说,互联网金融的业务模式主要有:P2P网贷(Peer to Peer Lending)、众筹融资(Crowdfunding)、网络小贷、金融网销、第三方支付、虚拟货币及其他配套服务业务、互联网消费金融等,此外,还包括法律法规所规定的除以上的其他业务模式。

综上所述,通过概括式的语言描述出互联网金融不同于传统金融形态的本质所在,即互联网金融内涵;通过列举但不限于互联网金融既有的业务模式,明确互联网金融的外延及适用监管法律法规的范围,使其具有包容性与延展性。总之,互联网金融是一个多层次、动态和延展性的概念,它随着网络信息化技术的发展以及与金融不断的融合,将不断地发展与完善。

(二)"互联网金融"与"金融互联网"概念辨析

互联网金融虽然尚未形成一个正式、权威的概念,但是综合专家学者的认识,我们已从法学视域尝试着给出了定义。厘清不同概念之间的纷争,有助于对互联金融依法进行科学、合理的监管。

相比而言,金融互联网这一概念在互联网金融产生之前已经存在了,现代的网络信息技术早已应用到传统的金融行业。这一信息化过程经历了不同两个阶段:第一个阶段是计算机局域网在传统金融领域的大规模使用;第二个阶段是在互联网技术的兴起之后,在20世纪90年代末在传统金融行业逐步应用。传统的金融机构如银行、保险公司、基金公司、券商、交易所等开展网上交易。所谓的金融互联网就是运用互联网技术在传统金融行业进行的业务活动。目前,大多数电子银行、网上银行的业务就属于这一范畴。② 其本质是信息技术充当是效率的工具。

"互联网金融"与"金融互联网"两者的区别主要体现在以下几个方面:第一,金融业务活动是否具备互联网精神和理念。秉承互联网精神与理念(分享、协作、平等、自由、开放、民主、创新)的互联网金融,融合了互联网技术、精神、理念与金融功能,有着与传统金融完全不同的逻辑起点、业务模

---

① 武长海、涂晟:《互联网金融监管基础理论研究》,中国政法大学出版社2016年版,第9页。

② 芮晓武、刘烈宏主编:《中国互联网金融发展报告》(2013),社会科学文献出版社2014年版,第2页。

式和经营理念。反观金融互联网,它仅仅是传统金融机构应用信息技术来改进效率,并未创新出异于传统金融的业务模式。第二,是否是运用网络平台进行创新的金融。互联网金融的网络平台具有去中心化、信息交互、资源共享的特点,它专注于被传统金融市场所抛弃的中小微及个体客户群,即长尾市场,属于普惠金融、民主金融和自金融范畴。金融互联网并非是用户通过互联网自下而上、以金融权利去中心化,点对点的网格化共享资源、信息交互、协作创新而形成新型契约的自金融。在金融互联网中,互联网只是一个工具手段,而不是网络平台基因式的变革。它的主要功能仅仅是为了提升在传统金融体系的竞争力,而不是对金融体系的革新。[①] 此外,二者并不以主体的身份作为区分标准。

总之,就监管的角度而言,如果把"金融互联网"纳入到"互联网金融"的概念之中,那么"金融互联网"监管的规则也将适用于互联网金融。而实践证明,现有的金融监管规则和模式并不满足互联网金融的客观要求。

(三)"互联网金融"与"金融科技"概念辨析

随着大数据、云计算、区块链、人工智能等信息技术的革新,以及它们与金融不断的融合,"金融科技"概念在国际上应运而生,因为国际上并无"互联网金融"这一概念。何谓"金融科技"?金融稳定理事会(Financial Stability Board,FSB)将金融科技(Fintech)初步定义为:技术带来的金融创新,是能创造新的业务模式、应用、流程或产品。[②] 美国对金融科技的定义涵盖不同种类的技术创新,这些技术创新影响各种各样的金融活动,包括金融服务领域的支付、投资管理、资本筹集、存款和贷款、保险、监管合规以及其他金融活动。这些创新包括针对消费者和商家的移动支付解决方案、在线市场借贷、算法节约和投资工具、虚拟货币、生物数字客户识别和认证,以及自动化的中间和后台企业功能(如使用的算法,大数据,人工智能和链路分析等)。[③] 根据具体应用领域,Fintech 可以分为以下五大类:支付清算领域,包括网络和移动支付、数字货币、分布式账本技术(distributed ledger)

---

① 吴晓求等:《中国资本市场研究报告(2014)——互联网金融:理论与现实》,北京大学出版社 2014 年版,第 15 页。

② 廖岷:《全球金融科技监管的现状与未来走向》,载《新金融》2016 年第 10 期。

③ The National Economic Council, *Framework for Fintech*, Report, June 2017, p. 2.

应用等;融资领域,包括股权众筹、P2P网络借贷、分布式账本技术应用等;在市场基础设施(market provisioning)领域,包括智能合约、大数据、云计算、数字身份识别等;投资管理领域,包括电子交易、机器人投资顾问等;在保险领域,包括保险分解(insurance disagrregation)和联合保险(connected insurance)等。[①] 总之,金融科技的着眼点仍然在于通过技术创新进行金融创新。

目前,Fintech作为国际上普遍使用的概念,与国内本土化的"互联网金融"概念相比,既有联系又有区别[②]。二者的联系之处在于:第一,互联网金融与科技金融都是运用新兴的网络信息化技术促进科技与金融的融合,进行金融创新与服务。因而,从目标来看,无论是互联金融还是Fintech,其目的都是通过一定的方式让金融及其服务变得更加的高效与便捷。[③] 第二,金融科技囊括了互联网金融的领域。金融科技在金融的各个领域展开应用与创新。第三,互联网金融与科技金融的运行与发展都要遵循金融规律,对二者的监管有共通之处。二者的区别之处在于:第一,两者的侧重点不同。金融科技把互联网和移动通讯等作为服务金融行业的技术手段,更偏重于新技术的作用,强调利用大数据、云计算、区块链等在金融服务和产品上的应用,强调技术革新对金融的作用。[④] 互联网金融则是基于互联网科学技术的金融创新。第二,从发展的趋势来看,互联网金融是科技在金融领域的初期实践。第三,从风险来看,互联网金融的风险本质仍是金融的风险,在注重数据安全和网络安全的基础上,金融业务的信用风险、流动性风险、操作性风险等仍是互联网金融领域的重要风险源。而Fintech更多的是技术上的风险,比如技术成熟度不够引发的业务操作风险、技术的内在逻辑与金融业务设计理念不匹配导致的产品设计问题,技术的过度共享引致的区域

---

① 朱太辉、陈璐:《Fintech的潜在风险与监管应对研究》,载《金融监管研究》2016年第7期。

② 也有学者认为二者是同一概念,例如,朱太辉、陈璐认为:Fintech是目前国际上普遍使用的一个概念,在国内与此相应的一个本土化称谓是"互联网金融"。参见朱太辉、陈璐:《Fintech的潜在风险与监管应对研究》,载《金融监管研究》2016年第7期。

③ 谢平、邹传伟主编:《Fintech:解码金融与科技的融合》,中国金融出版社2017年版,第5页。

④ 胡滨主编:《中国金融监管报告》(2017),社会科学文献出版社2017年版,第3页。

性和系统性风险。[①] 此外,金融科技相对于互联网金融增加了资源要素整合和生态体系构建的功能。

本书之所以对互联网金融与金融科技概念进行辨析,是基于以下考虑:其一,从长远来看,"互联网金融"与"金融科技"的概念会进一步融合。互联网金融是金融科技发展的初级阶段,是金融科技 1.0 阶段。从发展的角度看,金融科技充分利用了金融和科技的要素秉性及其融合效应,是未来互联网金融发展的主导方向。[②] 对金融科技的研究有助于不断完善互联网金融的概念。其二,对"互联网金融"与"金融科技"的监管,都体现出既要符合金融的本质规律,又要遵循新技术发展的客观要求。因此,探寻金融科技监管的规律,对互联网金融监管具有借鉴意义;反之,探寻互联网金融监管对促进金融科技的监管也有基础性的价值。

二、互联网金融的特征分析

互联网金融改善了金融行业的效率,推动了金融市场的改革,增进了社会的福利水平。这与它的特征密不可分。

(一)具备互联网精神与理念的新金融

独特的互联网精神与理念,对各行各业产生了深刻的影响。互联网精神、理念和金融功能的融合,形成了独特的互联网金融。"分享、协作、平等、自由、开放、民主、创新"的互联网精神和网络平台的结合,形成了人人平等参与金融活动的创新型金融形态。用户借助于网络平台,通过互联网自下而上、以金融权利去中心化、弱化金融中介作组织的作用、在开放平等中尊重用户需求的精神与理念,实现了个人的价值与需求,达成了信息共享与交互、优势互补的新型契约。[③] 互联网金融塑造出来的主体是用户,而不是技术。谢平在2014 年博鳌论坛中指出,互联网金融所带来的第一个创新就是互联网精神改变了金融交易与组织形式。[④] 简而言之,互联网金融破除了

---

① 谢平、邹传伟主编:《Fintech:解码金融与科技的融合》,中国金融出版社 2017 年版,第 5 页。

② 胡滨主编:《中国金融监管报告》(2017),社会科学文献出版社 2017 年版,第 1 ~3 页。

③ 李耀东、李钧:《互联网金融:框架与实践》,电子工业出版社 2014 年版,第 178 页。

④ 谢平:《传统金融与互联网普惠精神冲突》,载搜狐网:http://business. sohu. com/20140409/n397953891. shtml,2014 年 9 月 9 日最后访问。

传统金融的思维固定模式,创新出新型业务模式,真正地满足了用户的需求。

(二)网络平台金融

以互联网为核心的新一轮科技和产业革命正在蓬勃发展。互联网金融在此背景下应运而生,在现实与虚拟的网络平台之间建立起一种开放、共享、平等、去中心化、民主的新型金融业务模式和全新的金融生态环境,即网络平台上聚合成的开发式、功能化的金融业态及包括互联网金融监管框架在内的服务体系。网络平台大大缩短了人们在时间和空间上的距离,实现了资金流、信息流、物流"三流合一"服务,成为客户获取高效、便捷金融服务的入口。相比较而言,互联网金融网络平台的边际成本较低、规模经济显著,更容易获得市场。少数网络金融平台在便捷性、安全性、高效性、简洁性等若干维度均有最佳客户体验,那么极易保持客户黏性,实现可持续发展。① 互联网金融是网络平台金融。它相对于传统金融的运行结构而言,以互联网平台为最基础的要素,是一种基因发生某种变异的金融。② 在互联网金融模式下,用户可以通过无边界的网络平台便利地获取资金供需信息,利用互联网技术对信息流的整合与处理以及网络平台提供的最优的竞价机制,做出最佳决策、提高资金使用效率、及时准确地反映资金供求关系、实现资金最优配置。

(三)运用互联网技术的信息金融

金融资源配置离不开信息。金融既是大数据的重要生产者,又是大数据的高度依赖者。"信用、定价、风控"是金融业务的核心要素。它们对信息数据的数量、质量及挖掘与处理的要求高。③ 互联网金融把网络信息技术嵌入到金融之中,形成了大数据化的信息金融。对互联网金融网络平台上的海量信息进行挖掘、分析、处理、加工,有利于形成金融信息资源库,促进金融交易,为用户提供高效、便捷、成本低、个性化的金融服务。

---

① 芮晓武、刘烈宏主编:《中国互联网金融发展报告》(2013),社会科学文献出版社 2014 年版,第 3 页。

② 吴晓求等:《中国资本市场研究报告(2014)——互联网金融:理论与现实》,北京大学出版社 2014 年版,第 15 页。

③ 同上书,第 4 页。

(四)普惠金融

长期以来,我国金融体制最大的问题是管制森严、改革滞后、金融垄断导致的金融资源配置严重不公,这使得需要融资的中小企业长期患饥渴症。普惠金融是为传统金融机构服务不到的低端客户、小微企业甚至是贫困人口提供机会,核心是全方位、高效地为社会所有的群体或阶层提供微型金融服务。① 互联网技术革命的本质使得互联网金融能服务于海量用户、专注于长尾市场、关注用户个性化需求、重视草根群体、重视用户体验。互联网金融打破了传统金融业的地域限制,扩大了金融服务面,拓展了金融服务的广度与深度,可以高效、低成本、快捷、方便地为海量用户提供金融服务。

(五)自金融与民主金融

互联网金融是碎片化、自主化、民主化的金融。互联网时代,每个人都可以把拥有的零碎、富余的时间和资源累计成认知盈余。② 互联网技术可以让认知盈余创造出更大更多的价值。针对互联网金融领域中的长尾大众,无论这些个体之间的差异如何,互联网金融都能很好地整合并利用零散的金融资源碎片创造出强大的价值、实现规模效应、实现利润的新增长点。余额宝这种货币基金就是最好的例证。互联网金融在网格化与点对点的金融活动中实现了用户的个人的价值并满足了用户的需求,达成了信息共享与交互优势互补的新型契约。互联网金融具有自金融的特点。

罗伯特·席勒提出的民主金融,是针对传统金融对普通民众,尤其是低收入人群利益保护不力的缺陷。民主金融的要义在于通过新型金融产品让人人共同承担风险、共同获益,实现"金融是全社会财富的托管人"的理念。③ 互联网金融有三个层次:交易技术、交易结构、权利契约。权利契约位于互联网金融的顶层,它给传统金融带来颠覆性的冲击。因为利用网络平台与

---

① 李海峰:《网络融资:互联网经济下的新金融》,中国金融出版社2013年版,第60页。

② [美]克莱·舍基:《认知盈余》,胡泳、哈丽丝译,中国人民大学出版社2011年版,第202页。

③ 罗伯特·席勒所谓的民主金融的内涵包括:金融要为每个人而不是部分人服务,人人都能从金融活动中平等获益;金融体系的目的是管理风险、降低不公平,提高所有人的福利;应鼓励人们从事金融业,或参与金融创新为社会谋福利;法律监管应加深人们对金融运作知识的了解,为公众提供更为可靠的信息;达成上述目标在于金融创新。参见李耀东、李钧:《互联网金融:框架与实践》,电子工业出版社2014年版,第406~407页。

新型交易结构,金融消费者拥有更大的话语权和广泛的参与权。它在实现金融权力去中心化的同时保障了金融消费者的自由选择权。这个层次属于民主金融的范畴。[①] 总之,互联网金融具有民主金融的特性,能让更多的人参与到金融体系中并从金融体系的健康运行中获益。

(六)动态化创新发展、开放式的金融

对互联网金融而言,金融和互联网具有基因契合的特征。[②] 在互联网信息技术的推动下,互联网金融必然会产生新的业务模式,而不会局限于目前所出现的业务模式。以"互联网金融"为代表的新金融概念越发深入人心,以大数据、云计算、人工智能和区块链等技术为驱动的金融创新不断涌现,金融服务的基础设施也在发生改变。因此,互联网金融具有动态化发展、开放式发展、创新型发展的特征,这也是国内的"互联网金融"概念与国际上所提倡的"金融科技"概念在未来会进一步融合的原因所在。

总之,互联网金融是兼具互联网理念与精神的金融、网络平台金融、信息金融、普惠金融、碎片化的自金融、民主金融以及动态化创新发展、开放式的金融。[③] 互联网金融存在交易技术、交易结构、权力契约三层关系,具体如图 1.1 所示:

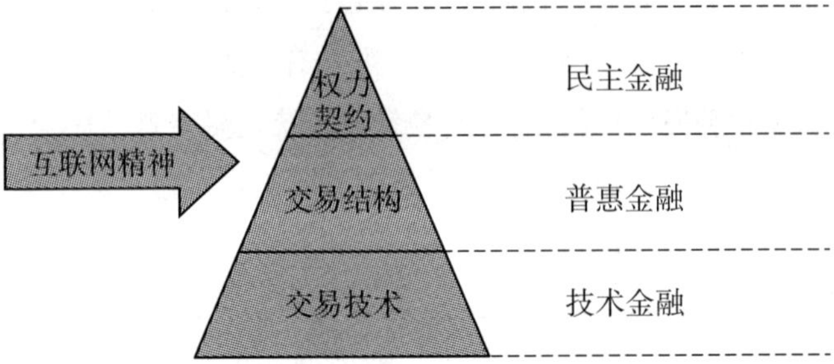

资料来源:李耀东、李钧:《互联网金融:框架与实践》,电子工业出版社 2014 年版,第 192 页。

图 1.1

---

① 李耀东、李钧:《互联网金融:框架与实践》,电子工业出版社 2014 年版,第 192 页。

② 吴晓求等:《中国资本市场研究报告(2014)——互联网金融:理论与现实》,北京大学出版社 2014 年版,第 15 页。

③ 有学者将互联网金融的特质归纳为:开放、共享、合作、整合、信任、共同体、云、普惠、解构、创新。参见王曙光:《互联网金融的哲学》,载《中共中央党校学报》2013 年第 6 期。

简而言之,交易技术可以归结为技术金融。交易结构表现为交易结构的多元化,显著区别于传统金融单一、集中的模式,这是互联网金融的核心层次。一方面,它使得交易技术的作用上升了一个台阶;另一方面,它实现了金融交易的平等性、易获得性和普惠性,奠定了民主金融的基础。这个层次互联网金融可归入普惠金融的范畴。权利契约通过实现金融权力去中心化保障了金融消费者的自由选择权,使得新型契约更加公平、民主和平等。① 这一层次可归入民主金融的范畴。

第二节　互联网金融的功能界定与模式分类

互联网金融产生于全球性的金融创新背景下。它是一种运用互联网技术与精神并融合金融功能的,为用户提供金融产品与服务的新金融形态。但是,不同的主体对它认识的差异与分歧,导致对其功能界定模糊、模式分类不清,这会影响监管制度的设计与效果。对互联网金融而言,明确功能、划分模式的宗旨在于把握它内在的机理,只有明确其功能,准确划分其模式,才能实现有效监管。

一、互联网金融的功能界定

金融的功能是金融本质的体现,是金融对经济、社会所产生的实际的功效或作用。② 互联网金融的功能是指其所具有的特性和能力以及进而产生的对经济与社会的实际作用、功效或效应。互联网金融这一新生事物的功能,有赖于主体的正确认识。对互联网金融功能界定的不同,必然隐含着对其监管上的差异。如果对互联网金融的功能界定不清、认识模糊,就会产生互联网监管缺乏合理性、有效性等一系列问题。因此,应先明了对互联网金融功能认识的分歧所在,然后在此基础上廓清认识,合理的界定互联网金融的功能。

---

① 李耀东、李钧:《互联网金融:框架与实践》,电子工业出版社2014年版,第191~192页。

② 白钦先、谭庆华:《论金融功能演进与金融发展》,载《金融研究》2006年第7期。

(一)互联网金融功能认识的分歧

目前,对互联网金融功能认识的分歧主要集中在它是不是一种新金融,这一问题是界定功能的基础。如果否认它是新金融,则互联网金融未能深化金融的发展,没有产生变革,甚至会影响到实体经济的发展。比如,陈志武教授认为互联网金融并不是什么新金融,其在本质上依然是金融契约。它与银行、资本市场等传统融资没有区别,仍然是各方的跨期价值交换,是信用的交换,并没有解决跨期交易的信息不对称和信任问题。互联网金融仅仅是金融销售和获取的渠道上发生了变化,便利了交易,同时也带来了监管上的挑战。因而,互联网金融的功能有限,并没有推动金融发展。① 又如,殷剑锋学者认为互联网金融仅仅是利用互联网技术手段开展金融业务,只是金融渠道上的创新,没有深化金融的发展。② 再如,王国刚学者认为以支付宝、余额宝和P2P网贷代表的互联网金融,是利用我国金融体制机制缺陷进行的监管套利,P2P网贷既没有提高金融效率,也没有降低实体企业的融资成本。③ 相反,如果持互联网金融是一种新金融的观点,那么互联网金融的功能就会显现深刻而明显,即深化了金融的发展,提高了金融的效率,推动了市场利率化的改革,为实体经济服务。例如,谢平、邹传伟、刘海二、吴晓求等人认为互联网金融是一种去中介化的新型金融。在互联网金融中,由于金融产品与实体经济紧密结合,交易的可能性边界得到了极大的拓展,进而极大地提升了金融的效率,促进了金融的深入发展。④

总而言之,分歧的焦点在于互联网金融是不是新金融,以及由此导致的对互联网金融功能的认识不同,进而影响到对互联网金融的监管。因为互联网金融的功能界定不同,就会存在监管上的差异。换言之,认为互联网金融与传统金融功能相差无几的学者,主张采用传统的方式监管互联网金融。⑤ 而主张互联网金融具有创新金融功能的学者则主张实行因地制宜、

---

① 陈志武:《互联网金融到底有多新》,载《新金融》2014年第4期。

② 殷剑峰:《“互联网金融”的神话与现实》,载《上海证券报》2014年4月22日,第1版。

③ 王国刚、张扬:《互联网金融之辨析》,载《财贸经济》2015年第1期。

④ 谢平、邹传伟、刘海二:《互联网金融手册》,中国人民大学出版社2014年版,第1~7页;另参见吴晓求:《互联网金融的逻辑》,载《中国金融》2014年第3期。

⑤ 曹凤岐:《互联网金融对传统金融的挑战》,载《金融论坛》2015年第1期;另参见杨凯生:《关于互联网金融的几点看法》,载《第一财经日报》2013年10月10日,第A10版。

异于传统金融的监管。

（二）本文对互联网金融功能的界定

按照金融功能理论,应当从有效资源配置这一根本功能的最综合层次的出发划分金融的基本功能。金融的功能优于金融机构。① 虽然互联网金融是一种新型的金融业态,但它并没有改变金融的本质,依然发挥着金融的功能。同时,互联网金融作为互联网时代的一种创新性金融事物,必然会体现其新生事物的功能。由于互联网与金融具有天然的匹配性,互联网金融弥补了传统金融体系缺失的部分金融功能,扩大了金融服务的普惠性与民主性,在一定程度上完善了金融的功能。按照默顿的金融功能观,互联网金融的发展及对金融业的促进就是其功能的扩张和提升。本文主张互联网金融是一种新型金融,并在此基础上来界定互联网金融的主要功能。

1. 直接融资的中介功能

融资中介功能是指借助互联网金融平台把资金盈余者和资金短缺者直接连接起来,实现资金的融通。而传统的融资方式,要么通过金融中介机构进行,即金融中介机构连接贷款——储蓄者与借款——支出者的间接融资过程,②要么通过资本市场直接融资,两者都依赖于融资中介机构。传统信贷申请的手续复杂、需要担保、处理周期长,小微企业很难获得传统信贷的贷款。2015 年,美国 63% 的微企业和 58% 的创业公司都出现了融资缺口,小微企业融资环境艰难。③ 我国存在民营中小微企业获得银行贷款难的问题,即存在麦克米伦缺口(Macmillan Gap)④。

互联网金融应运而生后,形成了有别于传统间接和直接融资方式的新金融。P2P 网贷和众筹融资通过互联网金融平台对接资金供需双方,摆脱

① [美]兹维·博迪、罗伯特·C. 默顿、戴维·L. 克利顿:《金融学》(第 2 版),曹辉、曹音译,中国人民大学出版社 2013 年版,第 27 页。

② [美]弗雷德里克·S. 米什金:《货币金融学》(第 9 版),郑艳文、荆国勇译,中国人民大学出版社 2011 年版,第 38 页。

③ 在美国年收入小于 10 万美元的企业是微企业,成立两年以内的是创业公司。参见 U. S. Department of the Treasury, *Opportunities and Challenges in Online Marketplace Lending*, Report, 2016, p. 13。

④ 麦克米伦缺口代表中小企业发展过程中存在资金缺口,资金的供给方不愿意以中小企业所要求的条件提供资金。这是麦克米伦在 1931 年给英国政府提交的《麦克米伦报告》中阐述了中小企业发展过程中存在的资金缺口问题。

了传统金融媒介的束缚。它们以点对点平台的交易形式发挥直接融资功能,在解决个体及中小微企业金融需求方面具有天然的优势。具体而言,P2P 网贷在互联网融资平台上,通过大数据的挖掘与分析产生贷款的授信度,连接资金的盈余者和资金的短缺者,弱化传统的金融中介,摆脱时空地域的限制,通过互联网提供了一条高效、科学、低成本、信息合理匹配的有别于传统融资方式的新型融资方式。P2P 网贷很好地缓解了个体及中小微企业的信贷约束。众筹为创业者和投资提供了资金来源。互联网金融在解决中小微企业的麦克米伦缺口方面,有着得天独厚的优势和巨大的潜力。面对申请周期、担保和处理周期长的传统信贷,越来越多的小企业以网贷融资作为融资的新方式。①

2. 高效的支付清算功能

支付影响生活,新的支付方式创造新的生活方式。② 互联网金融借助不断创新、高效、快捷的第三方支付,实现了高效率的支付清算功能。相对而言,传统的金融支付体系内存在机构壁垒与利益约束,在某种程度上存在清算资金存量化,效率低。第三方支付利用互联网平台与技术,打破了时空约束,加快了资金的流动速度,有效地解决了支付清算资金的存量化,最大限度地保障了交易双方的利益。所以,以支付宝为代表的第三方支付既是传统支付体系的竞争者,又是对整个社会支付清算体系的完善。③ 因此,互联网金融这一便捷、及时的支付清算体系,既是现有银行支付清算体系的竞争者,又是对社会总支付清算系统的完善。④ 总之,我国以新的支付工具和支付系统创新为驱动的第三方支付机构,从无到有,并与经济的发展共同成长,不断壮大,成为我国现行支付体系的一个有效补充,成为支付体系的一

---

① U. S. Department of the Treasury, *Opportunities and Challenges in Online Marketplace Lending*, Report, 2016, p. 13.

② 中国支付清算协会:《支付清算理论与实务》,中国金融出版社 2017 年版,第 228 ~ 229 页。

③ 吴晓求等:《中国资本市场研究报告(2014)——互联网金融:理论与现实》,北京大学出版社 2014 年版,第 13 页。

④ 武长海、涂晟:《互联网金融监管基础理论研究》,中国政法大学出版社 2016 年版,第 30 页。

个有机组成部分。[①]

3. 优化金融资源配置功能

金融系统的核心功能是跨期、跨区域、跨行业的资源配置。[②] 资源配置的过程是资金的供给者通过适当的机制将使用权让渡给资金需求者的过程。由于我国金融市场的垄断较为严重,所以在资源配方式上我国金融市场长期依赖于传统的间接融资,金融资源配置效率低下。

互联网金融中的 P2P 网贷、众筹融资、网络小贷等业务形态,可以直接在网上发布信息并匹配,不需要传统的金融媒介,同时,匹配运用大数据可以降低信息不对称,最终为用户提供优质的个性化金融服务,把资金供给者和资金需求者更加紧密地直接联系起来。总之,互联网金融既能降低交易过程中的信息不对称问题,又能有效地识别信用风险问题,更有利于金融资源配置功能的实现。

4. 提供价格信息功能

互联网金融依托互联网技术与平台,在解决信息不对称和成本问题的基础上形成价格机制。而且互联网金融所创造的无边界平台没有外部力量的束缚,能够及时、准确地反映资金供求关系,提供准确的竞价信息。因此互联网金融通过诸如 P2P 网贷、网络小贷等业务,不仅在与商业银行的竞争中进一步改善了提供价格信息的功能,还使得金融价格信息的内涵得以扩展。[③]

5. 加速金融脱媒,促进金融业合理竞争与良性发展

以 P2P 网贷和众筹融资为典型代表的互联网金融,借助互联网金融平台链接并撮合资金供需双方,脱离了传统金融中介的桎梏,体现出金融脱媒的特点。金融脱媒的实质在于消除信息不对称,维护金融权利。互联网金融的点对点平台交易形式不但可以打破传统金融的垄断、削弱传统金融机构建立的交易壁垒、消除信息不对称进而促进信息的透明化、使得资金的供给与需求大量被聚集和被匹配,还可以帮助非金融机构和个人享受金融

① 《支付清算理论与实务》,中国金融出版社 2017 年版,第 228 ~ 229 页。

② [美]兹维·博迪、罗伯特·C. 默顿、戴维·L. 克利顿:《金融学》(第 2 版),曹辉、曹音译,中国人民大学出版社 2013 年版,第 27 页。

③ 吴晓求等:《互联网金融——逻辑与结构》,中国人民大学出版社 2015 年版,第 8 页。

服务。

互联网金融导致的金融脱媒从形式上看导致传统银行存款流失、贷款需求减少，但对整个金融行业的合理竞争、金融市场的改革与发展、银行的革新与发展都具有无法替代的作用。总体来看，金融脱媒导致银行部分中介作用弱化，被其他的机构或更丰富多样的形式所取代，中介链条变长。金融脱媒不仅没有使银行系统崩溃，反而更进一步促进了银行的创新，推动银行开展更多的中间业务和表外业务。①

总之，互联网金融把传统的金融媒介转换到新型的网络平台媒介。此举不但促成了传统金融机构与互联网金融的合理竞争与协调发展，还突破了传统的金融中介理论，有利于消除信息不对称，从而更好地发挥金融的功能。

二、互联网金融的模式分类

"当抽象一般概念及逻辑体系不足以掌握某生活现象或意义的脉络的多样表现形态时，通常会想到的补助思考形态就是类型。"②找出事物的固定模式是人类基本的认知功能之一。因此，划分互联网金融模式的意义就在于：通过其外在类型化的模式，准确地把握互联网金融的规律，从而合法、有效的规范与监管互联网金融，解决监管空白与无序的问题。

目前，我国的专家、学者和机构对如何划分互联网金融的模式存在分歧，主要表现在两个方面：一是划分的模式范围过宽，把金融互联网囊括在内。二是划分过窄，把虚拟货币（比特币）剔除在互联网金融模式之外。对于互联网金融监管而言，过宽或过窄的模式范围会影响到监管的制度选择及其有效性。鉴于此，本部分以互联网金融的本质为基准，兼顾互联网金融的业务模式及创新，把互联网金融模式划分如下（列举主要模式，但不局限于此）：

---

① Mark E. Nissen, "Agent-based Supply Chain Disintermediation Versus Re-intermediation Economic and Technological Perspectives", *International Journal of Intelligent Systems in Accounting Finance & Management*, April 2000, pp. 237 – 256.

② ［德］卡尔·拉伦茨：《法学方法论》，陈爱娥译，商务印书馆2003年版，代译序第17页。

（一）P2P 网贷（Peer-to-Peer Lending）

P2P 网贷依靠互联网技术的发展使借贷双方脱离了传统的资金媒介，通过网络平台获取信息和资金，实现了直接借贷。具体而言，P2P 网贷可以被界定为使用一个在线平台匹配出借人（投资者）与借款人（发行人），进而帮助两者之间达成无抵押贷款协议。① 具体操作是借款人在网络平台上发布借款信息，拥有闲散资金并有投资意向的出借人根据网络平台提供的借款信息进行匹配之后，通过网络平台直接把资金贷给借款人。

从国外经验来看，P2P 网贷在全球的类型主要分为三类：第一，直接 P2P 网贷模式。资金的融入方和融出方在一个平台上直接联系，银行和其他金融中介不再参与融资的过程。这个模式主要在发达国家中进行，英国的 Zopa、美国的 Prosper 和 Lending Club 都是这种模式的代表。第二，间接 P2P 网贷模式。这个模式是 P2P 网贷公司股东出资开发市场，并在各地建立分支机构进行调研和贷款审核。这种模式相比第一种模式的差别在于，互联网贷款公司主动介入到贷款的过程中，参与风险控制和尽职调查，为贷款提供一定程度的担保。第三，网络小额贷款模式。这种模式中，小额贷款公司作为出资人进行放贷业务。它与普通的小额贷款公司并没有实质的差别，不过是从线下到线上，风险评估的方式更多集中在真实交易的审查上。②

从发展历程上来看，我国的 P2P 网贷主要有以下几种模式：③第一，传统模式。即纯线上模式，通过网络平台对借款人和投资人进行撮合，完成对借款人的信用评估和审核及放贷等工作。这是接近原生态的 P2P 借贷，网络平台承担的风险较小，典型的代表是拍拍贷。第二，债权转让模式。借贷双方不签订债权债务合同，先由专业放款人以自由资金放贷，然后再把债权转让给投资者。也就是说搭建网站，线下购买债权，再将债权转让给投资人，赚取利差，典型的代表是宜信。第三，担保/抵押模式。即对借款而言，要么引入第三方担保公司进行担保，要么要求借款人抵押相应的资产，故其

---

① Eleanor Kirby, Shane Worner, "Crowd-funding: An Infant Industry Growing Fast", http://www.iosco.org/library/pubdocs/pdf/IOSCOPD459.pdf, Mar. 28, 2015.

② 杨涛主编：《互联网金融理论与实践》，经济管理出版社 2015 年版，第 109 页。

③ 零壹财经、零壹数据：《中国 P2P 借贷服务行业白皮书》（2014），中国经济出版社 2014 年版，第 11 ~ 13 页。

不再体现信用贷款的性质，比如，陆金所的 P2P 网贷。第四，平台模式（Online to Offline）。即由担保公司或者小贷公司通过线下寻找并审核借款人，之后将合适的借款人推荐给网络平台，随后由网络平台重新审核借款人，如果合格就发布信息，并匹配投资者，担保公司或者小贷公司承担担保责任，向上 360 就是此种类型。第五，P2B 模式，即个人向企业提供借款的模式。在实际操作中该模式不符合小微、密集特点，典型代表有爱投资、积木盒子等。第六，混合模式。许多 P2P 网贷平台在借款端、产品端和投资端等是混合的，典型代表是人人贷。总之，我国 P2P 网贷在本土化的过程中，由于信用体系的不完善，大量的工作诸如风控、抵押、担保等都在线下开展。现如今，我国 P2P 监管的规则已经出台，其将 P2P 网贷的监管定位于信息中介，这决定了 P2P 网贷今后的模式类型。①

（二）众筹融资

众筹又称群众募资、大众募资，译自 Croudfunding。众筹是指通过在线网络平台从大量的个体或者组织募集少量的资金，以资助一个项目、一个企业或者个人贷款。② 英国 FCA 把众筹界定为一种个人、团体或企业（包括初创企业）通过在线门户网站——众筹平台，筹集资金，为其业务融资或再融资的方法。③ 众筹是一种有别于传统融资方式的新型投融资形式，众筹中，个人或组织以互联网平台为载体，发布信息并进行交互，高效、低成本的实现投融资双方需求的对接与撮合，它体现出普惠金融和民主金融的价值。

众筹一般分为：捐赠型众筹、回报型众筹、借贷型众筹、股权型众筹。④ 捐赠型众筹是一种没有回报的契约，投资人以向企业或者组织提供资金的方式来支持自己愿意支持的活动或商品；回报型众筹是购买型的合约，即为了获得某种产品或者服务而提供资金的方式；借贷型众筹即 P2P 网贷，是

---

① 本书写作之际，还尚未出台对 P2P 的监管规则。

② Eleanor Kirby, Shane Worner, "Crowd-funding: An Infant Industry Growing Fast", http://www.iosco.org/library/pubdocs/pdf/IOSCOPD459.pdf, Mar. 28, 2015.

③ The FCA's Regulatory Approach to Crowdfunding over the Internet and the Promotion of Non-readily Realisable Securities by other Media.

④ Kristof De Buysere, Oliver Gajda, Ronald Kleverlaan, Dan Marom, "A Framework for European Crowdfunding", http://www.crowdfundingframework.eu/, Dec. 28, 2013.

信贷合同,为了获得利息而把钱借给个人或企业;股权型众筹是股权契约,通过将股票、股权类工具作为对企业进行直接或者间接投资的收益。国际证监会组织(IOSCO)将众筹分为两大类:一类是社区众筹,它包括捐赠型众筹、回报型众筹;另一类是金融回报类众筹,它包括P2P网贷型众筹和股权型众筹。[①] 英国FCA将众筹划分为:捐赠型众筹、预付型或回报型众筹、豁免型众筹(符合法定豁免权要求的投资或借款行为的投资人或机构,可被免除FCA的批准和监督)、借贷型众筹(P2P网贷)、投资型众筹(股权众筹)。各国监管的重点都集中在借贷型众筹和股权众筹,其余类型均未受到监管或者被免于监管。本书对众筹的划分不包括P2P网贷,只包括捐赠型众筹、回报型众筹和股权众筹,其中股权众筹是监管的重点。

(三)网络小贷

网络小贷在我国特指非P2P网贷的网络小额贷款,它是在我国特定金融背景下的一种互联网金融创新。网络小贷是指互联网领域电子商务平台借助诸如大数据、云计算等互联网信息化技术,对平台积累的客户数据进行挖掘与分析,完成小额贷款的审核与匹配,其性质是只发放贷款而不吸收存款。例如,阿里金融是平台型的网络小贷,京东金融是供应链型的网络小贷。具体而言,平台型网络小贷最大的特点就是利用自身平台积累的大数据优势,为平台商户提供便捷、快速、无须担保、随借随还的小额贷款服务。阿里小贷目标客户为阿里B2B业务、淘宝、天猫三大平台的商家。供应链型网络小贷是指核心电商企业依托自身的产业优势地位,通过对上下游企业现金流、进销存、合同订单等信息的掌控,依托自己资金平台或合作金融机构为上下游的原料商、制造商、分销商以及零售商提供小额贷款服务。京东小贷是对京东平台产业链条中的上下游提供小额融资服务。[②]

(四)第三方支付

第三方支付是相对于银行支付而言的概念。第三方支付(Third-Party Payment)是指非金融机构作为收、付款的支付中介,在客户、第三方支付公

---

① Eleanor Kirby, Shane Worner, "Crowd-funding: An Infant Industry Growing Fast", http://www.iosco.org/library/pubdocs/pdf/IOSCOPD459.pdf, Mar. 28, 2015.

② 胡世良:《互联网金融模式与创新》,人民邮电出版社2015年版,第100~104页。

司与银行之间建立连接，提供的网络支付、预付卡、银行卡收单和中国人民银行确定的其他支付服务。[①] 从业务的角度来看，第三方支付分为网络支付、银行卡收单和预付卡发行与受理三类。网络支付又包括互联网支付、移动电话支付、固定电话支付、数字电视支付等，其中互联网支付和移动电话支付发展最为迅猛。

第三方支付机构是独立于交易当事人和银行以外的中介，通过中介完成商户与消费者之间的资金划拨。第三方支付不仅能快速地实现客户支付与资金结算，还能起到信用担保和技术保障等作用。第三方网络支付的典型代表有支付宝（提供担保功能）、快钱（独立模式，无担保）、移动近场支付等。从长远来看，第三方移动支付有可能成为最主要的支付方式。[②]

（五）虚拟货币

虚拟货币是指由公司或者个人在网络上发行的与中央银行无关的、具有独立交换媒介和价值尺度功能的、通过互联网主要在虚拟世界中使用的货币。这也体现了哈耶克曾提出的由私人发行竞争性货币的理论。[③] 欧洲央行将虚拟货币定义为由开发者控制、发行而不受管制的数字货币，限定在特定的虚拟社区使用。按照与实体货币的兑换关系，可将虚拟货币分为三类：第一类是封闭的虚拟货币，此类货币仅能用于购买虚拟商品和虚拟社区内的服务，与实体经济几乎无连接，通常用于游戏中；第二类是单向流通的虚拟货币，用户可以直接使用真实货币以一个特定的汇率购买这种虚拟货币，但不能将其换回原来的货币，例如，Facebook 于 2009 年推出的虚拟货币 Facebook Credits（FB 币）；第三类是双向货币流的虚拟货币，用户可以根据本国货币的汇率购买和出售虚拟货币，允许以虚拟货币购买虚拟以及真实

---

① 网络支付，是指依托公共网络或专用网络在收付款人之间转移货币资金的行为，包括货币汇兑、互联网支付、移动电话支付、固定电话支付、数字电视支付等。预付卡，是指以营利为目的发行的、在发行机构之外购买商品或服务的预付价值，包括采取磁条、芯片等技术以卡片、密码等形式发行的预付卡。银行卡收单，是指通过销售点（POS）终端等为银行卡特约商户代收货币资金的行为。参见《非金融机构支付服务管理办法》（中国人民银行令〔2010〕第 2 号）。

② 艾瑞咨询：《2014 年第三方移动支付体量同比增 4 倍》，载艾瑞网：http://report.iresearch.cn/html/20150310/247395.shtml，2015 年 3 月 28 日最后访问。

③ 杨青、霍炜：《电子货币——互联网金融下的货币变革》，中国金融出版社 2015 年版，第 19 页。

的商品和服务。[①] 日本2016年5月25日修正的《资金结算法》将虚拟货币定义为:在购买商品、贷出、接受他人提供劳务的情形下,能够为清偿前述行为的对价而对不特定人使用,且可以以不特定人为相对方进行买入或者卖出的财产性价值(限于由电子机器或其他工具用电子方法记录之物,不包括本国通货、外国通货,以及货币计价资产),且可以用电子信息处理系统进行转移之物。可以以不特定人为相对方与前项记载之物进行相互交换的财产性价值(限于由电子机器或其他工具用电子方法记录之物,不包括本国通货、外国通货,以及货币计价资产),且可以用电子信息处理系统进行转移之物。总而言之,虚拟货币被定义为通过互联网在不特定多数主体之间用于买卖商品或服务的财产性价值。[②] 虚拟货币最典型的例子莫过于比特币,比特币是根据密码学原理,采用完全公开的分布式存储,达成一致的双方能直接进行支付的点对点电子现金系统。

总之,随着互联网金融的发展,未来在互联网的虚拟社区里,将会有很多的信誉良好、有支付功能的虚拟货币将被发行。[③] 典型的例子包括比特币、Facebook Credits、腾讯公司的Q币、Amazon Coins、魔兽世界G币等。由于互联网的无国界性,互联网货币天生就是超主权、国际性的。虽然我国对比特币等虚拟货币保持较审慎的态度,但以比特币为代表的虚拟货币及其技术带来的革新与发展趋势不可逆转。

(六)金融网销与其他配套服务业务

金融网销是指通过网络渠道把金融产品的需求者和供给者连接起来并进行匹配,从而实现基金、券商等金融或理财产品的网络销售,主要包括投资型产品的网销,例如银行理财、股票型和债券型基金的网销;风险保障型产品网销,例如保险产品;社交型产品的网销,例如微信红包;复合型的产品销售,最典型的例子就是余额宝。[④]

---

① European Central Bank, "Virtual Currency Schemes", http:// http://www. ecb. europa. eu/pub/pdf/other/virtualcurrencyschemes201210en. pdf, Mar. 28, 2015.

② 杨东:《链金有法:区块链商业实践与法律指南》,北京航空航天大学出版社2017年版,第80页。

③ 谢平、邹传伟、刘海二:《互联网金融手册》,中国人民大学出版社2014年版,第90~91页。

④ 同上书,第63~64页。

金融网销包括了中国人民银行等十部委发布《关于促进互联网金融健康发展的指导意见》中的互联网基金销售、互联网保险和互联网信托。具体而言,2013 年至 2014 年,以“余额宝”为代表的“宝类”产品带动了互联网平台的基金销售。最初,互联网平台并未获得基金销售资格,故大多与有销售资格的机构合作进行导流销售。自 2015 年开始,大量互联网平台逐步获得基金销售牌照,如京东金融、苏宁金融、蚂蚁金服等。互联网基金销售主要体现为公募基金销售。① 互联网保险是基于互联网及移动通信、大数据、云计算、社交平台、搜索引擎等信息技术,实现对原有保险产品设计、营销模式、服务对象及服务方式创新的一种新型金融服务模式。② 例如,微信飞机延误险、退货险、碎屏险等。众安在线保险财产保险股份有限公司成为具有首张互联网保险专业牌照的公司,该公司推出了退货运费险、e 代驾司机意外险、旅游天气保险等产品。互联网信托是指委托人、受托人、受益人或投资人通过网络平台,进行信托合同签订、信托权益转让、信托财产查询、信托决议制定以及其他相关交易的信托业务运作方式。③ 2014 年至 2015 年可以说是互联网与信托的“蜜月期”,这一期间,多个领域出现了不同形式的尝试与创新。2016 年以后,监管趋严,信托“触网”有进有退。目前,互联网信托有四种业务模式:互联网信托直销、互联网消费信托、基于互联网理财平台的信托受益权质押融资和信托拆分。④

其他配套服务业务是指互联网金融的周边业务,具体包括金融搜索、理财计算工具、金融咨询、法务援助等产业,主要利用互联网提供金融服务信息汇聚、搜索、比较、咨询等服务。典型代表有:第三方资讯平台(以网贷之家、和讯网为代表)、垂直搜索平台(以 360 融为代表)、在线金融超市等三类(以大童网、格上理财、91 金融超市、软交所科技金融超市为代表)。⑤

---

① 廖理主编:《全球互联网金融商业模式:格局与发展》,机械工业出版社 2017 年版,第 148 页。

② 武长海、涂晟、樊富强:《互联网保险的法律规则研究》,中国政法大学出版社 2016 年版,第 15 页。

③ 刘进一:《互联网金融模式与新格局》,法律出版社 2016 年版,第 88 页。

④ 姚崇慧:《互联网信托业务都有哪些模式?》,载搜狐网:http://www.sohu.com/a/159088360_355147,2017 年 9 月 28 日最后访问。

⑤ 罗明雄、唐颖、刘勇:《互联网金融》,中国财政经济出版社 2013 年版,第 7~10 页。

（七）互联网消费金融

互联网消费金融是指为消费者购买商品或服务提供的金融服务，包括消费支付、消费借贷等业务。互联网消费金融按运营平台主要分为四种类型：第一种是基于电子商务平台交易的模式，例如京东的白条、天猫的分期；第二种是基于银行的模式，如北银消费金融公司的互联网消费金融业务；第三种是基于 P2P 网络借贷平台的模式，如"惠人贷"；第四种是基于消费金融公司的模式，如马上消费金融股份有限公司的"马上消费"。① 互联网消费金融与作为纯中介的网络借贷平台不同，其资金主要来源于平台自建的小额担保公司、股东企业存款、同业拆借、资产证券化等。②

随着网络信息新技术发展与应用，互联网金融及其类型也随之发生了相应的变化。划分互联网金融的主要模式，有利于把握其外在的规律，从而更好地监管互联网金融，解决监管空白、监管不足和无序的问题。

第三节　互联网金融的价值定位

互联网金融作为一种创新型的金融业态，源自社会发展的需要，诞生于市场之中。互联网金融将互联网技术和思想与金融功能融合在一起，可以满足社会、组织和个人的需要。互联网金融的价值定位，影响着对它进行监管的方向，唯有准确定位，互联网金融监管才会不偏离轨道。因此，本节从宏观视角和微观视角介绍了互联网金融的价值定位，即实现普惠金融与社会公平、推动中国金融体系的改革、服务实体经济等。

一、宏观视角下互联网金融的价值定位

本部分从经济与社会的宏观角度出发，从我国金融社会的公平与民主、金融市场的改革和实体经济发展这三个方面，介绍了我国互联网金融的价

① 中国互联网金融安全课题组：《中国互联网金融安全发展报告》（2016），中国金融出版社 2017 年版，第 29 页。

② BR 互联网金融研究院：《互联网金融报告》（2017），中国经济出版社 2017 年版，第 65 页。

值定位。

(一)实现金融的公平与民主

互联网金融以互联网技术与精神为基础,按照其自身的逻辑改变了传统的交易结构与权力契约模式,在满足中低收入者的投融资需求,解决小微企业的融资难问题,提升金融服务的覆盖面、质量和效率等方面具有独特的价值,在一定程度上实现了金融的公平与民主。因而,互联网金融应定位于实现普惠金融与民主金融,即在社会中实现金融的公平与民主。这源自以下两方面的因素:

一方面,互联网金融具有金融公平、民主的品质。申言之,互联网金融通过云计算、大数据等互联网技术设计出人性化的产品,它提供的透明信息与便捷服务改变了传统金融的交易模式与权力契约形式,从而让长期被忽视的"长尾"投资者有机会以较低的成本参与金融投资或享受金融服务。比如以进入门槛为1元的余额宝,去传统媒介且便捷的P2P网贷、众筹等。普惠金融的实质是促进金融资源的均衡分布,为传统金融机构服务不到的低端客户、小微企业、贫困人口提供金融机会,扩大金融服务受众,进而有效、全方位地为社会所有阶层和群体提供小额信贷或者微型金融服务,减少金融排斥。互联网金融的出现很好地展现出了普惠金融的实质,使得弱势群体及低收入人群能以合理的价格,便捷且有尊严地获取金融服务。换言之,互联网金融使得人人都能公平获得金融服务,即实现了普惠金融。同时,互联网金融致力于金融创新,并试图通过新型的金融产品让更多的人享受便利、共担风险、共同受益,保障金融消费者的权利;实现民主金融,即把普惠金融的基础上上升为人人可参与金融服务和人人可分享金融权力。这也正如席勒所言:在塑造金融体系的过程中,重要的是对金融体系扩大化、人性化和民主化的改造。即要赋予普通民众平等参与金融体系改造的权力,能够获取全面的金融信息,通过各种方式积极合理地把握机会。使得民众真正成为金融体系的一员,而不是各种金融产品的受害者。[①]

另一方面,社会公众对金融公平与民主有强烈的需求,互联网金融正是应此而生。根据世界银行集团的国际金融公司(IFC)与国际扶贫咨询协商

① [美]罗伯特·席勒:《金融与好的社会》,束宇译,中信出版社2012年版,前言第XXVI页。

组织(CGAP)在2013年7月共同发布的《2012年普惠金融:加深全面了解》("*Financial Access* 2012 *Getting to a More Comprehensive Picture*")报告可知:全世界75%的贫困人口仍然无法获得正轨金融的服务,扩大面向居民和企业的金融服务的势头依然强劲。① 强烈的金融需求与互联网金融创新相融共生、互相促进。从长远来看,互联网金融能直接促进普惠金融和民主金融的实现,是一支不可或缺的新生力量。因此,互联网金融应定位于实现普惠金融与民主金融。

综上所述,互联网金融让遭受歧视的普通民众也能参与到金融体系中,让更多的社会大众参与到社会财富的分配过程中,实现了金融的公平与民主。故其价值应当是实现美好社会中的金融公平与民主。

(二)推动金融市场改革

我国金融市场化程度不高、利率管制严格,产生了金融服务覆盖不全面、过度依赖间接融资、商业银行获得高额垄断利润等问题,这些问题的存在严重影响了金融资源的配置。我国金融市场的改革就是要推动利率市场化②,消除垄断与歧视,形成合理竞争,达到金融资源合理配置。③ 从国际经验来看,放开存款利率管制是利率市场化改革进程中最为关键、风险最大的

---

① IFC,CGAP,"Financial Access 2012 Getting to a More Comprehensive Picture",http://www. ifc. org/wps/wcm/connect/f2aec08040482b3a899f9b682455ae521/cgap_forum_FAS2012 +(1). pdf? MOD = AJPERESl,Sep. 9,2014.

② 利率市场化的"黑箱"包含四个"角":放开贷款利率上限和下限、放开存款利率上限和下限。我国此次改革只是打开了其中一"角",开始在取消贷款利率浮动下限、将贷款风险定价自主权交给商业银行的基础上,积极推进存款利率市场化。参见管斌:《金融法的风险逻辑》,法律出版社2015年版,第183~184页。2012年6月8日和7月6日,在两次下调存贷款基准利率的同时,将金融机构人民币贷款利率下限由基准利率的0.9倍逐步扩大至0.7倍。2013年7月20日,我国进一步全面放开金融机构贷款利率管制,取消金融机构贷款利率0.7倍的下限。贷款利率管制全面放开后,我国金融机构资产方定价完全实现市场化。2014年11月22日、2015年3月1日、5月11日,先后三次将金融机构人民币存款利率上限由基准利率的1.1倍逐步调整为1.2倍、1.3倍和1.5倍。2015年8月26日,进一步放开了一年期以上(不含一年期)定期存款利率浮动上限。2015年10月24日,不再对商业银行和农村合作金融机构等设置存款利率浮动上限,标志着我国人民币利率管制基本放开。2015年5月11日,进一步在全国范围内放开小额外币存款利率上限。参见中国人民银行金融稳定分析小组:《中国金融稳定报告》(2016),中国金融出版社2016年版,第133~134页。

③ 吴晓求等:《中国资本市场研究报告(2014)——互联网金融:理论与现实》,北京大学出版社2014年版,第7页。

阶段。[①] 互联网金融的出现恰好适应了我国进一步深化金融改革的需求。在我国的金融垄断体系中,互联网金融是金融改革最为重要的催化剂。[②] 反观欧美等国,不但正规金融体系十分发达,互联网金融也相对发达,潜力无穷、前景诱人。[③] 总而言之,互联网金融具有弥补银行信贷在面对中小微企业和个体金融融资上的先天性缺陷,发挥对传统金融系统的重要补充,能够促进我国金融市场的结构合理化、服务全面化、竞争的合理化,例如 P2P 网贷对资金的市场化定价可以推动利率市场化的改革。互联网金融是我国金融深度改革的核心内容和最重要的节点,[④]所以互联网金融的价值应包含推动我国金融市场改革。

(三)服务实体经济

由于我国金融体制改革滞后,故目前金融业与经济发展需求脱节,主要表现为金融资源配置扭曲,金融部门对实体部门产生明显“挤出效应”,货币产出效率急剧下降。金融资源要么在流通体系内“空转”,要么投入风险低、效益低的大型行业。中小企业融资难、民营企业受歧视、低收入群体遭受金融排斥。[⑤] 互联网金融并未脱离社会经济而存在,它具有服务实体经济的价值。例如,据报告显示欧洲在 2012 年至 2014 年,受调查的 27 个国家内的 255 家平台为欧洲的个人、企业家、艺术家、中小企业(SMEs)、社会企业、新能源项目、社区机构和慈善事业提供了共计 46.55 亿欧元的融资。该报告还预测 2015 年包括英国在内,欧洲整体的替代性金融市场将超过

---

① 管斌:《金融法的风险逻辑》,法律出版社 2015 年版,第 183 ~ 184 页。

② NIcholas Borst, “Guest Post: Internet Finance Drives China Banking Reform”, http://blogs. ft. com/beyond-brics/2014/06/30/guest-post-internet-finance-drives-china-banking-reform/?Authorised = false, Mar. 28, 2015.

③ 欧洲将股权众筹、奖励类众筹、捐赠类众筹、P2P 个人借贷、P2B 借贷、票据交易、债权类证券、小额贷款和社区股票发行等视为替代性金融(Alternative Finance)。参见 Rober Wardrop, Bryan Zhang, Raghvendrra Rau, Mia Gray, “Moving Mainstream: The European Alternative Financial Perspective”, http://www. jbs. cam. ac. uk/fileadmin/user _ upload/research/centres/alternative-finance/downloads/2015 - uk-alternative-finance-benchmarking-report. pdf, Mar. 28, 2015。

④ 同上注②,第 8 页。

⑤ 李耀东、李钧:《互联网金融:框架与实践》,电子工业出版社 2014 年版,第 126 页。

70亿欧元。[①] 从2013年到2016年，欧洲大陆（不包含英国）的在线替代性借贷金融市场一直稳步增长，尤其是2013年到2015年，市场容量保持着平均每年73%的增长，到2016年的第三季度（截至2016年9月30日），欧洲市场放贷总量达到6亿欧元。[②] 互联网金融通过网络平台转化时空，利用网络的开放性、多边性、扁平化，正在重塑社会的物质基础，这种特质决定了它更容易进入实体经济。这也是各个国家对互联网金融进行监管的目的所在，即实现其服务实体经济的价值。

二、微观视角下互联网金融的价值定位

本部分着眼于微观的金融市场，从公平竞争、融资机制、利率市场化三个方面分析了互联网金融的价值定位，以便制定与执行监管法律法规。

（一）公平竞争，破除垄断

改革开放30多年来，我国的金融业改革远远滞后于经济发展的需要，金融垄断导致了垄断暴利与市场竞争的不公平。互联网金融产生于市场之中，完全由市场机制主导。这也正如陈志武所言：让人们看到银行垄断的传统金融体系不合理之处并明白竞争对普通老百姓的好处。互联网金融的鲶鱼效应正在发酵。[③] 互联网金融公司给银行带来良性竞争，促使银行改善服务、增加网络技术功能、推出以客户需求为导向的金融产品。良性的竞争使得中国的银行开始推介自己的互联网金融业务。[④] 总之，互联网金融以搅局者和竞争者的身份参与金融市场的竞争，可以打破金融的垄断，为更多

---

① Rober Wardrop, Bryan Zhang, Raghvendrra Rau, Mia Gray, "Moving Mainstream: The European Alternative FinancialPerspective", http://www.jbs.cam.ac.uk/fileadmin/user_upload/research/centres/alternative-finance/downloads/2015 - uk-alternative-finance-benchmarking-report.pdf, Mar. 28, 2015.

② KPMG, "Alternative lending market trends in Continental Europe in 2016", https://zh.scribd.com/document/334712275/Alternative-Lending-Market-Report-2016, Mar. 28, 2017.

③ 余丰慧：《互联网金融革命：中国金融的颠覆与重建》，中华工商联合出版社2014年版，第1页。

④ Rober Wardrop, Bryan Zhang, Raghvendrra Rau, Mia Gray, "Moving Mainstream: The European Alternative FinancialPerspective", http://www.jbs.cam.ac.uk/fileadmin/user_upload/research/centres/alternative-finance/downloads/2015 - uk-alternative-finance-benchmarking-report.pdf, Mar. 28, 2015.

的“长尾”大众提供金融服务和产品。故互联网金融的公平竞争、破除垄断价值不可被忽略。

（二）解决中小微企业和个体资金供给问题

金融资源配置的过程在市场机制上体现为资金的供给方通过市场的供给机制将资金的使用权让渡给资金的需求方的过程。互联网金融天生具有的处理与运用大数据技术的能力，能高效、快速的整合信息流，通过市场利率反映资金的供求关系，引导资金的合理配置。欧美等国出台对P2P网贷、众筹等监管法规的初衷就是解决小微与初创企业融资难的问题。

在未来较长一段时间内，解决企业主要是中小微企业融资困难问题仍然是中国经济改革和发展的重难点之一。[①] P2P网贷平台与传统商业银行和小额贷款公司之间差异化的市场定位，填补了部分小微企业金融服务市场的空白。[②] 众筹融资为个人和中小微企业提供了一个网络交易平台，有利于提高中小企业融资效率，缓解中小企业融资困难的现状。总之，P2P网贷、众筹等互联网金融，可以弥补传统金融无法解决中小微企业融资的先天性缺陷，体现了互联网金融的资金供给价值。

（三）利率机制市场化

互联网金融对打破利率管制、促进利率市场化具有重要的意义。从贷款利率与存款利率两个方面来看，互联网金融对利率机制的影响体现为：一方面，从贷款利率方面来看，由于诸如P2P网贷平台的出现，资金融通的利率价格机制完全由市场上的资金供给方和需求方通过谈判与竞价产生，而且P2P网贷会对贷款进行信用评级，由此产生不同的利率水平，真实地反映资金的稀缺程度和风险程度。这有别于主要由中央银行实行管制与调控形成的商业银行的利率机制。通过P2P网贷平台，资金融通实现了自由化、民主化的利率协商机制，这是民间利率市场化对现代中国市场利率管制、调控的重要突破。另一方面，从存款利率方面来看，由于“余额宝”“理财通”等宝宝类货币资金理财产品的出现，居民的货币存款可以在各种宝

---

① 艾瑞咨询：《2015年中国权益众筹市场研究报告》，载艾瑞网：http://report.iresearch.cn/2325.html，2015年3月28日最后访问。

② 史建平主编：《中国中小微企业金融服务发展报告》（2014），中国金融出版社2014年版，第314页。

宝类的理财产品中获得比现代商业银行更高的利息和收益。虽然我国互联网金融中诸如P2P网贷平台等的利率明显高于商业银行,但是其形成机制是市场化的。P2P网贷平台上的项目由于风险较高因而利率水平也较高,这一点与商业银行体系具有明显的区别,较高的浮动水平也反映到了利率水平的较大波动幅度之上。① 总之,互联网金融在与商业银行竞争的过程中,通过价格机制、竞争机制形成利率市场化,这一价值具有重要的意义。

第四节 互联网金融的风险分析与监管的必要性

互联网金融体现了支付、投融资和信息中介的金融本质,是一种创新型的金融形态,因此互联网金融必然存在风险。一方面,互联网金融创新活动不可避免地带有网络时代人定规则的缺漏与人性的恶,必然具有一定的风险。而且,金融创新并非毫无拘束,只有在法律框架下,此种创新才具有法律和社会意义。另一方面,互联网金融并未脱离金融的本质,仍然存在诸多风险。金融监管旨在寻求安全与效率两个价值之间的平衡。因此,尽管金融法律监管是一种压抑了金融效益与增加了社会控制成本的恶,但是这种恶也是一种"以驯服金融风险,保证国家安全,并确保了人们对自己的经济行为有合理预期"的善意之恶,是人类社会越来越依赖于金融体系的时代下必须存在的克服人类理性缺陷的不可或缺之恶。② 加强互联网金融的监管,寻求创设一种正义、安全、有序的金融法治社会秩序能普惠大众。

一、互联网金融的风险分析

互联网金融一方面体现出其金融本质带来的和传统金融类似的风险,另一方面,基于其创新性,互联网金融又有特殊风险。具体如下:

---

① 王海军、赵嘉辉主编:《"中国式"互联网金融:理论、模式与趋势之辨》,电子工业出版社2015年版,第116页。

② 黎四奇:《我国银行法律制度改革与完善研究》,武汉大学出版社2013年版,第22~23页。

(一)互联网金融的一般风险

互联网金融仍然属于金融的范畴。因此,它必然具有传统金融的风险,即系统性风险、流动性风险、信用风险、操作风险、市场风险、法律风险等一般风险,还具有传统金融风险的隐蔽性、广泛性、突发性和传染性。

1. 系统性风险

从一般的意义上看,系统性金融风险是指金融体系由于遭受了普遍的大规模冲击而无法持续有效运转的可能性,这种冲击常常表现为相当数量金融机构的倒闭和支付困难、金融市场的崩溃和价格信号的失灵,以及货币的贬值和资本的外逃等。① 系统性风险是源于金融市场缺乏足够监管之时。互联网金融存在系统性风险,且系统性风险较为集中,②因此互联网金融更同样也需要防范系统性风险。

具体来说,第三方支付中,当支付从纸质交易向非现金支付转变时就会带来系统性风险(Systemic Risk)。③ 第三方支付也是风险的传递渠道之一。由于法规的漏洞与监管不到位,第三方支付体系会产生欺诈、洗钱、挪用客户备付金等违法问题,这必然造成投资者的损失;此外,某些具备系统重要性的第三方机构如果不能按时结算,势必会引起连锁反应并带来系统性风险。目前,我国正在针对第三方支付存在的挪用客户备付金等问题进行整顿。根据中国人民银行公布的数据显示,截至 2016 年第三季度,267 家支付机构吸收客户备付金合计超过 4600 亿元。④ 这无疑是一笔巨额资金,如果监管不力,势必会带来系统性风险。

在法律空白和监管不到位的情况下,我国 P2P 网贷在高速发展的过程中存在着资金池、自融、投资者保护不到位等方面的问题。当出现交易信息不对称、投资者的非理性等因素时,P2P 网贷市场定价就会扭曲,从而导致

---

① 马勇:《2011 系统性金融风险:一个经典注释》,载《金融评论》2011 年第 4 期。

② 杨东:《互联网金融的法律规制——基于信息工具的视角》,载《中国社会科学》2015 年第 4 期。

③ Michelei Braun, Jams Mcandrews, William Roberds, Richar Sullivan, "Understanding Risk Management in Emerging Retail Payments", https://www.kansascityfed.org/publicat/other/Braun_Sullivan09 - 2008.pdf, Jun. 12, 2015.

④ 闫立良:《4600 亿元客户备付金纳入银行存款准备金交存基数》,载《证券日报》2017 年 1 月 14 日,第 2 版。

系统性风险。2015 年我国的问题平台是 2014 年的 3.26 倍,达到了 896 家。[①] 截至 2017 年 1 月底,P2P 网贷行业停业及问题平台数量为 3493 家,其中问题平台数量为 1811 家。在这 1811 家问题平台中,立案的不足 5%,仅 22 家已完成宣判,涉案金额逾 10 亿元人民币。[②]

众筹股权融资也存在系统性风险问题。对我国众筹融资而言,无论是采用什么方式,但是私募和公募这两种直接融资模式的主要风险,也是被认定为具有金融系统性风险。大量未被传统金融监管的非合格投资者,更容易加深股权众筹的内生性风险,模式创新和互联网的属性可能加快股权众筹的风险累积速度和风险传染性。[③] 总之,我国 P2P 网贷和股权众筹在市场摩擦过大、信息不对称、投资者缺失理性、市场信号扭曲的情况下会导致系统性风险。[④]

在保险方面,互联网保险由于具有较强的开放性和共享性,很容易将单体风险演化为系统性风险。具体而言,一是行业间关联性风险。在互联网保险创新中,建构统一的支付平台是其支付方式发展的趋势,这会使金融机构之间的关联性、风险敏感性增强。同时,基于互联网保险的碎片化、传染性和跨界性特质,一旦出现风险,极易引发大规模资金链条断裂,导致关联性或流动性风险。二是与消费者相关的风险。互联网保险业务创新中融入了消费者行为学和心理学等因素,互联网保险投资门槛较低,主要消费群体抗风险能力较弱且人数众多,恐慌情绪和挤兑风波容易在短时间内迅速膨胀,有可能导致保险业出现系统性风险。[⑤] 此外,部分互联网保险公司向个体网络借贷、众筹等行业提供保险服务,导致发生跨界交叉传递风险的可能性提高。例如,在 P2P 网贷去担保化的大趋势下,一些 P2P 平台引入保险公司提供的履约保证险产品来转移风险,导致 P2P 风险向保险领域传递。

---

① 网贷之家、盈灿咨询:《2015 年中国网络借贷行业年报》(完整版),载网贷之家网:http://www.wdzj.com/news/baogao/25661.html,2016 年 1 月 18 日最后访问。

② 陈晓俊:《22 家 P2P 网贷问题平台宣判情况汇总》,载搜狐网:http://www.sohu.com/a/126439565_530780,2017 年 2 月 28 日最后访问。

③ 程清:《股权众筹的系统性风险及其防范》,载《中国注册会计师》2017 年第 10 期。

④ 杨东:《互联网金融风险规制路径》,载《中国法学》2015 年第 3 期。

⑤ 武长海、涂晟、樊富强:《互联网保险的法律规则研究》,中国政法大学出版社 2016 年版,第 22 ~ 23 页。

在众筹领域,为了规避项目发起方的逾期违约风险,部分互联网保险平台推出了跳票险。跳票险由项目方投保,一旦项目发起方延期发货或发生跳票现象,则由互联网保险公司对投资者现行赔付,导致众筹领域风险向保险领域传递。①

此外,供应链型的网络小贷(包括互联网供应链金融)也存在系统性风险。互联网供应链金融立足于个人信用,一旦出现大规模的违约事件,则会引起严重的流动性危机。在互联网金融行业之间联系愈发紧密的今天,这可能会引起链式反应,进而引发金融系统性风险。互联网供应链金融的系统性风险还体现在宏观经济波动对国民经济各部门的传导与影响。当宏观经济出现波动时,互联网供应链金融的供需条件就会发生相应的变化;反之,作为互联网金融行业重要组成部分的互联网供应链金融一旦出现风险,无论是对供应链的核心企业、上下游企业、物流企业与相关银行都会产生传导效应,从而引发互联网金融的行业风险,并最终可能上升为金融系统性风险。②

罗明雄等人通过对众筹、P2P 网贷、第三方支付等系统性风险的分析,归纳了互联网金融系统性风险的主要特点:一是系统性风险造成影响或者破坏的范围广,即整个系统或全局的;二是系统性风险传染性强;三是系统性风险具有很强的负外部性,会对金融机构和整个金融市场或者实体经济产生巨大的溢出效应,这是系统性风险的本质特征;四是快速传播性,这是因为互联网金融具有技术领先性、支付的快捷性、业务发展的高效性。③

总体而言,互联网金融具有顺周期性,在经济不景气的时候,会放大经济波动、产生损失的风险。互联网金融还具有高杠杆率,尤其是中介型互联网金融在相应的风险缓冲、风险准备金方面非常不足,互联网金融面临共同冲击时,必然爆发集体性的危机风波。④ 一旦互联网金融发生可传染性的

① 中国互联金融协会:《中国互联网金融年报》(2017),中国金融出版社 2017 年版,第 51 页。

② 杨东、文诚公:《互联网金融风险与安全治理》,机械工业出版社 2016 年版,第 67 ~ 116 页。

③ 罗明雄、唐颖、刘勇:《互联网金融》,中国财政经济出版社 2013 年版,第 290 ~ 291 页。

④ 苗文龙:《互联网金融:模式与风险》,经济科学出版社 2015 年版,第 131 ~ 132 页。

系统性风险，其结果可能会迅速传播进而造成更大范围的系统性风险。因此，必须对互联网金融的系统性风险予以高度重视。[①] 根据我国互联网金融目前的发展状况，互联网金融的相关风险并未得到实质性的缓释。[②] 2018年年初，时任中国人民银行副行长易纲表示，人民银行将进一步完善宏观审慎政策框架，探索将影子银行、房地产金融、互联网金融等纳入宏观审慎政策框架。这也从侧面说明互联网金融潜在的系统性风险不容小觑。

2. 流动性风险

金融机构的功能之一就是跨期进行资金错配，互联网金融的本质仍然是金融，因而其资产与负债期限的不匹配同样也可能出现流动性风险问题。

流动性指资产能够以一个合理的价格顺利变现的能力，是投资时间尺度和价格尺度之间的关系，流动性风险是指经济主体由于金融资产流动性的不确定性变动而遭受经济损失的可能性。[③] 互联网金融的流动性风险是指互联网金融机构在某个时点没有足够的资金量来满足客户提现需求的风险，[④]换言之，即互联网金融机构金融资产变现能力存在的多种不确定性引发流动性不足或流动性过剩，进而导致互联网金融机构金融资产价值损失的风险。[⑤] 无论第三方支付还是P2P网贷平台，都极易受到流动性风险的冲击。

以P2P网贷为例，P2P网贷平台自有资本比率很低，大多利用借贷资金进行运营。除此之外，对P2P网贷而言，只有相当少的网络平台会在二级市场出售贷款组合产品，这会导致其缺乏流动性，因而会产生一定的风险。[⑥] 美国GAO提交的关于P2P网贷的报告中认为：营利性P2P网贷平台的流动性风险是指无法及时变现的收益权凭证所造成的潜在经济损失，其

① 黄卫东：《互联网金融创新》，新华出版社2015年版，第210页。

② 湖滨主编：《中国金融监管报告》(2017)，社会科学文献出版社2017年版，第19页。

③ 余依林：《以渠道为特征的互联网理财销售模式的风险与监管——以余额宝为例》，载《武汉金融》2014年第7期。

④ 芮晓武、刘烈宏主编：《中国互联网金融发展报告》(2013)，社会科学文献出版社2014年版，第184页。

⑤ 黄卫东：《互联网金融创新》，新华出版社2015年版，第210页。

⑥ Eleanor Kirby, Shane Worner, "Crowd-funding: An Infant Industry Growing Fast", http://www.iosco.org/library/pubdocs/pdf/IOSCOPD459.pdf, Mar. 28, 2015.

体现为:P2P 网贷的收益权凭证仅限在本平台的出借人之间流转,没有实现自由流通。因而,每个网贷平台只为其会员提供交易平台,并不保证其每个出借人都能找到购买收益权凭证的买家。① 目前,我国 P2P 网贷平台在监管不到位的情况下,可能会存在挪用客户资金投资于高风险项目的问题。若出现呆账导致大量的资金被困,则会使流动性风险不断积累。而且,P2P 网贷平台本身并不独立于资金的供求链条且缺少风险缓冲和救助机制,所以当经济面临下行风险时会造成整体违约率提高,更容易引发投资者对 P2P 平台风险的担忧。② 此外,在我国监管未到位之前,传统 P2P 网贷的保本付息类、债权转让类、标的拆分类业务都涉及平台自有资金的使用。一旦自有资金不足,资金链就会断裂,就会引发流动性风险,严重的可导致平台倒闭。2015 年我国 P2P 网贷平台存在提现困难问题的占问题平台的 29%,这是其流动性风险最好的佐证。③ 例如,2015 年 4 月起,泛亚有色金属交易所"日金宝"投资项目发生了挤兑事件,该产品累计融资规模超过 400 亿元,涉及全国 28 个省区市以及 20 多万投资者。④ 2016 年,由于 P2P 网贷行业的整改及平台经营压力居高不下等原因,退出行业的平台数量相比 2015 年进一步增加,一年累计停业及问题平台数量达到 1741 家。相比前几年,尽管 2016 年停业类型的平台数量占比远超跑路等问题平台的数量占比⑤,但其流动性风险终不可能完全消除。总之,由于 P2P 网贷平台存在期限和金额错配、平台权益凭证转让范围较小、流动性不强、行业竞争导致产品异化产生流动性风险等问题,平台在某个时点的变现能力存在多种不确定性,可能会发生没有足够的资金量来满足客户提现需求的情况。

流动性风险往往是威胁支付机构生存的最主要和最直接的风险。支付机构用出售电子货币的资金或客户备付金进行投资,当客户要求赎回电子

---

① GAO, *Person-to-Person Lending: New Regulation Challenges Could Emerge as the Industry Grows*, 2011, p. 22.

② 吴晓求等:《互联网金融——逻辑与结构》,中国人民大学出版社 2015 年版,第 139 页。

③ 网贷之家、盈灿咨询:《2015 年中国网络借贷行业年报》(完整版),载网贷之家网:http://www.wdzj.com/news/baogao/25661.html,2016 年 1 月 18 日最后访问。

④ 湖滨主编:《中国金融监管报告》(2017),社会科学文献出版社 2017 年版,第 16 页。

⑤ 网贷之家、盈灿咨询:《2016 年中国网络借贷行业年报》(完整版),载网贷之家:http://www.wdzj.com/news/yanjiu/52614.html,2017 年 2 月 28 日最后访问。

货币或要求结算的时候，投资的资产可能无法迅速变现，或者虽可变现但会造成重大损失，从而使支付机构遭受流动性风险。因此，欧美国家均规定只能将这些备付金用于低风险和高流动性的投资。[①] 以"余额宝"为例，支付宝公司要实现"余额宝"实时到账就只能拿自有资金或者客户的备付金去垫付（因为按照备付金的缴存要求，支付宝公司不必为基金产品的转存资金缴纳备付金）。在利率管制进一步放开的前提下，如果银行上调存款利率使得收益水平超过或者持平于互联网理财产品，则会导致大量资金从网络平台流向银行，从而引发流动性风险。[②]《支付机构客户备付金存管办法》中又明确规定，第三方支付机构的客户备付金必须全额缴存至相应的备付金专用账户且不得擅自挪用、占用或借用。这意味着，支付机构更容易产生流动性风险。

对股权众筹而言，也存在流动性不足的问题。因为新成立公司的股票无法准确估值，所以这种股票在二级市场上无法流动，这会导致股权众筹缺乏流动性，投资者变卖股权存在困难。对投资者而言，如果他们没有认识到股权众筹的流动性不足就意味着风险。[③]

在金融网销中，互联网理财也存在流动性风险。以互联网理财平台销售的货币基金为例，这些宝宝类互联网理财一般都与货币基金连接，实行"T+0"或者"T+1"赎回方式，承诺用户随时赎回理财产品。为了尽可能获得较高收益以增加用户黏性，这些理财产品所依托的货币基金往往会牺牲资产组合流动性，以期限错配的方式投资期限较长的协议存款或者债券。货币基金虽然风险较小且不需要缴纳风险准备金，但是一旦出现比较严重的利空因素，如黑客攻击、大量用户账号被盗、发生重大投资损失等突发性事件，将会出现恐慌性的大量用户集中赎回的情况。在这种情况下，基金管理机构短时间内难以变现已投资的资产来兑付用户的赎回要求，进而出现

---

① 中国支付清算协会：《移动支付理论与实务》，中国金融出版社2015年版，第119页。

② 杨涛主编：《互联网金融理论与实践》，经济管理出版社2015年版，第249页。

③ Eleanor Kirby, Shane Worner, "Crowd-funding: An Infant Industry Growing Fast", http://www.iosco.org/library/pubdocs/pdf/IOSCOPD459.pdf, Mar. 28, 2015.

流动性风险。①

总之,第三方支付、P2P 网贷、股权众筹等互联网金融都面临或多或少的资金错配不匹配问题,资金周转过程中产生的沉淀资金容易被挪用,缺乏二级市场,容易引发流动性风险。

3. 信用风险

一般而言,信用风险是指交易一方或者借款人可能违约所造成的风险,故又称对手方风险。互联网金融跟传统金融一样都可能面临信用风险,互联网金融的信用风险是指互联网金融交易者在合约到期日不完全履行其义务的风险。② 互联网金融借助于虚拟的网络平台进行交易,双方交易信息的传递、缔约、支付、结算等都在虚拟的网络世界进行,如果信息不对称非常严重,则信用风险就相对较大。

互联网金融的信用风险最常见于 P2P 网贷。GAO 在其报告中认为:出借人在 P2P 网贷平台上购买的收益权凭证没有任何第三方的抵押、担保或者保险。如果借款人违约,出借人很难收回本息,因为存在追偿费用和其他成本。如果出借人把投资全部集中于单一的网贷平台收益权证,那么整个投资的回报将取决于单个贷款的绩效。③ 在我国 P2P 网贷缺少完备征信系统的情况下,一方面 P2P 平台所要求的借款人信息极其容易造假,借款人可以隐瞒不利己的信息;另一方面,P2P 平台无法全面获取借款人的信息,所收集的资料存在片面性。这些都会造成 P2P 网贷的信用风险。总之,P2P 网贷的借款人破产(能力风险)和借款人骗贷(意愿风险)都会产生信用风险。

在众筹项目中,有的众筹平台对项目潜在风险估计不足,没有尽职调查,有的众筹平台为了促成交易故意隐瞒项目问题,这些情况都会导致投资人的损失。在缺乏真实项目的时候,平台先自行归集资金,随后投入自己选

① 刘旭辉:《互联网金融风险防范与监管问题研究》,中共中央党校经济学教研部 2015 年博士学位论文,第 81 页。

② 芮晓武、刘烈宏主编:《中国互联网金融发展报告》(2013),社会科学文献出版社 2014 年版,第 184 页。

③ GAO, *Person-to-Person Lending: New Regulation Challenges Could Emerge as the Industry Grows*, 2011, p. 22.

择的项目。[1] 这种做法必然存在信用风险。

第三方支付在结算支付过程中也存在信用风险。由于支付和结算的过程往往都会存在或长或短的时间差，这段时间内客户资金会在第三方支付平台延迟或者滞留，资金由第三方支付平台实际控制，这便于第三方支付平台利用这些停留的在途资金获取利益。如此一来，就大大降低了第三方支付结算的有效性，存在资金被挪用的风险，进而容易产生支付结算的信用风险。

虚拟货币的信用风险往往来自于给传统虚拟货币以价值背书的发行商，其因企业破产倒闭、被并购或者其他企业原因而无法正常运营，就会导致已发行的虚拟货币无法使用，给虚拟货币使用者造成经济损失。由于互联网理财平台依旧实行刚性兑付，且收益率较高，故也伴随着较高的风险。在经济增长下降，产能过剩的背景下，平台无法依约兑付的风险较高。此外，互联网消费金融也会产生信用风险。一些经营互联网消费金融的平台风险管理不到位，难以从历史交易数据中挖掘出足以支撑客户信用评价的信息。互联网消费金融有着万亿级的市场，该业务的规模一旦膨胀，信用风险将就被放大，甚至超出预期。[2]

4. 操作风险

操作风险是指作为互联网金融市场主体的个人或机构，在从事互联网金融业务的过程中，由于发生人为操作不当、业务程序缺陷、信息系统不完善、内部管理与监管缺失等问题或外部事件而导致利益关联方受损的风险。[3] 互联网金融的业务都依托互联网展开，因而，对互联网软硬件技术、操作人员的操作水平、业务程序的设计、信息系统、内部管理与监管、外部事件的处理等有很高的要求。任何一个细节处理不当，都会引发互联网金融的操作风险。比如，黑客的侵入、互联网络故障及互联网金融服务公司的

---

① 范文仲等：《互联网金融理论、实践与监管》，中国金融出版社 2014 年版，第 188 ~ 189 页。

② 杨东、文诚公：《互联网金融风险与安全治理》，机械工业出版社 2016 年版，第 67 ~ 116 页。

③ 黄卫东：《互联网金融创新》，新华出版社 2015 年版，第 196 页。

服务器故障等都会造成频繁的技术操作风险。① 操作风险会对互联网金融主体的利益产生重大影响,比如客户资金失窃、个人隐私信息泄露等。② 具体而言,互联网金融改变了传统的结算方式,采用数字签名的方式对支付指令的有效性进行确认,这种方式的效果取决于互联网金融平台控制系统的严密性。

对第三方支付而言,人为的操作不当、互联网技术平台与信息系统不完善、内部管理不到位等都会带来操作风险问题。2009 年 3 月,银监会下发的《关于"支付宝"业务的风险提示》就指出:网络黑客盗用资金风险和信用卡非法套现风险。第三方支付的操作风险主要是由于第三方支付机构内部操作人员操作方式失当而导致的人为错误、系统失灵、流程上的不完善等带来的风险。一方面,第三方支付存在信用卡套现风险。一些第三方支付机构只注重商户数量的增长,没有严格审查相关企业的资质,没有建立长期的跟踪和监管机制,甚至为达到抢占市场的目的而将低费率的 MCC 发售给高费率行业的商户使用,忽视对交易真实性的考察和保障,使得不法分子可以通过虚构交易、虚开价格、退后返现等方式,利用第三方支付平台套取现金,逃避信用卡的提现费用。另一方面,第三方支付网络安全、系统故障、数据存储及处理等方面都会带来操作风险,容易导致网络黑客盗用资金的风险。③

再以 P2P 网贷为例,P2P 网贷平台控制着交易数据、信用审核,平台客户主要是小微企业和个人用户,资质较差,且放款人无法有效审核这些信息。由于 P2P 网贷在贷款审核、风险防范与处置等方面都要弱于商业银行,因此它的操作风险必然要高于商业银行。④ GAO 认为盈利性 P2P 平台的操作风险是指因内部流程、人和系统的不足或者失败,抑或外部事件所造成的潜在的、意想不到的金融损失。风险主要体现在:网贷平台一般不去查证借款人提供的信息,而恰是这些信息没有准确或者正确的反映借款人的

---

① 杨涛主编:《互联网金融理论与实践》,经济管理出版社 2015 年版,第 250 页。

② 中国人民银行金融研究所:《新金融时代》,中信出版社 2015 年版,第 117 页。

③ 杨东、文诚公:《互联网金融风险与安全治理》,机械工业出版社 2016 年版,第 45 ~ 46 页。

④ 吴晓求等:《互联网金融——逻辑与结构》,中国人民大学出版社 2015 年版,第 132 页。

信誉;网贷平台贷款历史数据有限及信用评级系统预测的不准确,导致实际的贷款违约情况和 P2P 网贷平台实际预期的不相符,一旦借款人违约,出借人没法自己追偿,只能依赖 P2P 网贷平台与其委托的第三方收款机构来领回放款;出借人的权利存在着不确定性,如果网贷平台破产,那么其收益权凭证的支付就会被限制、暂停或者终止。①

此外,虚拟货币也会存在操作性风险。尽管新型虚拟货币产生所基于的密码学原理及区块链技术不易被攻破,但交易平台、账户却存在被盗的风险,例如,2014 年 2 月 24 日,最大的比特币交易所运营商 Mt. Gox 交易平台由于 85 万个比特币被盗而无奈下线并申请保护,因此,虚拟货币是否会发生操作风险主要取决于交易平台系统安全架构是否完善。当风险累积到一定的程度时,甚至会从单一操作风险演变成一种系统性风险,影响全国的互联网金融的正常运行与发展。

5. 市场风险

市场风险是金融体系固有的风险,作为互联网与金融结合的产物,互联网金融的市场风险主要表现为利率、价格等变化造成的市场风险。互联网金融借助网络平台发放贷款和吸纳资金,发挥了互联网的快捷与便利性,但是这也使互联网金融面临着更大的风险。GAO 在报告中指出:营利性 P2P 平台的市场风险,是指广泛的价格运动导致资产或负债价值变化所造成潜在的经济损失。例如,减少现行市场利率可能导致借款人提前偿还贷款,影响出借人的收益,提高现行市场利率可能导致出借人收益缩水。② 互联网金融产品定价受市场利率的制约,市场利率的波动导致的互联网金融产品定价波动损失,就是利率风险。再如,互联网投资理财产品大多是通过互联网渠道销售的基金产品。相对于商业银行的存款而言,互联网投资理财产品并不能保本保障收益,因为基金产品的收益本身就具有不确定性,存在损失的风险。所以虽然宝宝类的产品反响不错,但这并不能掩盖预期收益率与实际收益率之间的差距,宝宝类产品仍然存在市场风险。

---

① GAO, *Person-to-Person Lending: New Regulation Challenges Could Emerge as the Industry Grows*, 2011, p. 22.

② Ibid. .

6. 法律风险

互联网金融的法律风险是指互联网金融企业行为是否合法引起的风险问题，这种风险的存在主要是由于目前我国互联网金融专业性的法律法规存在缺乏与空白。传统金融领域的法律法规无法适应互联网金融的内在要求，必然造成一定的法律冲突。未来法律政策的不确定性成为互联网融资平台发展的巨大潜在的风险，①它可能导致无法保障投资者的合法权益、无法有效规制平台的违法行为、增加法律盲区纠纷的交易费用等后果。

互联网金融的法律风险具体表现在：缺乏互联网金融机构法律地位、经营范围、行业标准等方面的法规。例如，在《网络借贷信息中介机构业务活动管理暂行办法》（2016 年 8 月 17 日）出台之前，我国的 P2P 网贷没有清晰的法律地位、经营范围、行业标准等方面的法律规定，处于一个灰色地带。从理论上来讲，P2P 网贷从事的是金融业务，应该具备金融许可证，但是我国的 P2P 网贷平台大多数在工商部门注册为咨询类公司。当时，根据《公司登记管理条例》《互联网信息服务管理办法》及《互联网站管理工作细则》的规定，注册 P2P 网贷平台与注册普通公司几乎无太大的差异。P2P 平台的法律地位、经营范围、行业标准不明确，导致 P2P 平台涉及“非法集资”的法律底线问题，尤其是 P2P 网贷中的债权转让模式和优选理财计划两种模式涉嫌非法吸收公众存款。根据是否属于基于已经形成的债权债务关系的双方认可的价值交换，而不是先吸收资金再用于放贷，可以判断是否 P2P 平台不是非法集资，但是尚未有关于 P2P 网贷的法规出台，其法律边界并不明确。②

2014 年 12 月 18 日，中国证券业协会发布了《私募股权意见稿》。但是，在未形成正式的法规之前，众筹尤其是股权众筹仍然受制于现行《证券法》的约束，稍微不慎，就会触及到法律底线。因为根据《证券法》和国务院办公厅颁布的《关于严厉打击非法发行股票和非法经营证券业务有关的通知》规定，对于股权众筹而言，不能向人数超过 200 个的特定对象发行股

---

① 杨涛主编：《互联网金融理论与实践》，经济管理出版社 2015 年版，第 250 页。

② 第一财经新金融中心：《中国 P2P 借贷服务行业白皮书》（2013），中国经济出版社 2013 年版，第 17 ~ 19 页。

票;不能向不特定对象发行股票;不得采用公开劝诱等公开或变相公开方式向社会公众发行股票。众筹平台的法律性质也未能明确。

此外,第三方支付虽然被界定为非金融机构,但是国内的部分第三方支付机构试图将自身定位于集收款、付款、电子资金账户等功能于一体的中介服务机构(实质上类似于银行的结算业务),这二者之间存在一定的偏差。①

在金融网销中,互联网平台向公众销售未经许可的金融产品极易构成非法集资,触犯法律的规定。目前,还有一些网络平台销售有许可却不允许向公众销售的金融产品,具体做法就是拆分,即将一些有最低投资额度要求的产品(例如集合资金信托产品有最低 100 万元的投资额度限制),通过互联网以最低 100 元或者 1000 元向公众销售,平台收集公众投资者的资金后,以某个代理人的名义去购买信托产品(类似"团购")。还有一些平台,以信托产品或者私募产品为基础构建各种衍生品,例如创建信托产品或者私募产品的收益权,将其划分后向公众销售。这些都是不符合法律监管要求的。②

此外,虚拟货币和互联网理财也存在法律风险。尽管具有去中心化和匿名的新型虚拟货币可进行点对点交易,但交易行为缺乏监管,不受地域限制,保密性和安全性极高,所以这种交易方式在为用户提供交易安全保障的同时也为犯罪分子提供了便利。虚拟货币的法律风险主要是不法分子利用虚拟货币进行赌博、洗钱、贩毒、逃税、为恐怖活动融资等违法犯罪行为的风险。互联网理财平台如果没有取得相关销售理财产品的资质,进行代销理财产品,就会面临法律风险问题。还有一些互联网理财产品在宣传时只突出强调高回报,对存在的风险却语焉不详,甚至刻意回避或者虚构,未尽风险提示义务、虚假宣传或承诺兑付收益都是违法行为。③ 总之,互联网金融面临着自身法律地位、经营范围、行业标准、合规等方面法规的缺失与不完善问题,具有一定的法律风险。

---

① 杨涛主编:《互联网金融理论与实践》,经济管理出版社 2015 年版,第 251 页。

② 彭冰主编:《互联网金融实践的法律分析》,北京大学出版社 2017 年版,第 6 ~ 7 页。

③ 杨东、文诚公:《互联网金融风险与安全治理》,机械工业出版社 2016 年版,第 67 ~ 73 页。

(二)互联网金融的特殊风险

互联网金融毕竟不同于传统金融,它融合了互联网精神和金融功能,其特殊风险在规范发展及监管过程中应予以重视。

1. 信息技术风险

互联网金融借助互联网技术、移动通信技术实现了支付、融资和信息中介服务等金融模式的创新。它依靠大数据、云计算、移动互联网、社交平台、搜索引擎、物联网等信息技术进行创新,这些信息技术同时也潜藏着或逐渐暴露出信息技术风险,信息技术的收益与风险并存。因此,互联网金融信息技术风险可以被界定为:互联网平台信息系统设计和运行等技术因素或技术事件有问题或不完善引发的技术不确定性,最终导致的互联网金融机构商业目的未能全部实现或金融资产价值损失的风险,其本质是被网络放大的虚拟化人为风险。①

互联网金融是信息密集型、技术型、服务型产业。其信息技术风险主要涉及数据风险和平台风险。大数据时代对海量数据的收集、存储、管理、分析和共享使得信息安全成为核心问题。在数据风险方面,大数据的安全性问题主要涉及数据的窃取、数据非法添加和窜改、个人信息泄露、数据存储安全、大数据分析过程控制与分析结果利用等。云计算风险问题主要集中在数据安全、虚拟网络安全、安全管理等方面。② 在平台风险方面,主要是互联网金融所依托的网络技术平台和信息处理系统在设计与运营过程中存在的问题引发的风险。

目前,包括第三方支付、P2P 网贷、众筹等新型业务形态在内的互联网金融还处于粗放发展阶段,互联网金融信息技术风险防控机制尚未成熟,缺乏信息安全风险控制在制度层面的监管。

2. “长尾”大众风险

长尾颠覆了 80/20 法则,在长尾市场中,存货成本很低,完全有条件经营所有的产品,不管实际销量有多大,因此没有理由不经营其他 80% 的产

---

① 黄卫东:《互联网金融创新》,新华出版社 2015 年版,第 153 ~ 154 页。

② 芮晓武、刘烈宏主编:《中国互联网金融发展报告》(2013),社会科学文献出版社 2014 年版,第 200 ~ 210 页。

品，而且长尾市场中非热门产品的利润可能远远超过传统的20%的产品。[①]长尾理论是基于要素的边际投入成本递减趋零的丰饶经济学，追求多种生产的“长尾”。互联网金融基于长尾理论，通过互联网平台，聚沙成塔，将众多的小市场汇聚、创造出大的市场规模。互联网金融拓展了交易可能性边界，服务了未被传统金融覆盖的长尾大众。因此，互联网金融特殊风险就体现在它所服务的对象方面，即属于金融领域弱势群体的长尾大众。相对而言，他们欠缺金融知识、风险识别能力和承受能力有限，更容易遭受误导与欺诈。存在“搭便车”的问题，容易导致互联网金融市场纪律失效。个体和集体的非理性行为也更易产生。涉及人数众多，互联网金融风险产生的负外部性很大。[②]

此外，由于存在互联网的基因，互联网金融的虚拟性和传播性很强，一旦出现因负面的大众舆论环境而使互联网金融机构声誉受损的情况，就会导致互联网金融机构受损的不利局面。这也会对互联网金融行业内其他无关机构产生一定程度的影响，严重时甚至可能导致互联网金融体系内外的瘫痪。

二、互联网金融监管的必要性分析

监管的主要功能是通过保障交易之间的平等、交易的透明以及发布信息的适当性和合法性，来维护市场更为良好的运作。[③] 金融具有风险外溢性，需要监管和规范，因此各国都建立了金融特许制度和业务规范。[④] 在金融全球化的大趋势下，金融自由化进程不断加快，金融创新层出不穷。[⑤] 金融发展也是金融创新的产物。市场按照社会、商业的需要创造出金融产品，监管按照社会的需要来制定金融规则，市场灵活地利用监管要求创造出新

---

① [美]克里斯·安德森：《长尾理论》，乔江涛译，中信出版社2006年版，第114~115页。

② 谢平、邹传伟、刘海二：《互联网金融手册》，中国人民大学出版社2014年版，第214~215页。

③ [法]安娜·多米尼克·梅维尔：《法国金融法》，姜影译，法律出版社2014年版，第27页。

④ 彭冰主编：《互联网金融实践的法律分析》，北京大学出版社2017年版，第4页。

⑤ 朱崇实、刘志云：《混业经营趋势下的中国金融监管法：挑战与革新》，厦门大学出版社2013年版，第1页。

金融工具来规避监管,创新与监管在交织中前行,金融在创新与监管的博弈中成长。① 尽管金融创新使得竞争加剧,增加了监管的难度,但维护金融系统稳定、提升金融效率与便利仍然是监管机构的主要目标。互联网金融是互联网精神、技术与金融有效结合的创新产物,它依然展现着金融的本质,因此,互联网金融必然存在风险。一方面,它作为在互联网时代下的金融创新,必然带有人定规则的缺漏和人性的恶;另一方面,互联网金融具有传统金融在网络时代下的特殊风险。因此,对互联网金融进行监管要基于以下因素考量:矫正私有部门难以处理的金融市场外部失灵;规范和促进我国互联网金融行业的创新发展,推动金融改革,服务实体经济;维护金融消费者利益;维护国家金融安全,消除金融脆弱性。所以互联网金融只有被搁置于法律自由框架下进行监管,其创新才有社会价值和法律意义,这也是互联网金融发展不可或缺的。

(一)矫正市场失灵

在自由竞争机制下,市场由价格机制自发调节,能够实现资源的最优配置。但是,市场并非是有效、完美的假设,市场存在内在的缺陷,即市场失灵问题。一般认为,市场失灵是指由于某些因素的存在使得价格机制在调节经济的同时也会带来许多副作用,使市场不能发挥其应有的作用。导致市场失灵的因素主要有外部性、公共物品、垄断的存在或过度的竞争、非对称信息以及收入不均和经济波动等。② 由于市场机制失灵的存在,政府有必要对金融市场进行有效的外部监管。

自由放任监管是互联网金融市场有效时的监管理念,即谢平教授认为的瓦尔拉斯一般均衡对应的无金融中介或市场情形的互联网金融市场。但是,现实的互联网金融市场是并非是一个理想化的市场,仍然会产生市场非有效性因素,而且互联网金融虽改变了金融功能实现的方式,但没有消除在实现金融功能过程中的市场失灵问题,所以互联网金融市场的市场机制难以解决自身的问题。

---

① [英]安德鲁·帕尔默:《金融创新》,郭杰群、草沐译,中国人民大学出版社 2016 年版,译者序第 XIII 页。

② 尹伯成主编:《西方经济学说史:从市场经济视角的考察》(第 2 版),复旦大学出版社 2012 年版,第 362 页。

互联网金融市场失灵主要表现在其外部性、信息不对称性、不完全竞争(垄断)、公共物品等方面。互联网金融的外部性是指互联网金融机构在自己的活动中给其他经济主体带来利益或者产生危害,而其又没有因为这种利益或者危害而得到报酬或支付赔偿。例如,第三方支付、P2P 网贷、众筹融资、互联网理财等互联网金融作为准金融机构,在发展过程中产生的诸如备付金被挪用、投资者财产被侵吞、洗钱等风险,必将外溢到其他金融领域并造成负面影响。互联网金融机构的负外部性问题,对社会来说不是最优的资源配置。

互联网金融的信息不对称性,是指由于互联网金融的交易双方在交易过程中获取的信息不同所导致的代理人问题、道德风险以及逆向选择等问题。在理想状态下,互联网金融依托现代网络信息技术,在解决信息不对称时更有优势,但是在现实中,互联网金融还是存在这方面的问题。一般来说,互联网金融平台与融资者掌握的信息要远远多于投资者。例如,P2P 网贷和股权众筹融资中,交易双方掌握的信息不对等、对平台的技术和交易规则分析的结果或了解程度不对等。总之,互联网金融机构平台存在隐瞒信息、风险提示不足、使用客户沉淀资金等安全问题甚至欺诈行为。而且,网络平台传递信息的渠道不一定畅通,甚至可能会扭曲市场信息,进而加剧了道德风险与逆向选择。对于互联网金融市场而言,稳定的市场环境和成熟的行业规则在某些程度上可以被视为公共产品。① 这使得互联网金融机构更倾向于“搭便车”,分散决策的市场机制不能有效地配置金融资源。互联网金融是一个处于金融、网络技术和电子商务的交叉领域,电商竞争的激烈程度远远高于其他行业,对具有网络效应的产业采取“先下手为强”和“赢家通吃”是市场竞争的重要特征。② 因此,互联网领域很容易形成寡头垄断的市场格局,垄断的企业拥有较高的市场份额和定价权,其他机构进入互联网金融市场的障碍就会加大,进而行业竞争就会减少,最终形成高价格的市场权力。例如,对于第三方支付而言,国外的贝宝(PayPal)、国内的支付宝都处于行业的领军地位,很容易产生此类问题。总之,想要对互联网金融市

---

① 高清霞、范文娇:《互联网金融监管之探讨》,载《金融博览》2014 年第 8 期。
② 杨彪:《中国第三方支付体系有效监管研究》,厦门大学出版社 2013 年版,第 49 页。

场的失灵进行矫正,就必须要对其进行适当的监管,弥补市场的缺陷。

(二)规范发展、防范风险,服务实体经济的现实需要

互联网金融是新兴事物,有着蓬勃的生命力。它来源于金融市场的内在发展,是互联网技术在金融领域创新的产物,有着传统金融无可比拟、无法替代的作用。欧洲将股权众筹、奖励类众筹、捐赠类众筹、P2P 个人借贷、P2B 借贷、票据交易、债权类证券、小额贷款和社区股票发行等视为替代性金融(Alternative Finance)。① 它们为欧洲的初创企业和中小企业提供了灵活有效的融资。欧美等国顺应市场发展的要求,积极发展互联网金融业务,以弥补银行信贷在面对中小微企业和个体金融融资上的先天性的缺陷,发挥互联网金融对传统金融系统重要的补充作用。但是,P2P 网贷、众筹等新兴的互联网金融业务,也存在金融风险与创新带来的问题。因此,欧美等国要么把互联网金融业务纳入本国的监管体系,例如美国的 P2P 网贷就由美国 SEC 监管;要么制定新的法规来监管互联网金融,例如,在股权众筹方面的监管,美国 2012 年颁布了 JOBS 法案。该法案是为了改善美国初创型企业的公开融资环境,通过法律法规监管满足了美国初创型企业融资的客观需求。2012 年,意大利颁布《2.0 号发展法案》并制定《关于创新型企业通过网络平台的股权筹集资本的规定》,既为创新性企业通过网络平台融资铺平了道路,又为股权众筹监管制定法规以规范其发展。法国 2014 年 5 月 30 日制定了《参与性融资法令》监管法案。最近,美国财政部在其调研报告中指出政府的监管及提高监管的透明度能使网贷市场受益,即在监管上,政府监管部门应明确不同市场参与者的角色与需求,维护网络安全和减少欺诈。② 德国制定了第一部为众筹设定法律框架的法案《小投资者保护法案》,该法案于 2015 年 7 月 10 日正式生效。这部法案设置了融资方的信息披露义务和众筹平台的监管职责,同时扩充德国联邦金融监管局的监管职

① Rober Wardrop, Bryan Zhang, Raghvendrra Rau, Mia Gray, "Moving Mainstream: The European Alternative FinancialPerspective", http://www.jbs.cam.ac.uk/fileadmin/user_upload/research/centres/alternative-finance/downloads/2015 - uk-alternative-finance-benchmarking-report.pdf, Mar. 28, 2015.

② U. S. Department of the Treasury, *Opportunities and Challenges in Online Marketplace Lending*, 2016, pp. 26 - 27.

权，试图取得企业融资与投资者保护之间的平衡。[①] 为了促进日本创新企业融资便利，在美国 JOBS 法案的影响下，日本于 2014 年 5 月修改了《金融商品交易法》，此次修改的主线之一就是为活跃资本市场进行了方便创新和成长企业融资的修改即促进股权众筹发展，以及降低新上市企业负担的修订。[②] 2014 年 5 月 23 日，该法在国会上获准通过，5 月 30 日正式对外公布，并从 2015 年 4 月开始实施。该法提出了两种适用特例，建立了小额证券发行豁免制度，降低了准入难度，并对投资者保护、业务管理体制等加以完善，以期能够促进众筹融资的发展，为企业提供更加灵活多样的融资渠道。[③] 综上所述，这些监管措施最终的目的就是顺应互联网经济时代，规范内生于市场的互联网金融的发展，为本国的经济发展服务。

我国的互联网金融在互联网快速发展、野蛮生长与缺少监管、法规不健全的情况下，暴露出了一系列的问题。互联网金融的金融本质并没有改变，在其发展过程中除了存在传统金融风险，还存在特殊的信息技术风险和长尾大众风险。总之，互联网金融并没有改变金融风险的隐蔽性、传染性、广泛性、突发性和交叉性。

互联网金融既需要市场驱动，鼓励创新，又需要法规的监管保障。因此，国务院政府工作报告中提出并进一步明确：促进互联网金融健康发展与守住防范系统性、区域性风险的底线二者并举。2014 年 12 月，保监会出台《互联网保险业务监管暂行办法(征求意见稿)》(以下简称《互联网保险监管意见稿》)，几乎同时，中国证券业协会出台了《私募股权意见稿》征求意见。2015 年 7 月 18 日，中国人民银行等十部委发布《互联网金融意见》。随后，相继出台针对 P2P 网贷、第三方支付、互联网保险等互联网金融专项监管的法规。2016 年 10 月 13 日，国务院办公厅发布《互联网金融风险专项整治工作实施方案》，目的是规范互联网金融行业秩序，筛选出互联网金融的优质企业与平台，服务实体经济并满足中小企业的融资需求。[④] 这些举措，一方面体现了国家鼓励互联网金融的创新发展，进而发挥其作用与功

---

① 张蓉：《德国股权众筹的现状和立法评析》，载《法律与新金融》2016 年第 9 期。
② 朱保玲：《日本投资型众筹立法简介》，载《法律与新金融》2016 年第 9 期。
③ 毛智琪、杨东：《日本众筹融资立法新动态及借鉴》，载《证券市场导报》2015 年第 4 期。
④ 杨东、文诚公：《互联网金融风险与安全治理》，机械工业出版社 2016 年版，第 34 页。

能,促进金融改革,为实体经济服务;另一方面又体现了要规范互联网金融合法合规发展,营造公平有效的市场秩序与环境,对其进行适度监管,防范金融风险。总之,对互联网金融进行监管,是互联网金融规范发展、鼓励创新、防范金融风险、服务实体经济的现实需要。

(三)维护公众利益的客观要求

在金融市场上,保护投资者的重要性不言而喻,尤其在资本市场上,投资者是最为重要的基石。在后金融危机时代,发达国家的理念与实践都显现出:要维护金融活动中处于弱势的金融消费者这一方,即加强对金融消费者的保护。

互联网时代,互联网金融的创新在降低交易成本、提高资源配置率、降低信息不对称性的同时,也把金融风险分散到庞大的长尾大众投资者身上。互联网金融所固有的技术安全风险、市场风险、法律风险等问题会产生对投资者保护不力的问题,具体表现在个体的非理性、金融消费中存在欺诈行为和非理性行为、创新带来的问题等方面。在互联网金融的个体非理性行为表现为,P2P 网贷、众筹、互联网理财与保险等诸种业务中,即使网络平台准确地揭示了风险,而且风险足够分散,投资者也不一定能完全认识到投资失败对自身的影响,所以,需要对投资者进行适当性监管。个体非理性行为还表现为某些互联网金融机构开发、推销高风险的产品,由于网络的虚拟性与信息不对称性,消费者可能购买自己根本不了解的产品。例如,金融产品的网销中,部分产品揭示风险不足,夸大收益,甚至违背市场原则采取担保、补贴的方式放大收益。有的消费者因为自身金融知识和消费理念的限制,根本无法区分互联网金融产品之间的差异。互联网金融创新带来的问题既有信息网络技术的风险问题和长尾风险问题,又有创新带来的缺陷问题。例如,部分 P2P 网贷平台中,存在客户资金和自有资金未有效隔离而出现的卷款跑路问题部分平台甚至将高风险产品销售给不具备风险识别和承担能力的人群(如退休人员)。[1] 泛亚有色、上海快鹿、华赢凯来、大大集团、望洲财富、京金联、鑫琦资产、炳恒集团、中晋、e 租宝是我国典型的十大欺诈

① 谢平、邹传伟、刘海二:《互联网金融监管的必要性与核心原则》,载《国际金融研究》2014 年第 8 期。

平台。其中,e租宝涉及90万人、580亿元,截至案发时未兑付金额近370亿元。2018年新年伊始,钱宝网事件成为理财平台断裂的标志性事件,其负责人张小雷以钱宝网为平台,以完成广告任务获取高额收益为诱饵,收取用户保证金,采用吸收新用户资金以兑付老用户本金及收益的方式,向社会不特定公众吸收巨额资金,涉嫌非法集资犯罪活动。钱宝网平台最重要的业务是分销起投额为100万元的"QBII"项目,涉嫌非法发行证券。这一庞氏骗局的最终受害者是广大的投资者。①

对互联网金融监管而言,美国依然秉承投资者保护的理念,它对众筹监管法规的制定和对P2P网贷的监管就是佐证。英国颁布的《FCA众筹监管规则》指出,此监管办法所要实现的目标就是适度保障消费者并从消费者利益出发促进有效竞争。② 法国的规定则从投资限额、平台和发行人的要求等方面体现投资者保护的理念。日本为众筹修订法规的另一条主线则是加强资本市场信用度的保护投资者措施修订。③ 德国制定的第一部众筹监管法案《小投资者保护法案》同样是要保护投资者。

总而言之,政府应该通过监管手段来矫正因市场和法律体系不完善所带来的负面影响④,让监管为公众利益服务,创造良好的金融生态,促进资源有效配置。总而言之,对互联网金融进行监管,维护金融消费者的利益、捍卫公众的利益,是非常必要的。

(四)维护国家金融安全的诉求

金融作为整个经济和社会的血液,其安全直接影响经济与社会的整体发展。在互联网金融领域,如果创新不当、利用创新逃避或者规避监管,会引发金融风险甚至金融危机。因此,互联网金融会影响一国的金融安全。

互联网金融发展凸显了维护国家金融安全的重要性。互联网金融对于国家金融安全的冲击主要体现在四个方面,一是网络信息技术使金融风险

---

① 刘照普、宋杰:《起底钱宝网七年大骗局》,载经济网:http://www.ceweekly.cn/2018/0108/215310.shtml,2018年1月15日最后访问。

② The FCA's Regulatory Approach to Crowdfunding over the Internet and the Promotion of Non-readily Realisable Securities by other Media.

③ 朱保玲:《日本投资型众筹立法简介》,载《法律与新金融》2016年第9期。

④ [美]詹姆斯·巴斯、小杰勒德·卡普里奥、罗斯·列文:《金融守护人:监管机构如何捍卫公众利益》,杨农、钟帅、靳飞译,生活·读书·新知三联出版社2014年版,第38页。

的系数扩张。“没有什么比在互联网领域保证国家安全更为重要的事情了。”①互联网技术在金融中的深度应用，使得互联网金融获得了互联网带来的信息与技术变革，但同时其去中心化、匿名性、无界性使得互联网金融风险无界传播并产生溢出效应，难以有效防范洗钱等犯罪行为。例如，众筹平台的跨国经营在未来有可能成为系统性风险的来源。② 此外，互联网信息风险可能诱发互联网金融风险。因为互联网金融使得国家金融安全与互联网安全、信息安全等高度关联。二是互联网金融同样具有金融的脆弱性，影响着国家金融安全。互联网技术的出现不会改变互联网金融降低金融运行成本、改善金融效率、形成良好秩序的本质，所以互联网金融并没有摆脱金融风险。在金融领域中，风险积聚包括信贷融资与金融市场融资两个方面。在信贷融资方面，其脆弱性与风险的根源在于信贷资金使用与偿还在时间上的分离。③ 对互联网金融而言，它会通过互联网进一步拓展其风险造成危害的深度与广度。例如，P2P 网贷利用互联网的功能便捷地提供借贷，但其同样存在借贷资金使用与偿还的分离，如无监管，风险积累到一定程度就会体现出其与生俱来的脆弱性，引发国家金融安全问题。金融资产不合理的波动或者过度的波动，历来都是金融体系风险积累的重要来源。股权众筹业务中，因为金融资产定价具有不稳定的倾向，所以难以避免金融价格资产的波动，产生影响金融安全的脆弱性问题。三是互联网金融创新带来的风险。网贷平台在数据的使用与采用的授信模型方面，既是创新也带来了风险。比如，美国财政部在其报告中指出，网贷新数据的来源不准确可能会带来风险。在信用模型使用过程中，虽然实现了网络自动化信用决定，但结果不一定是公正的。数据在自动化快速评估鉴定过程中，有可能产生无意识的关联，导致差别性对待消费者或违背公平借贷。④ 又如，创新性、综合性互联网金融产品的风险同，目前最典型的例子是基于区块链技术

---

① 刘志云、刘盛：《基于国家安全的互联网全球治理》，载《厦门大学学报》（哲学社会科学版）2016 年第 2 期。

② Eleanor Kirby, Shane Worner, “Crowd-funding: An Infant Industry Growing Fast”, http://www.iosco.org/library/pubdocs/pdf/IOSCOPD459.pdf, Mar. 28, 2015.

③ 李扬主编：《金融学大辞典》，中国金融出版社 2014 年版，第 1212 ~ 1214 页。

④ U. S. Department of the Treasury, *Opportunities and Challenges in Online Marketplace Lending*, 2016, pp. 19 – 20.

的比特币、去中心化的证券交易系统等。这属于在加速证券监管的技术化转变过程中带来新的风险。四是在互联网金融国际监管协作中，主动参与互联网金融监管的国际规则建设，是维护国家安全的需要。互联网本身是无国界的，互联网金融的国际化趋势与程度不言而喻。尽管目前互联网金融还处于各国自行建设与监管的阶段，但是反映事物本质规律与共性的东西，需要形成统一规范的监管制度，诸如区块链技术在互联网金融场景中的应用，这样方能加强各个国家金融之间的联系与交往。欧美和日本等发达国家都是互联网金融国际协作的倡导者和受益者，我国应当与时俱进，顺应互联网金融发展的趋势，在有关互联网金融风险监管的国际规则和制度建设方面争取主动权，提高发言权，确保本国的国家利益。[①] 目前我国第三方支付在跨境支付方面的发展就是最好的作证，我国第三方支付跨境支付已经走到世界前沿，已经有30家机构获得跨境支付许可。

综上所述，互联网金融给国家安全的维护带来新的挑战与机遇。因此，对互联网金融进行合理的监管制度安排，加强国内监管规则的制定与完善，积极参与国际监管规则的制定，是维护国家金融安全的重要内容和必要内涵。

小　　结

在互联网与金融深度融合中，互联网金融异军突起、野蛮生长。它在破除金融抑制、提高资源配置效率、实现普惠金融和民主金融的同时也引发了一系列问题。要有效地监管互联网金融，研究其基础理论则必不可少。

本章主要论述互联网金融的基本理论并阐述对其监管的必要性。首先，以法学的视域界定互联网金融，进而从法律概念上明确其内涵与特征，并以此作为互联网金融监管的逻辑起点和基础；其次，对互联网金融的功能、模式以及价值进行阐述与总结，从而明确其在互联网技术与精神的推动

① 阳晓伟、魏家富、房汉国：《互联网金融的风险管理研究》，载《现代管理科学》2016年第4期。

下仍然未脱离金融本质的特点；最后，在剖析互联网金融一般和特殊风险的基础上，从矫正金融市场外部失灵、规范与促进我国互联网金融行业的发展、维护金融消费者利益和金融稳定等方面论证互联网金融监管的必要性。因为“没有‘国家的’法律秩序，经济制度，尤其是现代经济制度是不可存在的……”①总而言之，互联网金融监管挑战着传统的金融监管制度，也是世界各国面临的共同难题。本章奠定了互联网金融监管研究的基础理论。

① [德]马克斯·韦伯：《论经济与社会中的法律》，张乃根译，中国大百科全书出版社1998年版，第35页。

第二章　互联网金融监管的理论基础与价值取向

内生于金融市场的互联网金融是实现资金融通、支付、投资和信息中介服务的新金融。互联网金融发展的客观要求是必须对互联网金融实施合理的监管。为此，需要探究清楚互联网金融监管的理论基础，明确其监管的价值定位。一方面，要把握互联网金融的金融本质，从经济学、法学、社会学等方面明确监管的理论依据，监管者才能在不断变化的金融体系中、在面临新的挑战时，迅速应对、阻止金融机构的过度冒险行为；①另一方面，明确互联网金融监管的价值定位，有利于制定适度的监管制度，为互联网金融的创新与发展留下足够的空间。因为“金融监管与包括金融创新在内的全部金融活动不是彼此割裂的，而是相互衔接的，是一个统一体”②。鼓励创新与实施监管相辅相成，共同促进互联网金融的健康发展并服务实体经济。因此，互联网金融的监管理论基

---

① ［美］弗雷德里克·S. 米什金：《货币金融学》（第 9 版），郑艳文、荆国勇译，中国人民大学出版社 2011 年版，第 251 页。

② 祁敬宇主编：《金融监管学》（第 2 版），西安交通大学出版社 2013 年版，第 4 页。

础与价值定位是本章主要阐述的内容。

第一节　互联网金融监管的理论基础

之所以要对互联网金融监管，就在于其蕴含着支撑的理论并在实践中指导着互联网金融的监管。经济学、法学、社会学等学科的理论，从多个视角构成了系统的互联网金融监管理论基础。在经济学理论方面，市场失灵理论和行为金融学理论为互联网金融监管提供支撑；在法学上，公平、正义和效率等构成互联网金融监管的价值基础；风险社会理论从社会学方面，为互联网金融监管提供理论依据。

一、互联网金融监管的经济学基础

互联网金融虽然是新生的金融业态，但它没有背离金融的本质。因此，对互联网金融监管经济学基础的探究，既要追寻金融市场内在的一般性理论基础，又要发掘支撑其特殊性的理论。因此本部分从广义的经济学角度出发，从市场失灵理论和行为金融学理论两个方面，阐述互联网金融监管的经济学基础。

（一）市场失灵理论

市场失灵理论是实施金融监管的基础。私人部门往往无力处理金融市场活动产生的外部效应，所以只有依靠政府进行监管。金融市场失灵的存在使得政府必须对金融机构和市场体系进行外部监管，互联网金融监管概莫能外。互联网金融市场并非是一个理想化的市场，仍然会产生市场非有效性因素，因为互联网金融依然没有解决金融功能过程中市场失灵的问题。因此，互联网金融市场的市场机制难以解决自身的问题。

美国经济学家巴托（Bator）教授首次指出：市场失灵是一种在理想的价格市场机制中或多或少不能达到合意，或者不能阻止不合意的活动。[①] 一

---

① Francis M. Bator, "The Anatomy of Market Failure", *The Quareterly Journal of Economics*, 1958, 72(3), p. 351.

般而言,市场失灵是指某些因素的存在导致市场在调节经济时出现市场资源配置无效或者低效,使得市场不能发挥其应有的作用,即“看不见的手”未能实现资源的最优配置。造成市场失灵的主要因素有外部性、公共产品、市场垄断、信息不对称等。

在推崇金融自由化理念的情况下,金融市场走向了市场失灵,最终导致了2008年金融危机。按照自由放任监管理念,“看不见的手”(市场)可以自动满足市场主体的偏好,实现市场资源配置,无须政府介入。只有出现市场失灵,即市场的负外部性、公共物品供给不足、信息不对称等问题,才有必要引入监管,且监管的目标在于排除造成市场非有效的因素,让市场机制重新起作用。① 事实上,在许多情况下,监管作为一种组织社会关系的首选方法,是优于市场的,并不是次要的。② 互联网金融作为新兴的金融市场,同样存在市场失灵的问题,即使在市场参与的情况下,监管法律也不仅仅局限于纠正市场,而是常常服务于市场关系,提供市场运作权利和程序以及保护市场不受分裂的框架。③ 所以对互联网金融进行监管是非常必要的。互联网金融市场失灵主要表现在外部性、信息不对称、不完全竞争(垄断)、公共物品等方面。

1. 互联网金融的外部性

互联网金融的外部性是指互联网金融机构在经济活动中给其他经济主体带来利益或者产生危害,而又没有因为这种利益或者危害而得到报酬或支付赔偿。从正外部性来看,互联网金融为实体经济提供的利益远远超过互联网金融企业和投资者获得的利益,社会对互联网金融的需求大大超过其目前提供的服务。但是市场主体按照自身利益最大化原则进行决策所达到的互联网金融交易量,并非是对社会而言的最优交易量;④因此这不是互联网金融市场的最优资源配置。

---

① 彭岳:《互联网金融监管理论争议的方法论考察》,载《中外法学》2016年第6期。

② Robert Baldwin et al., *Understanding Regulation: Theory, Strategy, and Practice*, Oxford University Press, 2012, p. 22.

③ Robert Baldwin et al., Understanding Regulation: Theory, Strategy, and Practice, Oxford University Press, 2012, p. 22.

④ 欧阳日辉主编:《互联网金融监管:自律、包容与创新》,经济科学出版社2015年版,第72~73页。

互联网金融的负外部性也遵循了金融市场的负外部性规律。互联网金融机构的负外部性问题,对社会来说不是最优的资源配置。它不但会导致自身的破产,而且会波及与之密切相关的机构和行业,甚至波及传统金融机构,引发信任危机,从而对整体经济造成负面的影响。第三方支付的外部性产生于实现结算功能的过程中。它主要表现为第三方支付容易成为金融风险聚集、传递和扩散的渠道,从而引发系统性风险。此外,在投融资过程中,可能会产生第三方支付机构资金周转失控的问题,随意使用客户的沉淀资金也可能会造成投资风险。与银行体系的挤兑外部性相似,消费者挤兑时,将进一步对第三方支付的流动性造成影响,甚至导致个别第三方支付机构破产,从而有可能进一步引起大范围的恐慌,将风险传导到金融系统和实体经济。① 此外,对于"第三方支付+货币市场基金"合作产品,货币市场基金集中、大量提取协议存款将会直接对存款银行造成流动性冲击,进而可能会使具有类似业务或风险的互联网金融机构的债权人、交易对手怀疑自己机构的流动性状况,产生信息上的传染效果。金融机构遭受流动性危机时,通常会通过出售资产来回收现金,以满足流动性需求,但短时间内大规模出售资产会使资产价格下跌。在公允价值会计制度下,持有类似资产的其他金融机构也会受损,极端情况下甚至会出现"资产价格下跌→引发抛售→资产价格进一步下跌"的恶性循环。②

P2P网贷的外部性主要体现在有些P2P网贷涉及利用网络借贷平台虚构债权和债权重复转让形成的现金流进行诈骗(庞氏骗局);有些P2P网贷平台采取担保或者资金池的方式进行自融资,导致P2P平台"跑路"、倒闭事件的发生;有的P2P平台出现期限配置失衡,风险控制能力不足,资金链断裂,造成兑付危机。例如,2014年全年我国新增问题平台达277家,相比2013年增长近2倍,涉及金额超过100亿元,涉及投资者超过5万人。③ 截至2016年年末,根据零壹财经统计,我国P2P问题平台总数达到3234家,

① 杨彪:《中国第三方支付有效监管研究》,厦门大学出版社2013年版,第52~59页。

② 谢平、邹传伟、刘海二:《互联网金融监管的必要性与核心原则》,载《国际金融研究》2014年第8期。

③ 黄国平、伍旭川主编:《中国网络信贷行业发展报告》(2014~2015),社会科学文献出版社2015年版,第315页。

其中2016年新增问题平台1144家。[1] 这不仅会导致P2P平台自身经营困难、倒闭，还会通过风险传导机制，影响投资者、融资人、第三方支付等，甚至波及传统的金融机构，引发信任危机。

众筹的外部性表现为有的股权众筹融资平台存在自融资问题；有的未能遵守法律规定，项目存在项目延迟、失败等风险；部分股权众筹融资项目的领投人与募资人有合谋诈骗行为。众筹融资的这些问题，造成了投资者资金受损，会引起投资者的恐慌，影响众筹平台的信用，造成众筹行业的市场危机，甚至会波及整个互联网金融行业。

总之，互联网金融领域内产生的诸如备付金被挪用、洗钱风险、操作风险等负外部性，必将外溢到金融的其他领域并造成负面影响，甚至引发危机。互联网金融机构的负外部性问题，对社会来说不是最优的资源配置。综上所述，需要一种市场以外的力量来限制或者消除互联网金融的外部性，即对互联网金融必须进行合理、适度的监管。

2. 互联网金融的信息不对称

信息不对称是指即金融合约双方当事人无法拥有同等信息的事实，如何导致逆向选择和道德风险，从而对金融体系产生严重的影响。[2] 市场失效是经济活动中普遍存在的问题，因为在现实中不存在完备的市场，信息总是不完全的。[3] 信息经济学理论表明，信息不完备性和信息不对称性是市场中突出的现象，该理论旨在解决非对称信息下的最优交易契约。

相对于传统金融而言，互联网金融可以利用互联网平台及网络信息技术。因此，互联网金融在解决信息不对称性问题时更具有优势，但是它依然不能完全消除信息不对称性的问题。一般而言，在征信体系没有完善之前，投资者掌握的信息远远不及互联网金融平台和融资者。例如，在第三方支付中，客户与支付机构、商户与支付机构之间的信息就存在不对称的问题，

---

① 零壹财经·零壹智库：《中国P2P借贷服务行业发展报告》（2017），中国经济出版社2018年版，第57页。

② ［美］弗雷德里克·S. 米什金：《货币金融学》（第9版），郑艳文、荆国勇译，中国人民大学出版社2011年版，第239页。

③ 约瑟夫·E. 斯蒂格利茨：《社会主义何处去——经济转型的理论与证据》，周立群等译，吉林人民出版社1998年版，第48～49页。

这种不对称容易造成第三方支付服务市场中的逆向选择和道德风险问题。在P2P网贷中，投资者具有信息劣势，如果P2P网贷平台在风险管理、项目相关信息、公司高管人员、客户资金的使用和安全等方面造假，很可能导致投资者上当受骗。这容易造成P2P网贷市场的失灵，影响借贷资源的配置，形成了道德风险和逆向选择。最典型莫过于，P2P网贷平台的实际控制人卷款潜逃的案例。在众筹领域中，项目发起人比投资者拥有更多的项目风险信息，其信息不对称性尤为明显。来自全国各地分散的投资者面临着三个潜在的问题：发起人不称职、发起人欺诈、发起人隐藏项目失败的风险，这些情况很可能导致众筹市场的失灵。① 这三个问题在事前会造成众筹市场上的事前逆向选择，即优质的项目无法进行融资，质量差的项目却乐意去筹资，在事后容易造成道德风险，典型的就是欺诈。同时，众筹领域的投资者盲目跟风效应，也容易导致众筹市场的失灵。而且，在缺乏完备征信管理系统的情况下，网络平台也未完全掌握一些个人和小微企业的信息，存在信息不对称的情况。互联网金融借助大数据技术来分析和挖掘个人和小微企业的信息，确定信用等级和违约概率。然而，一些个人和小微企业以前在网络活动很少，导致互联网金融机构掌握的信息不足；个人和小微企业在不同的网络活动频率不一，不同网络之间的信息交流合作不足，也会导致个人和小微企业的信息对网络平台而言不对称。此外，还存在一些个人和小微企业伪造信用骗取贷款的情况。因此，互联网金融在发展过程中，依然要面临着借款人征信信息不对称的问题：由于网贷平台贷款历史数据有限及其信用评级系统预测的不准确性，借款人的真实信用难以通过网络数据被充分地体现出来。

在金融领域中，由于信息的不对称性，更加突出地增加了交易成本，减少了交易量，同时，获得完备信息需要支付高额的成本往往使资产需求方望而却步，从而对资产的需求减少，最终造成了金融资源的浪费。② 监管可以对市场信息不对称进行矫正，通过政府的监管，可以减少互联网金融体系中的信息不对称，降低金融风险，消除互联网金融市场失灵问题，防止道德风

① 陆松新：《互联网金融与众筹的兴起》，载《农村金融研究》2015年第1期。

② 韩忠亮：《全球化背景下金融监管的博弈研究》，北京大学出版社2013年版，第81页。

险和逆向选择问题。

3. 互联网金融的垄断性

由于金融机构规模经济的特点，在现实的非理想化的自由竞争、完全竞争过程中，很容易形成高度集中的垄断行为，而垄断必然会造成资源配置的无效率、生产无效率等问题，这必然要求通过监管消除垄断。互联网金融在目前及今后的发展中，都会存在一定的垄断性问题。因为互联网金融是一个涉及网络技术、电子商务、金融等领域的新型产业，而互联网网络的特性及网络效应使得互联网金融具备了一定的垄断基础，况且金融业也存在着垄断。在互联网金融行业，网络效应的存在很容易形成垄断并造成市场壁垒，使得其他企业根本无法进入该领域。比如，假设一家支付机构占据了相当多的市场份额，其他的支付机构也想进入该市场，就要面对市场壁垒，导致其进入障碍，最终会使该市场竞争减少，形成垄断。① 艾瑞咨询数据显示：2014 年我国第三方互联网支付市场中，支付宝占据半壁江山。市场份额具体如下：支付宝占比 49.6%，财付通占比 19.5%，银商占比 11.4%，快钱占比 6.8%，汇付天下占比 5.2%，易宝支付占比 3.2%，环迅支付占比 2.7%，其他占比 1.6%。② 在行业集中度较高的互联网金融领域，垄断的存在会产生市场失灵，风险的集中也更容易引发系统性风险。因此，必须对互联网金融实施有效的监管，从而消除垄断、提高效率、维护金融安全。

4. 互联网金融的公共产品特性

互联网金融在某种程度上，可以视被为具有公共产品特性。因为互联网金融提供的金融服务，具有非排他性和非竞争性。最典型的例子，莫过于第三方支付、P2P 网贷、股权众筹、货币基金等互联网金融服务业务。从非排他性上来看，所有的网络长尾消费者，都可以使用互联网，享受互联网金融提供的各种服务，这项权利的享受，完全不受任何人干涉。例如，P2P 网贷平台对于所有出借者而言都是可以完全是免费使用的。对于网络平台而言，收取的各种费用最终都是由借款者支付的利息来承担。对于股权众筹

① 杨彪：《中国第三方支付体系有效监管研究》，厦门大学出版社 2013 年版，第 49 页。

② 艾瑞咨询：《2014 年中国第三方互联网支付交易规模突破 8 万亿》，载艾瑞网：http://report.iresearch.cn/html/20150304/247141，2015 年 6 月 28 日最后访问。

而言,任何一个合格投资者都可以免费使用,且并不排斥其他投资者使用。从非竞争性上来看,互联网金融具有网络技术的特质,只要消费者能够登录网络平台且不超出其服务限能,就能够同时使用其提供的各项服务。第三方支付服务就是典型的公共性产业,它通过基础性的设施和渠道为社会公众提供支付清算服务,且没有排他性和竞争性。因此,互联网金融是社会公众的公共产品。

在互联网金融市场中,理性的个人都追求效用最大化,都会竭尽全力去搭公共产品的便车,如此一来就会发生所有的人都等着坐享别人提供互联网金融服务的公共产品,最终没人提供互联网金融服务的结果。因此,互联网金融公共产品的特性使得分散决策的市场机制不能有效配置资源。此外,由于互联网金融机构本身提供的也是一种理论上的风险和收益产品服务,因此,它们很容易在利益的诱惑下违背审慎经营原则,过分冒进,存在着风险。同时个体的理性行为很可能造成集体的非理性后果,导致互联网金融服务这种公共产品的供应不足。正是互联网金融的这一性质,决定了其运行必须要有一个无私的主体对所有金融机构个体进行限制和监督,以维护金融产品的稳定性①。因此,想要保证互联网金融行业的稳定、公平、高效,就不能缺乏监管,政府有责任来保障互联网金融服务的质量、社会需求与稳定。

(二)行为金融学理论

行为金融学是结合心理学与金融学研究投资者行为的非理性和市场的非有效性的学科,②具体而言是研究分析人的心理、行为以及情绪对金融决策、金融产品定价、金融市场发展趋势影响的理论体系。行为金融学否定了传统金融理论的经济理性人和有效市场的假设,形成了以期望理论(Prospect Theory)为基石,以投资者非理性行为与认知偏差和非有效市场等为研究主题的理论体系。

期望理论是研究人们在不确定性条件下如何作出决策的理论。所谓期望就是各种风险结果,期望选择所遵循的是特殊的心理过程和规律,而不是

① 韩忠亮:《全球化背景下金融监管的博弈研究》,北京大学出版社2013年版,第80页。

② 李心丹:《行为金融学——理论及中国的证据》,上海三联书店2004年版,第4页。

预期效用理论所假设的各种公理。[①] 期望理论的一个重要内容是确定性效应，指人们在决策过程中，往往对于被认为是确定性的结果赋予较大的权重的倾向或趋势，其中，确定性结果仅仅是相对于不确定性或可能性结果而言的。[②] 它是针对性地解释传统理论中的理性选择与现实背离的现象，研究人们在不确定性的条件下如何作出决策的理论。该理论一方面继承了传统理论中关于人类具有对成本收益采取效用最大化的倾向；另一方面，由于有限理性、有限自制力的存在，人们又不完全如传统理论所假设的那样在任何情况下都会清楚地计算风险得失的概率，人们的选择往往会受到个人偏好、社会规范、观念习俗的影响，因而其未来的决策便存在着不确定性。[③]

投资者的非理性行为主要表现为：羊群行为、心理账户、过度自信、反应不足、损失厌恶、过度反应、后悔厌恶、证实偏差、模糊厌恶等。[④] 具体而言，金融市场中的羊群行为是指由于受其他投资者采取的某种投资策略的影响而采取相同的投资策略，即投资人的选择完全依赖于舆论（随大流），或者说投资人的选择是对大众行为的模仿，或者过度依赖于舆论，而不是基于自己所挖掘的信息。心理账户是指在决策中，人们常常将决策问题的各个方面分开考虑，而不是综合考虑。而是根据资金的资金用途、资金的来源等对资金进行归类。由于心理账户的存在，个人投资者自然地认为在他们的投资组合中有一个受最低风险保护的安全部分和设计投资致富的风险部分，资产在不同的心理账户中，风险承受能力自然不一样。人们有一种寻找支持某个假设的证据的倾向，这种证实而不是证伪的倾向就是指证实偏差。他们会坚信他们的假设，即使这个假设和新数据相矛盾，也就是对新数据没有予以足够的重视。过度自信，是指大多数人对自己的能力知识和未来的预期能力表现出过分的自信。过度反应，指投资者对信息的理解和反应出现非理性偏差，从而产生对信息权衡过重、行为过激的现象。[⑤] 反应不足是

① 李扬主编：《金融学大辞典》，中国金融出版社 2014 年版，第 301 页。

② 杨东：《金融消费者保护的行为金融学基础》，载《金融博览》2018 年第 1 期。

③ 陆剑清：《行为金融学》，清华大学出版社 2013 年版，第 26 ~ 27 页。

④ 饶育蕾、盛虎：《行为金融学》，机械工业出版社 2010 年版，第 114 ~ 117 页。

⑤ 李心丹：《行为金融学——理论及中国的证据》，上海三联书店 2004 年版，第 89 ~ 182 页。

指投资者的思想一般存在惰性,往往固守原有的信念,因此当新的信息到来时,对原有的信念修正不足。损失厌恶是指人们在面对收益和损失的决策时表现出的不对称性,人们面对同一数量的收益和损失时,损失会使他们产生更大的情绪波动。后悔厌恶是指人们作出错误的决策时会对自己的行为感到痛苦,为了避免痛苦,人们常常作出一些非理性行为。模糊厌恶是指事件处于不确定的状态下时,人们更喜欢选择去做熟悉的事情,回避选择不熟悉的事情。①

投资者的认知偏差主要有:易获得性偏差、代表性偏差、锚定理论与调整、框架依赖。② 易获得性偏差指投资者在实际投资的时,其决策与该问题的资料信息是否充分、容易获取有关。很多时候,人们只是简单地根据信息获取的难易程度来确定事件发生的可能性。③ 代表性偏差是指人们在不确定的情形下,会抓住问题的某个特征直接推断结果,而不考虑这种特征出现的真实概率以及与特征有关的其他原因。④ 锚定理论与调整是指人们在判断和评估中,往往先设定一个最容易获得的信息作为估计的初始值或基准值(称之为锚点),目标价值以锚点为基础,综合其他信息进行一定的上下调整而得出。框架依赖是指个人会因为情景或问题表达的不同而对同一组选项表现出不同的偏好序列,从而做出不同的选择。框架依赖体现出人是有限理性的,同一个选择的不同表达方式可能会引导我们关注问题的不同方面,致使我们在寻找真实、潜在的偏好时犯错误。⑤

非有效市场。传统金融学的理论假设是基于有效市场假说。有效市场假说是指:如果投资者是理性的,市场根据逻辑推理自然是有效市场。即使部分投资者不理性,但由于大量交易是随机的,因而也不会形成系统性的价格偏差。套利者的竞争行为保证了市场价格即使产生系统性偏差,也能回归其基本价值。如果非理性交易者以非基本价值的价位进行交易,最后受损的只能是自己。可见,不仅理性投资者,金融市场的系统自身也会为金融

---

① 饶育蕾、盛虎:《行为金融学》,机械工业出版社 2010 年版,第 114 ~ 117 页。
② 史金艳:《行为金融理论与应用》,大连理工大学出版社 2010 年版,第 19 页。
③ 李心丹:《行为金融理论:研究体系及展望》,载《金融研究》2005 年第 1 期。
④ 史金艳:《行为金融理论与应用》,大连理工大学出版社 2010 年版,第 19 页。
⑤ 李心丹:《行为金融学——理论及中国的证据》,上海三联书店 2004 年版,第 85 ~ 87 页。

市场带来有效性。[①] 从理论上来说，套利理论论证了金融市场的有效性，但是行为金融学通过实证研究表明，市场并不是有效的，个体投资者并不是完全理性的。金融市场中资产的价格不仅由资产内在价值决定，还由投资者的心理、情感因素等决定，而且在投资决策的制定与资产定价方面发挥重要的作用。

行为金融学理论提供了分析投资者交易行为及其产生原因的一种路径，是新古典经济学的有益补充。因为"单纯依赖一种理论，过度相信一种假设，并基于此建立金融制度、法律制度以及方针政策，实际上很危险"[②]。由于金融市场中的投资者是非理性的，所以很容易出现泡沫、羊群效应以及内部操纵、财务造假等破坏市场的行为，对证券市场的监管显得特别重要。换言之，行为金融的研究为证券监管机构的设立提供了理论支撑。对证券市场投资者的行为进行分析，掌握投资者的行为与心理动向，更有利于监管机构制定监管措施并预防可能出现的偏差。[③] 行为金融学理论对金融监管的启示是，新古典经济学的假设和结论不完全符合事实。尤其是 2008 年金融危机之后，自由放任的金融监管理念应该被修正，单纯地套用经济理性人的假设是错误的。总而言之，行为金融学对证券法、公司法领域现存和潜在的法律和监管制度的制定是非常有用的，并为进行有效监管提供了理论上的直接支撑。[④]

"行为金融学也支持对互联网金融进行监管。"[⑤]互联网金融不仅具有网络技术的虚拟、远程等特质，而且具有金融本质的特性。互联网金融涉及行为金融学理论中投资者的非理性行为、从众的羊群效应等问题。互联网金融市场活动涉及平台、投资者、借款者，甚至包括传统的金融机构。由于个体的非理性行为与认知偏差都会对互联网金融市场产生影响，导致帕累托改进的分工、合作与交换都不能实现。"这有必要建立或委托社会管理

---

① 陆剑清：《行为金融学》，清华大学出版社 2013 年版，第 6 页。

② 孙天琦：《金融业行为监管与消费者保护研究》，中国金融出版社 2017 年版，第 65 页。

③ 李扬主编：《金融学大辞典》，中国金融出版社 2014 年版，第 304 页。

④ 李心丹：《行为金融理论：研究体系及展望》，载《金融研究》2005 年第 1 期。

⑤ 谢平、邹传伟、刘海二：《互联网金融手册》，中国人民大学出版社 2014 年版，第 212 页。

机构来试图克服个人的有限理性和能力不足，这使得经济监管成为必要。"①

由于互联网金融依然存在信息不对称和监管不到位的问题，所以互联网金融平台经营中依然存在个体的非理性行为。例如，在P2P网贷平台设置庞氏骗局或者自融，众筹平台进行自融或者通过领投人与募资人合谋诈骗，在初期通过返回给投资者高额利润的回报，欺骗投资者。投资者非理性行为的存在，如过度自信、过度反应、证实偏差的非理性行为，会产生易获得性偏差、代表性偏差等问题，资金托管监管不到位的情形下，最终会导致投资者被欺骗，平台卷款跑路的结局。这将危及互联网金融行业的发展，危害投资者的利益。

再如，互联网金融市场存在着典型的羊群效应，需要正确的引导与监管。互联网金融的羊群行为是指在互联网金融活动中，投资者在信息不充分的条件下，其决策行为被其他投资者的行为影响。投资者要么过度的依赖网络舆论，而忽略其个体信息的行为；要么模仿其他投资者的行为。究其原因，就在于互联网金融市场上存在投资者信息的不对称和不完全、投资者后悔厌恶与恐惧的心理存在、缺乏投资经验与金融知识缺乏等方面的因素。国内外对互联网金融羊群行为的研究均处于起步阶段。国外对P2P网贷中的羊群行为研究侧重于P2P网贷市场的背景或探索社交圈的羊群行为。米哈尔·赫恩斯坦（Michal Herzenstein）等研究了Prosper网贷平台上的数据，界定羊群行为是出借人在已有更多的借款投标基础上，更有可能去加入到该借款投标之中。由此发现，在能收到全部还款的前提下，借款投标增加1%，羊群行为带来的额外投标增加15%。② 王辉（Wang Hui）和格雷纳·玛蒂娜（Greiner Martina）研究发现：羊群行为的次优结果中也包含着网贷项目不合理的风险回报比率、投资回报率低、浪费投资机会和未能充分利用资

---

① 欧阳日辉主编：《互联网金融监管：自律、包容与创新》，经济科学出版社2015年版，第72~73页。

② Michal Herzenstein, Utpal M. Dholakia, Rick L. Andrews, "Strategic Herding Behavior in Peer-to-Peer Loan Auctions", *Journal of Interactive Marketing*, 2011, 25(1), pp. 27-36.

金资源。[①] 概言之,P2P网贷的出借者并非理性的根据项目的风险与收益进行资金的出借,而是存在羊群效应。在社交圈朋友的影响下,潜在的出借者会跟随社交圈朋友的投资放款。[②] 在我国,P2P网贷市场中存在显著的羊群行为,即总体而言,项目订单的完成进度越高,就越能吸引投资者参与。而且项目订单完成进度所引发的羊群行为呈现边际递减趋势,其原因就在于信息的对称与否。[③] 申言之,因为存在借款人的信息披露不对称、不完备,所以潜在的投资者需要通过观察他人的投资行为进行决策。于是,潜在的投资者通过亲戚朋友、社交平台、网络媒体等的推荐,模仿前期投资者的投资行为。但此种行为所获取的投资信息量是有限的,投资者盲目地跟随投资会带来风险的累积,造成资金的安全隐患。因而,如何通过厘清P2P网贷的羊群行为,并因地制宜地引导、规范与监管非理性的羊群行为,做到P2P网贷的信息披露和资金安全,是监管的重中之重。众筹中同样存在羊群行为。国外学者的研究表明:在众筹资金募集过程中会产生羊群效应,个人投资者倾向于投资资金迅速积累的项目。以Sellaband数据为例,在给定的一周内(2011年),投资者对资金已经达到筹资目标80%项目的出资意愿是筹资达到20%项目的两倍。[④] 在集资活动的末期,加速度特别强劲,这跟网络借贷平台相似,形成羊群效应。许多关于集资的现有研究已经强调,资助者在很大程度上依赖于积累资本质量的信号,即投资者在很大程度上会以过去相似项目的成败作为投资决策依据。在募集资金的背景下,投资者都有从众行为。[⑤] 目前,我国国内的部分众筹平台采用的"领头+跟投"投资模式就是投资者羊群行为。如果领投人与募资人合谋诈骗,那么众筹市场可能因为投资者集体盲目的跟风行动而产生金融风险和市场失灵问

---

① Hui Wang, Greiner Martina, "Herding in Multi-winner Auctions", *ICIS* 2010 *Proceedings*, 2010, p. 235.

② 曾江洪、杨帅:《P2P借贷出借人的羊群行为及其理性检验——基于拍拍贷的实证研究》,载《现代财经》(天津财经大学学报)2014年第7期。

③ 廖理等:《观察中学习:P2P网络投资中信息传递与羊群行为》,载《清华大学学报》(哲学社会科学版)2015年第1期。

④ Ajay Agrawal, Christian Catalini, Avi Goldfarb, "Some Simple Economics of Crowdfunding", *Innovation Policy and the Economy*, 2014, 14(1), pp. 63 – 98.

⑤ Zhang, J., P. Liu, "Rational Herding in Microloan Markets", *Management Science*, 2012, 58(5), pp. 892 – 912.

题。此外,比特币、余额宝等货币基金也存在这样的问题。比特币投资者对市场预期及在此之下采取的投机行为、比特币的价格等因素之间相互影响,使得投资者之间相互模仿,从而产生了羊群效应。① 市场结构任何细微的变化,都会引起较强的羊群效应,导致比特币的价格剧烈的波动。这就意味着羊群行为非理性的决策过程,会破坏市场的价格机制和资源功能。总之,投资者的羊群行为在市场获得的收益率比较低,而且会影响金融市场的稳定。② 互联网金融并没有改变金融的本质,它更没有改变投资者的羊群行为,甚至在某些创新的领域更容易发生羊群效应,产生非理性的行为与危害,因为羊群效应是由信息流(Information Cascade)和网络效应(Information Cascade)引起的。信息流是指在超过一定的人数后,后顺序的决策者就会转而模仿先前决策者的行为,从而放弃依赖自身的知识来决策。网络效应意味着当一个决策者把他或她的行为趋同于其他人的时候才能获益,因而,群体中的投资者往往会陷入误导、失去逻辑的疯狂之中,产生消极的影响。③

综上所述,行为金融学理论为互联网金融监管提供了重要的理论依据和支撑。对互联网金融投资者行为进行分析,厘清其非理性行为与认知,了解金融风险的形成与缘由,有利于因势利导的设计与制定监管制度。

二、互联网金融监管的法学基础

互联网金融这一新生事物,既是互联网技术进步的结果,又是金融市场创新的需要。互联网金融通过网络平台,在资金的需求者和供给者之间建立起直接的中介,在资金配置、支付清算等方面发挥着普惠金融、民主金融的作用。但其自身并不能消除内在的金融风险、市场失灵和侵害消费者权益等问题,即互联网金融如无监管,必将偏离正义、安全和效率及秩序的轨道。申言之,互联网金融最为关键的问题就在于信息和资金的安全。缺少

---

① 刘力臻、王庆龙:《基于模仿传染模型的比特币羊群效应分析》,载《北京邮电大学学报》(社会科学版)2015 年第 2 期。

② 饶育蕾、盛虎:《行为金融学》,机械工业出版社 2010 年版,第 113 页。

③ Heminway, Joan MacLeod, "Investor and Market Protection in the Crowdfunding Era: Disclosing to and for the 'Crowd'", *Vermont Law Review*, 2014, 38(4), pp. 827 – 848.

监管的互联网金融,交易各方在市场中就会以利己行为为出发点,利用信息不对称与网络虚拟平台或者采取隐瞒、欺诈等手段侵害金融消费者的权益,背离正义的要求。互联网金融平台在缺少监管的情况下,存在弄虚作假、管理不到位的问题,将会导致金融信息泄露,触发金融安全问题。如无监管的规范与指引,互联网金融行业将会产生秩序混乱、效率低下等问题。因而要运用互联网金融监管制度维护金融系统的稳定、保护金融消费者的利益、规范互联网金融行业的发展。金融监管作为一种制度安排,是出于社会公众利益考虑,通过纠正金融市场的外部性、信息不对称性、公共产品、垄断性等造成的市场失灵,以及投资者行为和认知偏差导致金融市场风险问题,维护金融市场安全与效率,保障金融消费者的权力与权益,实现公平正义。金融监管制度包含着金融监管的法律规制体系。正义、安全和效率是法追求的永恒价值。只有构建完善的金融监管法律规则体系,金融市场和法律制度激励相容,才能促使法律制度与金融市场协调发展、相融共生。[①] 因此,只有合理监管互联网金融,才能实现其在金融法治建设中所应承载的正义、安全与效率价值。

(一)正义价值的实现离不开互联网金融监管

"正义是社会制度的首要德性……某些法律和制度,不管它们如何有效率和安排有序,只要它们不正义,就必须加以改造和废除。"[②]正是正义,把我们的注意力转到了作为规范大厦组成部分的规则、原则和标准的公众与合理性之上。因此,正义关注的就是法律规范与制度性安排的内容、它们对人类的影响以及它们在增进人类幸福与文明建设方面的价值。[③]

金融监管的核心就是对正义的追求并保障正义的实现。缺乏正义目标的金融市场绝非现代法治的金融市场,金融监管法制的安排必然保障正义的实现。互联网金融在乱序野蛮生长的过程中出现了利用比特币大肆洗钱,借助 P2P 网贷平台非法集资,虚构高收益项目的进行庞氏骗局与随后

---

① 陈红:《开放经济条件下的金融监管与金融稳定》,中国金融出版社 2014 年版,第 4 页。

② [美]约翰·罗尔斯:《正义论》(修订版),何怀宏、何包钢、廖申白译,中国社会科学出版社 2009 年版,第 4 页。

③ [美]E. 博登海默:《法理学:法律哲学与法律方法》,邓正来译,中国政法大学出版社 2004 年版,第 261 页。

的卷款潜逃,灿若莲花却查无对症的虚假营销,个人金融信息大规模的泄露与恶意利用,种种侵害个人财产与信息安全的事件等负面现象。[①] 这些乱序现象之中隐藏着互联网金融的风险以及风险带来的对经济社会、金融行业、金融消费者权益的负面影响。产生这种困境的实质原因就是缺少互联网金融监管,缺乏正义伸张的监管制度,这种困境影响了我国金融领域的改革。互联网金融监管应当从以下几个方面确保正义的实现:

第一,通过合理的监管制度配置互联网金融资源,既能满足社会大众的普惠金融的需求,又能实现互联网金融市场的公平竞争。即通过互联网金融监管,在金融领域内实现实质正义。在社会经济生活中,由于资源有限性等因素的存在,人与人之间的利益冲突不可避免,要公正地解决利益冲突,就要无偏见的使用公开的规则,合理配置资源,保护合法的利益。"一个社会体系的正义,本质上依赖于如何分配基本的权利义务。"[②]社会大众和小微企业对稀缺金融资源的渴求与正当利益的诉求呼唤与之相对应的制度。因此"互联网金融领域乃至整个金融领域的自发秩序创新演进与拓展必须要以政府相应的正义性制度作为制度支撑"[③]。

我国金融体系极不完善,而且还存在金融垄断与管制,相当一部分企业(尤其是小微企业)和个人的金融需求得不到满足。正是社会大众和小微企业对金融服务和资金的需求,即对实质正义的需要成为推动互联网金融在国内外快速发展和不断创新的基础,于是国内外的 P2P 网贷、众筹、第三方支付等互联网金融蓬勃发展。但是互联网金融是一把"双刃剑",互联网金融的风险与诟病不断涌现,亟待合理的监管来对其进行修正。美国、英国、意大利、法国等纷纷通过出台法律制定监管规则,完善对众筹等互联网金融业务的监管,消除其风险与乱象及无序,即在互联网金融领域内实现实质正义。

互联网金融只有实行合理的监管,才能消除不公与乱象,确保其域内正

---

① 洪艳蓉:《寻求互联网金融的法治逻辑》,载《金融法苑》2014 年第 2 期。

② [美]约翰·罗尔斯:《正义论》(修订版),何怀宏、何包钢、廖申白译,中国社会科学出版社 2009 年版,第 7 页。

③ 冯毅、唐航、陈雪君:《自发秩序创新与金融监管的正义性分析——从哈耶克与罗尔斯的视角出发》,载《金融教育研究》2015 年第 2 期。

义的实现。互联网金融监管的意义在于:其一,法律法规明确规定互联网金融各参与主体的权利、义务及承担的责任。如此一来,通过监管法规明确规定互联网金融市场资源的分配与社会负担,明确互联网金融市场的确定性与规范性,防止权力对资源的垄断。例如,对于第三方支付,美国通过《金融服务现代化法》《美国金融改革法》《隐私权法》《统一货币服务法案》和《电子资金转移法》等一系列监管法律法规,从行业的准入、行业的性质、沉淀资金等方面对其进行监管;欧盟通过《电子签名共同框架指引》《电子货币指引》《电子货币机构指引》《关于电子货币机构业务开办、经营与审慎监管的2000/EC指令》《境内市场支付服务指令》《境内市场支付指令》(2007/64/EC指令)《关于电子货币机构业务开办、经营和审慎监管的2009/110/EC指令》等监管法律法规,从行业准入、行业定性、沉淀资金等方面明确第三方支付的资源分配问题,各方享有的权利和履行的义务。对P2P网贷,英国在2014年3月6日发布了全世界第一部P2P网贷行业的法规——《FCA众筹监管规则》,并于2014年4月1日开始正式实施。它从最低资本要求、审慎标准、客户资金规则、破产保护、信息披露和报告规范等方面对P2P网贷进行了规范,以求实现P2P网贷行业资源的公平分配与负担。对众筹行业,意大利、美国、英国、法国等国纷纷制定众筹法规,界定众筹的内涵与类型,确立合格投资者和投资者教育制度,实行众筹平台登记注册制度,规范众筹平台与发行人的业务行为,完善投资者纠纷解决和赔偿规则,以求达到众筹行业的实质正义。总之,通过监管法规设定契约自由与契约正义,才能保障互联网金融领域内实质正义的实现。其二,通过互联网金融监管,方能真正地保护金融消费者权益,进而实现对金融资源、社会合作的利益与负担进行公正、权威的分配。互联网金融领域内,侵害金融消费者权益的问题时有发生、屡见不鲜,即利用监管不到位、信息不对称、消费者自身的弱势地位等进行虚假宣传、欺诈消费者、侵吞消费者的财产。金融消费者寻求参与社会金融资源分配时,既要受制于金融,又可能在互联网金融交易中遭受不公平,那么此种情形无法实现正义的分配。因此,必须通过互联网金融监管,设置保护金融消费者权益的规则,确保并实现正义的分配。例如,在第三方支付中,欧美等国通过监管法律法规,明确客户沉淀资金的性质及严格的管理规则,建立消费者保护机制;在P2P网贷中,为保护投资者，英美等国规定了严格的信息披露制度、保护客户资金规则、纠纷解决机制；在众筹中，英国的监管规则对投资者及投资额度限制、投资者的适当性测试、借贷众筹中投资者 14 天的反悔期和争端处理方式进行了规定，美国监管法规对投资的限额、集资门户的规则等。此外，只有加强金融消费者教育与培训方面的监管，才能使金融消费者平等地参与互联网金融交易和社会的竞争。总之，只有通过互联网金融监管，才能确保互联网金融的各种资源、利益和责任分配的正义。

第二，只有借助监管法律法规的适用和执行，才能确保互联网金融的违规违法行为得到合理的处置，进而实现解决互联网金融领域内的社会利益冲突时的正义。互联网金融创新与发展，是社会发展与普惠金融及民主金融的要求，但是同时，互联网金融难免存在违反契约义务、违反法律法规的情况，如果没有监管法律法规来确保契约的履行并进行明确的责任判定，那么互联网金融必将背离正义之路。我国 P2P 网贷、第三方支付等领域出现的违规经营行为，甚至极端的“跑路”事件，都是最好的佐证。因此，通过互联网金融监管，交易各方会因为遵守监管法律法规获得肯定和奖励，因违反法律法规而获得惩罚并承担相应的责任，从而始终确保互联网金融不偏离正义轨道。

第三，对互联网金融实行监管，方能实现金融领域内真正的平等。“自由和平等作为正义观念的重要组成部分在法哲学理论中占据极为显著的地位。”[①]“有一种平等乃是法律这个概念所固有的……法律规则把人、物和事件归于一定的类别，并按照某种共同的标准对他们进行调整。”[②]即按照普遍的正义标准，当事实相同的或相似的时候，相同的人和相同的情形必须得到相同的或至少是相似的待遇。

对互联网金融而言，只有通过监管方能保障平等价值的实现，其主要体现在两个方面：其一，监管保障了互联网金融机构与传统金融机构的机会均等。在我国，互联网金融是新生事物，缺乏明确的法律地位与相应的保护，

---

① [美]E. 博登海默：《法理学：法律哲学与法律方法》，邓正来译，中国政法大学出版社 2004 年版，第 316 页。

② 同上书，第 307 ~ 309 页。

如果对其放任自流，互联网金融根本无法取得平等的机会。所以，只有通过监管把互联网金融纳入合法合规的轨道，打破金融领域的国有机构的垄断，使金融领域逐步向私人资本开放，让私人资本和国有资本在互联网金融领域享有同等的机会进行公平合理的竞争，消除国有金融机构形成的垄断地位。其二，监管实现了互联网金融领域内的地位平等。对投资者与借款者而言，只有通过监管方能解决信息不对称所带来的地位不平等问题；对传统金融机构与互联网金融机构来说，通过监管法律法规的规范，确保二者在互联网金融市场中经营相同的业务时，拥有同等的权利、承担同等的义务，从而实现平等竞争，消除特权与监管套利。

第四，对互联网金融进行监管保障了互联网金融参与各方的自由权利。当整个法律与正义的哲学以自由为核心建构起来之时，"在一个正义的法律制度所必须予以充分考虑的人的需要中，自由占有一个显要的位置。"①目前，我国互联网金融监管还不到位，产生了一系列的乱象。比如，部分P2P网贷平台有虚假宣传、欺诈金融消费者、非法集资、卷款潜逃等问题；部分借款者或筹资者利用监管制度不到位或者征信制度的不完善，在多个网络平台利用不实信息骗取资金。互联网金融监管旨在纠正这些偏差并解决这些问题，真正确保参与各方的自由，即作为国家的纳税人，依法自由参与互联网金融市场活动，享有参与金融资源分配的权利，而不妨碍他人及危害公共利益。只有监管法律法规明确规定参与互联网金融市场活动各方的权利和不能逾越的边界，才能真正保障参与者自由地参与互联网金融市场活动。

综上所述，只有通过互联网金融监管，才能纠正互联网金融领域内产生的正义偏差，进而实现真正的正义，即维护正义与分配正义，实现互联网金融参与各方的自由与平等，保障金融消费者的权益，解决市场失灵问题，合理配置资源。总之，法律正义是一种通过创制和执行法律来调整人与人之间的关系及其行为而形成的理想关系②。互联网金融监管是正义实现的

---

① ［美］E. 博登海默：《法理学：法律哲学与法律方法》，邓正来译，中国政法大学出版社2004年版，第298页。

② ［美］罗斯柯·庞德：《通过法律的社会控制法律的任务》，沈宗灵、董世忠译，商务印书馆1984年版，第154页。

载体。

(二)安全价值的维护需要互联网金融监管

法律安全的目的在于坚决保护重大的需要和利益。[①] 金融安全是金融法安全价值的集中体现,维护金融安全的最终目标就是防范和控制严重金融风险的出现和金融危机的发生。[②]

互联网金融监管意图在确保交易信息安全和资金安全的基础上,维护互联网金融市场的安全,即形成良好的金融市场秩序,防范系统性金融风险和金融危机的产生。互联网金融毕竟是金融的一种创新,仍然脱离不了金融风险以及科技创新所带来的特殊风险,金融风险和互联网创新风险集中体现在系统性风险、操作风险、流动性风险、信用风险、信息安全风险、法律风险等方面,具有比传统金融风险更加隐蔽、易突发和强传染性的特点。一旦累积成系统性风险,势必会引发金融危机,对经济造成巨大的破坏。安全在自由、平等、效率等各项法律价值中具有基础性地位。[③] 因而,通过互联网金融监管维护金融安全意义重大,即一方面通过制定并实施保护金融消费者的规则,维护其信息和资金的安全;另一方面通过颁布有关风险控制、信息披露与平台经营规范等规则,确保金融安全。如果不监管或监管不到位,互联网金融消费者在信息可能泄露、资金无保障的市场环境中无法正常地参与交易,互联网金融机构在无风险控制、业务规范和责任承担的乱序中,只顾一己私利而放任风险的累积与爆发,最终将会危机到金融安全。

具体而言,各国纷纷通过制定法律法规以确保互联网金融消费者的资金与信息安全,实现安全价值。比如,美国在2008年金融危机之后,出台了《多德—弗兰克华尔街改革与消费者保护法案》(Dodd-Frank Wall Street Reform and Consumer Protection Act,简称《多德—弗兰克法》),成立了美国消费者金融保护局,以改变欺诈和不公平对金融体系的危害。面对创新型的众筹业务,美国制定了JOBS法案,SEC出台了众筹监管条例,以保护投

---

① [美]E.博登海默:《法理学:法律哲学与法律方法》,邓正来译,中国政法大学出版社2004年版,第318~319页。

② 陈红:《开放经济条件下的金融监管与金融稳定》,中国金融出版社2014年版,第73页。

③ 盛学军:《后危机时代下对金融监管法价值的省思》,载《重庆大学学报》(社会科学版)2011年第1期。

资者的利益。英国FCA出台了《FCA众筹监管规则》,以规范P2P网贷和众筹业务。总之,英美两国制定的法律监管规则以投资者保护制度为中心,从投资者适格及适当性、投资限额、纠纷与赔偿等方面制定规则,其宗旨就在于通过以金融消费者保护为核心的规则防范金融机构因短视行为和追逐短期利益所致的系统性风险,防止损害金融消费者利益和戕害互联网金融市场的根基。如此,互联网金融消费者才能有安全感地进行金融交易,奠定良好的金融市场基础,形成合理的市场秩序。

在互联网金融的业务行为与风险控制方面,通过监管可以明确互联网金融机构的权利和义务,从行为上对其监管进而促进公平竞争、防范金融风险。比如监管规范网络中介平台的规则包括,建立网络平台注册登记制度,对一些特殊的业务按照审慎监管要求,设立最低注册资本金要求;明确规定网络中介平台的信息披露的内容、范围及形式;明确规范网络平台的本质,防止平台发生变异;明确互联网金融业务范围,对诸如众筹、P2P网贷等互联网金融业务,必须明确其种类、内涵及监管的范围;规范发行人的业务行为,对发行人的业务、信息披露等方面的权利义务和承担的责任作出详细的规定。在这些监管规则的基础上进行监管,才能确保互联网金融机构在交易中合法、合规、稳健的经营,既能保障金融消费者的资金和信息安全,更能维护金融安全,防范金融风险与危机。

综上所述,通过对互联网金融进行监管,消除互联网金融交易中信息安全与资金安全的隐患,对互联网金融的风险进行防范与控制,进而维护金融安全,实现良好而又稳健的金融秩序。

(三)效率价值的实现少不了互联网金融监管

"在个人生活和社会生活中,一味强调安全,只会导致停滞,最终还会导致衰败。"①可见,在安全为调整留出的空间中进行创新,提升效率,反而能促进社会发展和安全。"这种最大化效率的逻辑与最大化收益相似。一个好的法律体系既能保持商业的营利能力,又能保证民众的福利,在此情况

① [美]E.博登海默:《法理学:法律哲学与法律方法》,邓正来译,中国政法大学出版社2004年版,第321页。

下,对利益的追求对整个社会有利。”[①]因而,在资源配置场合,效率是正义的诠释,正义最理想的尺度就是效率。总之,效率是法的价值取向之一,效率追求以价值较大化的方式利用资源和获得满足[②]。

一般而言,包括金融监管法在内的所有法律制度和活动,都蕴含着有效地利用自然资源、最大限度地增进社会财富的基本目的。[③] 金融效率体现为金融市场对资金价值较大化的利用,换言之,金融效率是资金在金融市场上融通过程中所表现出来的有效性。金融效率具体体现在:金融商品价格对各类信息的反应灵敏程度、金融市场上各类商品价格具有的稳定均衡的内在机制、金融市场的金融商品数量及创新能力、金融市场剔除风险的能力、金融交易成本的水平五个方面。[④]

反观互联网金融,在无监管的情况下,其效率低下有目共睹:互联网金融市场存在着外部性、公共产品、信息不对称、垄断等引起的市场失灵问题,互联网金融市场运行的结果产生了金融系统效率低下,背离帕累托最优的效率,投资者非理性行为带来的金融不稳定因素,也制约着效率的发挥。

互联网金融市场的效率低下并不是与生俱来的,需要通过监管来促进效率价值的实现。具体而言,一是通过监管,可以实现互联网金融市场资源优化配置。互联网金融监管的本质就是一种社会矫正。对互联网金融的监管包括两方面的内容,一方面是包括 P2P 网贷、众筹、第三方支付等在内的互联网金融行业经营的市场规范,保障互联网金融市场主体在市场机制中公平地实现利润最大化,确保市场中稀缺的资源得到有效的优化配置;另一方面,从互联网金融市场整体上,消除市场机制不能解决的市场失灵问题,解决投资者非理性行为等问题,进而维持互联网金融整体的社会福利产出。二是通过互联网金融监管,保护法律确认的产权关系,鼓励市场参与主体之间的财产活动(占有、使用、收益、交换)并为之提供专业的保障。三是通过

---

① [美]罗伯特·考特、托马斯·尤伦:《法和经济学》(第 6 版),史晋川等译,格致出版社、上海三联出版社、上海人民出版社 2012 年版,第 4 页。

② 张文显:《二十世纪西方法哲学思潮研究》,法律出版社 1996 年版,第 2094 页。

③ 盛学军:《后危机时代下对金融监管法价值的省思》,载《重庆大学学报》(社会科学版)2011 年第 1 期。

④ 陈红:《开放经济条件下的金融监管与金融稳定》,中国金融出版社 2014 年版,第 73 页。

对互联网金融有效的监管,减少交易成本。有效的监管可以优化市场环境,减少市场参与主体的交易费用,使得市场主体在交易时能以最安全方式、最低的成本达到预期的效果。

综上所述,互联网金融监管能促进效率价值的实现。因为只有对互联网金融合理监管,才能消除信息不对称并解决市场失灵问题,进而在互联网金融市场上使得商品价格对各类信息反应灵敏、及时和准确,形成稳定的市场价格机制,提升金融市场风险的防控与剔除及解决能力,降低交易成本,容纳金融创新。总之,互联网金融监管的主要收益,就是能够防控互联网金融的风险,保护金融消费者的合法权益,促进社会经济领域的公平,提高金融效率,最终促进经济增长和经济发展。①

(四)秩序价值的实现依赖于互联网金融监管

历史证明,有序的生活方式比无序的生活方式占优势。博登海默认为,秩序是指在自然进程和社会进程中都存在某种程度的一致性、连续性和确定性。无序则表明存在着断裂(或非连续性)和无规则性的现象,亦即缺乏智识所及的模式——这表现为从一个事态到另一个事态的不可预测的突变情形。这种要求确立社会生活有序模式的倾向,绝不是人类所作的一种任意专断的或"违背自然"的努力。一个法律制度若要恰当地完成其职能,就不仅要力求实现正义,还必须致力于创造秩序,即法律旨在创设一种正义的社会秩序。② 法律正是通过把秩序与规则性引入私人交往和政府机构运行,维持社会生活的正常运行,保证社会进程的稳定性,避免社会失序。③

互联网金融监管是维护市场秩序的重要保障,也是维护正义不可或缺的内容。互联网金融监管体现了法律制度追求一种以正义为核心价值的社会秩序,实现的是正义与秩序的统一。如果像美国在次贷危机中那样,金融消费者的权益大面积长期受侵害,就会出现类似于"自然状态"中正当权利无法得到保障的混乱局面,金融市场的秩序将不复存在,从而引发金融机构

---

① 欧阳日辉主编:《互联网金融监管:自律、包容与创新》,经济科学出版社2015年版,第92页。

② [美]E.博登海默:《法理学:法律哲学与法律方法》,邓正来译,中国政法大学出版社2004年版,第228页。

③ 孙天琦:《金融业行为监管与消费者保护研究》,中国金融出版社2017年版,第65页。

和金融消费者互不信任、相互转嫁风险、以邻为壑的乱象，最终导致市场失序。[①] 而在互联网金融的发展过程中，金融消费者由于知识、经验等方面的影响，权利容易受到侵害，在市场中处于相对劣势的地位。如果缺乏监管法律制度，则会导致互联网金融市场失序，消费者权益受到严重的侵害。例如，缺乏管束的疯狂校园贷就严重危害了大学校园，破坏了金融市场秩序。泛亚有色、上海快鹿、华赢凯来、大大集团、望洲财富、京金联、鑫琦资产、炳恒集团、中晋、e租宝、钱宝网等典型欺诈平台，骗取的资金都是广大投资者的血汗钱。“互联网金融”连续四年被写进政府工作报告，其表述经历了从“促进”—“异军突起”—“规范”—“高度警惕风险”的变化。2016年10月13日，国务院办公厅公布了《互联网金融风险专项整治工作方案》，接着17个部委协同公布了6个细分领域的子方案，全面开展互联网金融风险专项整治工作，防范系统性风险，保护金融消费者，维护良好运作的金融市场秩序。2017年，相关部门出台大量监管制度与措施，互联网金融市场失序的状态得到进一步矫正。

“秩序所侧重的乃是社会制度和法律制度的形式结构，而正义所关注的却是法律规范和制度性安排的内容、它们对人类的影响以及它们在增进人类幸福与文明建设方面的价值。”[②]互联网金融有风险，如果监管不到位，就会通过新型方式传播风险，危害整个金融秩序。美、英、法、德、日等国出台相关互联网金融监管法规的目的在于实现互联网金融市场的发展与保护金融消费者二者的平衡，最终形成一个良性的金融市场秩序。因此，互联网金融监管正是为了追求以正义为核心的、包含平等自由效率等价值的社会秩序，消除市场假象与乱象，规范互联网金融市场的发展，充分保障金融消费者的权益，实现互联网金融市场秩序，最终实现美好金融社会。

三、互联网金融监管的社会学基础

互联网金融监管相比于传统金融监管更具有复杂性、特殊性和挑战性。

---

① 孙天琦：《金融业行为监管与消费者保护研究》，中国金融出版社2017年版，第65页。

② [美]E. 博登海默：《法理学：法律哲学与法律方法》，邓正来译，中国政法大学出版社2004年版，第261页。

在风险社会中能否最有效地配置资源在很大程度上取决于该经济社会金融制度的风险管理能力。① 置身于风险社会下，寻求安全是人类社会的主旨。互联网金融监管的好与坏，离不开风险社会理论等社会学理论的支撑，因此互联网金融监管的社会学基础以风险社会理论为核心。

风险是现代性或现代化的产物。“风险可以被界定为系统地处理现代化自身引致的危险和不安全感的方式”。② “风险概念表明人们创造了一种文明以便使自己的决定将会造成的不可预见的后果具备可预见性，从而控制不可控制的事情，通过有意采取的预防性行动以及相应的制度化的措施战胜种种副作用”。③ 工业社会在追求现代化的过程中，必然面临着风险社会。④ 风险社会指的是工业社会在追求现代化的过程中，对社会、经济、技术等结构高速改进的同时又被迫面对自我混乱的状态。⑤ 风险社会的主题是如何能够避免、减弱、改造和疏导在发达的现代性中系统地产生的风险与威胁。⑥ 因此，现代风险社会的风险就体现出风险的制度化和制度化的风险。人类的冒险天性与寻求安全的本能之间的矛盾，一方面随着人类冒险活动的拓展，风险结构从自然风险转化为人为不确定的风险；另一方面，一系列制度的建立为这对矛盾的化解提供了规范性的框架和实现的环境，最典型的例子莫过于股票市场。但是，还存在制度运作失灵的问题，即制度化的风险。⑦ 贝克风险社会理论的目的是在制度失范的风险社会，用改革和改良的方法建立起一套有序的制度和规范，增加对风险的有效预警和控制机制，而不是在全社会对激进的思想进行控制。总之，贝克通过对现代性制度的反思和重构来防范和规避风险社会中的各种风险。

---

① 管斌：《商业银行法律风险的产生及其规制——以英国北岩银行危机为分析蓝本》，载《法商研究》2012 年第 5 期。

② ［德］乌尔里希·贝克：《风险社会》，何博闻译，译林出版社 2004 年版，第 19 期。

③ ［德］乌尔里希·贝克等：《自由与资本主义——与著名社会学家乌尔里希·贝克对话》路国林译，浙江人民出版社 2001 年版，第 118 页。

④ 薛晓源、刘国良：《全球风险世界：现在与未来——德国著名社会学家、风险社会理论创始人乌尔里希·贝克教授访谈录》，载《马克思主义与现实》2005 年第 1 期。

⑤ 薛晓源、刘国良：《法治时代的危险、风险与和谐——德国著名法学家、波恩大学法学院院长乌·金德霍伊泽尔教授访谈录》，载《马克思主义与现实》2005 年第 3 期。

⑥ 刘少杰主编：《当代国外社会学理论》，中国人民大学出版社 2009 年版，第 264 页。

⑦ 杨雪冬：《风险社会理论述评》，载《国家行政学院学报》2005 年第 1 期。

目前,人类社会活动的各个领域几乎都已被发达的现代社会制度所覆盖,但是现代的社会制度还是难以承担风险前的规避与风险治理的责任,而且各个风险治理机构援用科学、规范和法律为其辩护,造成有组织地不承担真正的责任状况。只有一个制度完善的社会,才能最大限度地消除各种风险,并把风险的负面影响降低到最低值。[①] 在日益发达的互联网新经济时代,以互联网为核心的现代信息技术已经深入各个领域。这不仅引发了社会结构和行为方式的变化,还导致了各种风险问题的出现。互联网金融作为网络时代下风险社会技术创新的产物,具有很强的风险性。而风险社会理论为人们更好地理解当今社会、制定相应的制度和政策提供了独特的参考价值。包括互联网金融监管在内,建立符合风险社会需要的新型风险管理体制,已经迫在眉睫,刻不容缓。

根据贝克风险社会理论,风险社会中存在生态危机、全球金融危机和恐怖主义带来的危险。所带来的危险不仅会对整个社会经济生活产生巨大的影响,而且会使得人们在混乱来临之前就产生恐慌。"法律创设的目的在于公民的安全、国家的防务以及人类生活的和谐、和平与幸福。"[②]经过对风险社会风险的全盘思考与分析,我们不难发现法律制度和价值追求能最大限度地降低风险给人类带来的负面影响和不利之处。首先,法律对确定性价值的追求,能消除风险社会的不安。"法律制度的价值和意义就在于规范和追寻技术上可以管理的哪怕是可能性很小或影响范围很小的风险和灾难的每一个细节。"[③]法律通过其自身吸纳风险、化解风险,在现代风险社会的运行中充当着最佳的调控模式,体现出一种确定性的价值。其次,法律制度的规范性能化解风险,最大限度地降低负面影响。风险社会实质上需要一个能化解风险、消除各种风险的完善的制度。法律制度的构建,通过法律对社会制度化的控制,能有效应对风险社会的风险,最大限度地降低其不利的影响。在风险社会,及时更新、完善法律制度,合理变迁法律价值理念,通

---

① 杨春福:《风险社会的法理解读》,载《法制与社会发展》2011 年第 6 期。

② 薛晓源、刘国良:《法治时代的危险、风险与和谐——德国著名法学家、波恩大学法学院院长乌·金德霍伊泽尔教授访谈录》,载《马克思主义与现实》2005 年第 3 期。

③ [德]乌尔里希·贝克:《从工业社会到风险社会——关于人类生存、社会结构和生态启蒙等问题的思考(上篇)》,王武龙编译,载《马克思主义与现实》2003 年第 3 期。

过法律规范的权利义务等规范指引，提供确定性的指引，并预防风险的发生。毫无疑问，法律制度对于规范社会秩序、形成社会互动有着无可替代的优势①。最后，在风险社会中，社会成员期待法律制度能消除不安。风险社会所带来的风险导致人类面临着自我危险、自我毁灭等不安全因素。法律制度创设的目的在于保障公民的安全和人类生活的和谐、和平与幸福，所以社会成员希望法律制度能有效抵御风险。

在现代风险社会中，风险的积聚以及爆发通过如生态、金融、信息、恐怖主义等领域展示着。风险有一部分来自金融系统，当潜在的风险被释放出来，就容易形成金融危机。在全球风险社会的时代大背景下，一国金融监管制度影响着该国经济资源的配置。法律作为外部的、正式的、非人格化的契约执行机制对金融市场的运行至关重要，因此现代金融与现代法律制度相伴随行②，以法律制度为支柱形成了现代金融监管的制度体系。在风险社会中，金融监管制度体现在监管法律制度与风险之间的互动关系上，即风险的制度化和制度化的风险。一方面作为监管的法律制度是规范、管理风险的制度选择和安排，通过制度化的方式可以有效弥补个体管理风险的不足之处；另一方面，金融监管的法律制度在管理风险的过程中可能会衍生出制度化的风险问题。③ 总之，风险社会的风险影响着金融监管法律制度的构建与制定，同时还要在监管制度变迁与选择之中考虑到消除既有风险会产生新的制度风险问题。

互联网金融是在金融领域内，融合互联网精神、理念、技术而形成的一种全新的金融形态。互联网金融监管，离不开风险社会理论的支撑。

首先，互联网金融具有互联网技术构成的网络风险社会风险。互联网金融的产生与发展离不开科技进步的推动，互联网网络信息技术的发展，如新一代的云计算、搜索引擎、社交网络、大数据、移动支付、区块链等，把人类社会带入了一个海量大数据的信息时代。互联网金融实现了 P2P 网贷、众筹融资、第三方支付、网络理财等快捷、便利、普惠的新型业务。以互联网

① 杨春福：《风险社会的法理解读》，载《法制与社会发展》2011 年第 6 期。

② 管斌：《商业银行法律风险的产生及其规制——以英国北岩银行危机为分析蓝本》，载《法商研究》2012 年第 5 期。

③ 同上。

为核心的现代信息技术日新月异的发展，一方面引起了社会结构和行为方式的转变，另一方面也导致各种社会问题不断地涌现，互联网金融就是最好的例证。互联网金融打破传统金融的垄断和抑制，为长尾社会大众提供了便捷、普惠、民主的金融服务，能满足小微企业的资金需求。互联网金融改变了传统的金融消费行为方式，金融社会的结构也在逐渐的发生变化，同时，互联网金融也存在很多问题，如 P2P 网贷平台卷款潜逃、众筹自融欺诈、黑客入侵信息安全等。在这样一个网络化、信息化、全球化的时代，对互联网金融的监管须从网络风险社会的视角去反思。"作为一种历史趋势，信息时代的支配性功能与过程日益以网络组织起来。"①网络社会这种社会结构，源于社会组织、社会变化以及由数字信息和通信技术所构成的一个技术模式之间的相互作用。② 按照贝克的风险社会理论，网络社会本质上也是一个风险社会，因为灾难的可能性和不确定性已经成为网络社会内在结构要素。具体而言，在网络风险社会，网络空间中知识与信息重要性的凸显、网络时空特性的转变、流动性成为重要的社会构造力量、过度关联的放大效应和网络行动者的身体不在场，引发了网络社会中不确定性和可能性的极度增长，从而使风险成了网络社会的内在构成要素。互联网金融立身于网络风险社会中，体现出了其特有的风险性：互联网信息技术不断地更新发展，互联网金融业务的不断创新。信息和知识是网络社会发展最为核心的要素，而它们恰巧又容易产生新风险，因为其蕴含着巨大的不确定性和可能性。互联网打破了传统时间和空间的限制，这也是互联网金融在发展过程中极易出现全球性风险问题的原因。网络技术具有曼纽儿·卡斯特所强调的流动空间，即社会结构和生活处于不断流动变化之中，从而会产生新的风险。在互联网金融的流动空间中，互联网金融消费者保护在现实与虚拟的流动中产生风险。互联网强大的功能，体现在其通过互联性产生的扩散放大效应，比如一家 P2P 网贷平台倒闭会在互联网上迅速传播放大，就容易产生挤兑风波。如此一来，就会造成金融系统的脆弱性，加快风险传递的

---

① [美]曼纽儿·卡斯特：《网络社会的崛起》，夏铸九、王志弘编译，社会科学文献出版社 2006 年版，第 434 页。

② [美]曼纽儿·卡斯特主编：《网络社会：跨文化的视角》，社会科学文献出版社 2009 年版，第 1 页。

速度,扩大风险传播的范围,最终造成严重的影响。此外,互联网金融业务的开展都是在虚拟的互联网上,以金融消费者主体不在场为主,这就容易摆脱现实身份对行为的制约。所以,一些人就会利用互联网产生的风险与弊端,在P2P网贷中骗贷、在众筹中虚构项目骗取资金、利用黑客技术实施盗窃与诈骗。总之,互联网的特性使得互联网金融中在网络风险社会中会出现诸多不确定性风险,互联网金融监管离不开风险社会理论的支撑。

其次,互联网金融未能摆脱传统金融的风险。在风险社会中,面临着各种各样的不确定性,正因如此,反而促使了互联网金融创新。但同时由于互联网金融在自身创新发展过程中并没有脱离金融的本质。按照贝克的风险社会理论,互联网金融的风险就是在互联网金融的发展过程中,由于市场、技术、监管等方面的因素导致损失的可能性。当互联网金融处在风险社会中,一个基本的关注点就是如何识别风险从而更好地解决风险问题。互联网金融监管必须基于风险社会的理论去认识、反思、解决风险问题,不但要对互联网金融所形成的信用风险、操作风险、流动性风险、政策法律风险等有认识和防范,还要关注各种风险之间的关系。互联网金融风险的传染性就是不同金融风险的发生和传导链条发生了交叉,造成不同类型的风险之间相互作用,进而放大风险。互联网金融风险的传染性还表现为,互联网金融风险可以从一个互联网金融机构或企业传递到另一个机构或企业,导致许多机构或企业都受到风险的影响,最终造成损失的可能性。

最后,互联网金融监管制度必然产生风险社会理论中的风险的制度化与制度化的风险问题。互联网金融的创新与发展,源于市场的内在需求和互联网技术的发展。在创新的过程中,互联网金融自身带来了风险,即一种不确定性。因而在风险社会中,互联网金融一方面会出现风险的制度化,即对互联网金融进行监管,另一方面,也会出现制度化的风险问题,即监管不当或者失灵的问题。例如,当众筹项目创新出现的时候,由于其固有风险的存在,世界各国纷纷通过法律法规这种制度化的安排来规制、管理风险。典型的英国FCA出台《FCA众筹监管规则》,美国颁布了JOBS法案并授权美国SEC制定对股权众筹的监管细则,意大利在2012年颁布《2.0号发展法案》并制定《关于创新型企业通过网络平台的股权筹集资本的规定》，法国在2014年制定了《参与性融资法令》监管法案等。众筹风险面临的不确定性，需要用改革和改良的方法建立起一套有序的监管制度和规范，增加对风险的有效预警与控制机制，弥补个体风险管理的不足并解决市场失灵，这就是互联网金融风险的制度化。但是，互联网金融新监管制度的制定，也可能同时制造出新的风险，即互联网金融监管制度的风险化。在股权众筹的监管制度中，各国的监管当局面临着不同的国情，故而选择不同的监管模式与制度。在监管制度运作过程中，会存在这样一种不确定性：即监管运转失灵的问题。如果监管不足，则容易滋生风险，造成金融安全问题；如果监管过度，则影响创新与效率。对P2P网贷的监管也会出现制度化风险的问题。美国对P2P网贷的监管依据《1933年证券法》《1934年证券交易法》《1940年投资公司法案》《多德—弗兰克法》以及各州各政府部门的监管制度进行，采用上下交织的蜘蛛网模式对P2P平台采取证券式的监管，但没有具体提供行业的监管措施和指引，设置了很高的市场参与门槛，要求较高的信息披露与提交报告义务，这就产生了P2P网贷监管的制度化风险问题，美国P2P网贷行业的发展规模与效率也因此受到影响。为此，美国GAO专门向国会提交《人人贷——行业发展与新的监管挑战》报告，分析如何更好地监管P2P网贷以及解决监管的风险问题。美国对P2P监管制度化的风险，一方面影响了美国P2P行业的发展效率，另一方面，这种监管模式导致行业的竞争力下降。例如，美国的Prosper公司2005年开始运营，2008年9月因监管制度问题暂停运营，到2009年7月才重新运营。而且为了在美国SEC按照监管要求登记，Prosper公司在2009年4月到10月暂停了放款人出售收益权凭证。英国流行的P2B(个人对企业贷款)在美国几乎不存在。按照贝克的风险社会理论，在制定与选择互联网金融的监管制度时，必须考量其风险制度化与制度化的风险以及它们之间的互动因素，最终以风险社会理论为依托，在制度失范的风险社会用恰当合理的方式，通过改革或改良的方法建立一套有序的制度和规范并不断进行反思和重构，防范和规避互联网金融在风险社会发展中的各种风险。

总之，“根本就不存在纯粹的自由市场。市场都是建立在制度、法律、法庭和监管之上的，建立在应有的程序之上，最终是以国家政权的权威为基础的"[①]。互联网金融在面临现代风险社会中的技术、市场、社会等各种风险时,须依托风险社会理论对监管制度进行反思与探索,来防范、规避各种风险,最大限度消除人们的慌乱与不安。

第二节　互联网金融监管的价值取向

回溯金融监管历史,现代金融监管制度为了防止金融危机再度出现而得以建立并随着金融业的不断发展而变迁。金融监管的本质是一种社会矫正制度安排。"制度在社会中的主要作用,是通过建立一个人们互动的稳定(但不一定是有效的)结构来减少不确定性。"[②]在反思2008年金融危机之后,人们重新审视与定位金融监管价值。后危机时代面临着互联网为代表的信息科学技术突飞猛进的发展,互联网金融这一创新事物应运而生,传统金融监管的制度已经不能适应其发展的要求。因此,互联网金融监管应以平衡效率与安全、维护公平、包容创新为价值取向,以此创造良好的金融生态,进而促进资源有效配置、推动经济增长、保障经济机会的获取、减少系统性风险的发生。

一、平衡效率与安全

效率与安全是金融监管法价值内的一对矛盾。在人类金融史上,效率与安全这两种不同的价值观念在金融危机前后相互影响、相互修正,进而在金融活动中交替存在平衡状态。[③] 2008年金融危机发生的原因是,在坚持金融自由化理念下,放松金融监管,过分注重市场效率、强调自由竞争,过度或者滥用金融创新,忽视金融安全。因此,在后危机时代,对金融监管反思的结果则是重新加强金融监管,注重安全与效率并重。但是,效率与安全

---

① [美]曼纽儿·卡斯特:《网络星河:对互联网、商业和社会的反思》,郑波、武炜译,社会科学文献出版社2007年版,第295页。

② [美]道格拉斯·C.诺思:《制度、制度变迁与经济绩效》,刘守英译,上海三联出版社1994年版,第3~9页。

③ 陈红:《开放经济条件下的金融监管与金融稳定》,中国金融出版社2014年版,第74页。

存在矛盾,金融效率永远都是金融市场发展的灵魂。如果强调金融效率,注重市场机制的发挥,必然会放松金融监管,进而弱化对金融市场的监管,因为金融市场主体过度金融创新或者滥用金融创新极易产生金融市场失灵问题,当风险逐步累积到一定程度就会引发市场波动甚至崩溃,最终爆发金融危机,危及金融市场的安全;如果一味地强调安全,就会扼制金融的效率,因为安全要求对金融市场加强管理和控制,这会扼制自由竞争,束缚金融市场主体的积极性和创造性,导致交易成本增加,“试图通过限制进入和限制扩张来保证安全和‘有序’的竞争也许会带来经济运行的效率降低”①。

互联网金融能迅速的崛起、蓬勃发展的一个重要原因就在于其由市场自下而上内生于金融市场的需求,能极大体现出效率的价值。例如,P2P 网贷通过网络平台直接把借贷双方对接起来,打破了传统金融机构对融资渠道、对象和来源的垄断,为小微企业、小额贷款的普通消费者提供了融资渠道和机会,促进了生产消费的发展,出借人可以利用闲置资金进行投资,实现价值增值。P2P 网贷的出现提高了社会闲散资金的利用率,更好地实现了资金从剩余者向需求者转移,促进了利率的市场化,提高了金融市场对资源的配置效率。再如,众筹通过互联网平台发布信息,通过社交网络的撮合进行项目推广和宣传,在募资者和投资者之间高效、低成本的实现资源配置,特别是股权众筹,它是证券业的有益补充。在传统的证券融资中,证券融资主体需要严格遵循各项法律的规定,由于成本高、程序烦琐,中小企业往往难以企及。反观,小额大众的股权众筹,可以通过网络平台吸引更多参与者加入,为初创企业提供了一个与投资人对接的窗口,对传统证券融资而言是很好的补充。总之,从整体效率来看,互联网金融与传统银行机构的竞争,不仅改善了金融市场的效率,而且促进了银行机构提高其效率,最终大大提高了整个金融体系的效率。②

但一味地强调互联网金融的效率就必然会放松金融监管,其后果就是出现各种各样的风险问题,甚至累积成系统性风险,危机金融安全。比如,

① [美]乔治·考夫曼:《现代金融体系——货币、市场和金融机构》(第 6 版),陈平等译,经济科学出版社 2001 年版,第 248 页。

② 艾瑞咨询:《互联网金融创新金融模式研究》,载艾瑞网:http://report. iresearch. cn/2068. html,2013 年 12 月 2 日最后访问。

在 P2P 网贷平台中容易产生的操作风险、流动性风险、市场风险等一系列问题可能引发诈骗跑路、提现困难的后果,众筹市场也会产生欺诈、非法集资等问题。总之,互联网金融在创新发展的过程中,不可避免地蕴含着或逐步显现着系统性风险,互联网金融并没有在本质上消除或减少风险,而是转移了风险。目前,互联网金融处于刚发展的阶段,其市场规模、容量和风险都有一个积累的过程。从互联网金融的顺周期来看,互联网金融在经济衰退期,由于不良资产增加,放款渐趋于保守,诸多无风险、能获利的正净值的项目无法获得融资,中介型互联网金融机构的顺周期行为会导致金融危机进一步恶化;在经济上升期,因为对宏观经济、投资项目、贷款收入等过于乐观,许多负净现值的项目获得融资,此时就会承担更大的金融风险。因此,互联网金融的资金来源和使用,都具有强烈的顺周期性,它会放大经济波动、产生损失的风险。另外,从互联网金融的高杠杆率来看(典型的如国内的 P2P 网贷),中介型互联网金融的杠杆率很高,但相应的风险缓冲、风险准备却非常不足,互联网金融面临共同冲击时,必然爆发集体性的危机风波。①

互联网金融监管的价值在于平衡效率与安全。互联网金融监管既要提升金融效率,又要防控互联网金融风险,平衡效率与安全。因为金融监管如果处理好效率与安全的平衡问题,它就是解决问题的手段;反之,它有可能是造成问题的制度根源。金融安全是金融效率的基础,而金融安全的终极目的是为了提高金融效率,推动金融发展。② 实践中,欧美等国的互联网金融监管在防控金融风险即保障金融安全的基础上,力求促进互联网金融的效率发挥。比如,美国对众筹的监管通过 JOBS 法案透露出众筹在发挥应有效率的基础上,必然要接受政府的监管,尤其是要防范系统性风险,避免重蹈 2007 年次贷危机的覆辙。英国的监管方式虽然不同于美国,但二者都提高了对众筹的风险防范等级。因此,在认识互联网金融风险与功能的基础上,控制其金融风险,坚持不触碰系统性和区域性金融风险的底线。任何监管制度都必须平衡安全与稳健并划分好风险的分担。总之,互联网金融监管作为一种制度的安排,要在确保一个国家经济金融安全的基础上提高

---

① 苗文龙:《互联网金融:模式与风险》,经济科学出版社 2015 年版,第 132 页。

② 祁敬宇主编:《金融监管学》(第 2 版),西安交通大学出版社 2013 年版,第 19 页。

整个金融系统的效率,即在互联网金融监管之下,金融安全是金融效率下的安全,金融效率是金融安全下的效率,安全与效率衡平。

二、维护公平

"社会制度应当这样设计,以便事情无论变得怎样,作为结果的分配都是正义的。"①实现公平是体现正义之所在,也是人类梦寐以求的理想。金融公平意味着金融市场上各类主体不因所有权性质、地域行业及自身经济实力等因素而受到歧视与差别待遇,能够公平地参与金融市场活动、机会均等地分享金融资源、形成合理有序的金融秩序,进而通过金融市场实现社会整体利益的最大化。② 互联网金融监管的价值就在于维护公平竞争、保护金融消费者的权益、促进互联网金融行业的良性发展。

(一)维护公平竞争

公平竞争是市场经济的基础条件,也是保证市场机制对资源配置起决定性作用的必然要求。互联网金融公平竞争的实现,离不开金融监管的维护。因为在市场经济条件下,市场机制本身能发挥其提高效率的作用,但同时市场又存在失灵问题,市场机制不能达到经济资源最优配置的理想状态,存在大量资源配置效率低的问题,比如,互联网金融行业存在一定的垄断与恶性竞争问题。金融监管应该为市场创造一种公平的竞争环境,让互联网金融机构在在公平、合理、公正的基础上实现合理竞争,发挥市场机制,提高效率,实现资源的最优配置。

第一,参与公平,即在互联网金融市场上,各类市场主体均能合法、公平的参与互联网金融活动并获得相应的金融服务。具体而言,各类互联网金融机构和个人,不因自身的身份、经济地位、地域甚至行业等因素受到差别待遇,而能按照统一无差别的原则对待互联网金融市场的主体,确保市场主体机会均等和地位平等。无论是传统的金融机构,还是非金融机构,只要符合互联网金融市场的市场主体条件,就能公平参与互联网金融业务。无论

① [美]约翰·罗尔斯:《正义论》(修订版),何怀宏、何包钢、廖申白译,中国社会科学出版社 2009 年版,第 261 页。

② 冯果:《金融法的"三足定理"及中国金融法制的变革》,载《法学》2011 年第 9 期。

是国有金融机构还是民营金融机构，抑或是传统金融机构与非金融机构，在符合参与市场主体条件下，就能无差别的享受机会均等、地位平等，在同等条件下承担相同的权利和义务，拥有相同的交易机会。传统金融机构与互联网金融机构只要从事相同的互联网金融业务，就要接受同样的监管。互联网金融机构无论从事线上还是线下业务，都接受同样的监管。例如，在P2P网贷市场上，美国把P2P信贷企业作为证券经纪商来进行监管，只要参与的市场主体符合美国SEC法定的要求，就能无差别的进入市场，公平的参与竞争。

第二，交易公平。市场经济是诚信经济、法治经济。现代法治倡导市场经济条件下的公平竞争，即市场主体公平的进行交易活动。互联网金融监管的价值定位于金融公平，在交易行为方面就要通过合理的监管制度安排创造公平的市场竞争环境。因此，监管要防止不公平交易问题的产生，即在互联网金融机构与金融消费者之间，不得制定不合理的交易条款限制金融消费者的权利，不能隐瞒与交易有关的重要信息，还不得误导消费者或者承诺收益欺骗消费者。例如，美国对营利性P2P网贷的监管主要是由SEC和各州的证券监管部门通过证券法律中的强制信息披露来进行，从而规范P2P平台交易行为，保障借款人和P2P平台之间的公平交易。监管还要防止互联网金融机构之间的不正当竞争。互联网金融市场的竞争日益激烈，势必会出现恶意竞争、不正当竞争等情况，妨碍互联网金融的良性发展。因此，互联网金融监管的价值应定位于制定打击不正当竞争的市场竞争监管规则和鼓励市场公平合理的诚信交易监管规则，维护互联网金融市场的公平交易。例如，英国FCA为了保障众筹业的发展，在其监管规则的制定中体现出了竞争性目标，即从金融消费者利益这一角度出发促进金融市场的有效竞争，形成金融公平。大力推进建设有效竞争的金融市场包含三层内容：整合内部资源，率先建立专司促进金融市场有效竞争的新部门；全方位收集信息，对不同市场的竞争性进行深入的分析和研究；动用所有可利用的权力和资源实现竞争性目标。[①] 中国人民银行在《中国金融稳定报告》

---

① 黄震、邓建鹏主编：《P2P网贷风云：趋势·监管·案例》，中国经济出版社2015年版，第37页。

(2014)中指出,互联网金融必须遵守相关的法律法规。[①] 央行等十部委发布的《互联网金融意见》中明确坚持要保护金融消费者,维护公平竞争,形成良好的市场秩序。[②] 总之,维护金融公平是互联网金融监管的价值定位之一。只有维护金融公平,才能更好地发挥竞争机制在市场资源配置中的效率,形成良好的竞争秩序,促进互联网金融行业更好地发展。

(二)维护金融消费者的权益

在金融市场上,投资者保护的重要性不言而喻。2008 年金融危机之后,世界各国纷纷加强对金融消费者的保护,特别是对那些缺乏专业投资知识的自然人投资者,以求最大限度地激发金融市场的活力。互联网金融把金融风险分散到庞大的长尾投资者用户群,互联网金融所固有的市场风险、法律风险、技术安全风险等会产生对金融消费者保护不力的问题,集中体现在金融消费者的资金安全与信息安全保护方面。

金融危机必定会反弹性地激发立法创新。[③] 2008 年金融危机之后,美国制定《多德—弗兰克法》,设立金融消费者保护局,以消除欺诈和不公平所带来的危害。英国 FCA 正式发布的《FCA 众筹监管规则》所追求的目标就是合理保障金融消费者的权益,并在此基础上促进有效竞争。在 P2P 网贷领域,英国 FCA 从最低资本要求、客户资金规则、续投贷款安排服务、投资者取消投资的反悔期、信息披露、争议解决条款等方面作出规定,围绕投资者保护进行监管制度的设计。美国 P2P 网贷受美国证监会 SEC 监管,另外,美国按 P2P 网贷监管要求设计严格详细的信息披露、平台运营风险隔离制度以求为投资者提供保护。法国、西班牙通过限额制度强制分散借贷型众筹(P2P 网贷)的风险来保护投资者。在众筹监管上,美国众筹监管的一个方向是从众筹监管的正当性出发对众筹进行监管。为了防止投资人在众筹融资中可能遭遇的欺诈和丧失信息自由,美国监管众筹融资的核心就

---

① 中国人民银行金融稳定分析小组编:《中国金融稳定报告》(2014),中国金融出版社 2014 年版,第 152 页。

② 中国人民银行、工信部、公安部、财政部、工商总局、国务院法制办、中国银监会、中国证监会、中国保监会、国家互信办联合印发了《关于促进互联网金融健康发展的指导意见》(银发〔2015〕221 号)。

③ 黎四奇:《对后危机时代影子银行监管的冷思考》,载《暨南学报》(哲学社会科学版)2014 年第 8 期。

是如何保护投资人的根本权利，法案不是帮助募资者卷钱跑路的“利器”。[①]另外，英国从投资者的适当性、投资的限额、投资者适当性测试等方面出发来进行监管，以保护消费者的利益。意大利通过《2.0号发展法案》对股权众筹进行监管，该法案通过设计信息披露制度促使投资者知晓风险和承诺风险，从而达到保护投资者的目的。中国人民银行在《中国金融稳定报告》（2014）中明确指出：要切实维护消费者的合法权益的原则。[②] 中国人民银行会同有关部委起草制定的互联网金融行业《互联网金融意见》中要求强化金融消费者教育与纠纷解决机制及合同等方面的保护。[③] 总之，互联网金融监管应以金融消费者保护为价值取向，只有这样才能使得互联网金融市场充满活力和效率，更好地促进互联网金融发展。

三、包容创新

金融创新与金融监管是一对互相矛盾的概念。回顾过去可以发现，金融业的发展历史就是一部创新不断发展的历史，金融业重要的发展都离不开金融创新。但是金融创新是一把“双刃剑”，一方面，金融创新大大降低了交易成本，促进了信息的对称，提供了丰富多样的金融服务，还拓宽了金融市场的广度和深度，推动着金融市场的发展，总体来说，金融创新提升了金融效率；另一方面，金融创新造成了金融的脆弱性，容易放大金融危机，可能危及整个金融体系的稳定性。对金融监管而言，放松监管，任由金融创新无节制地发展将会埋下风险隐患，最终产生金融危机，美国次贷危机就是例证；如果过度监管，就会产生金融压抑，扼制金融创新，制约金融市场的效率和活力。因此，必须把握金融创新与金融监管之间的平衡，即监管要包容创新。

创新是互联网金融永恒的主题。互联网金融虽然依然体现支付结算、

---

① 欧阳日辉主编：《互联网金融监管：自律、包容与创新》，经济科学出版社2015年版，第260页。

② 中国人民银行金融稳定分析小组编：《中国金融稳定报告》（2014），中国金融出版社2014年版，第151～152页。

③ 中国人民银行、工信部、公安部、财政部、工商总局、国务院法制办、中国银监会、中国证监会、中国保监会、国家互信办联合印发了《关于促进互联网金融健康发展的指导意见》（银发〔2015〕221号）。

资金融通、投资和信息中介服务的本质，但其在交易的技术、渠道、服务等方面进行了创新。互联网金融的创新打破了金融的垄断与金融抑制，促进了利率市场化的改革，极大提高了金融资源的配置效率，为多样性、差异性、分散性的长尾大众提供了普惠金融，解决了小微企业的资金需求。但互联网金融的创新也有其风险性。任何技术的创新都有可能增加风险，金融创新亦具有消极性。一方面，金融创新改变了金融体系的结构，加大了金融体系的风险；另一方面，金融创新加大了金融市场的易变性，从根本上增加了金融动荡的可能性。[①] 金融创新在我国就表现出来诸多问题，例如部分P2P网贷平台涉嫌非法集资、非法吸收存款、非法诈骗等。互联网金融的价值与风险对金融监管与创新之间的平衡提出了挑战。

互联网金融监管要包容金融创新，即要找到风险与创新之间的平衡点。这就意味着监管应当包容互联网金融的创新，不能因为其风险和产生的问题而过度监管或者过分限制，否则就会扼杀互联网金融的创新。“检验金融监管的根本标准是：能否促进金融业和社会经济的顺利发展。”[②]对互联网金融的过度监管势必会扼制互联网金融的发展，甚至削弱一国的竞争力。美国对P2P网贷的监管就过于严苛，这种严苛的监管打击了行业的发展，抑制了行业的创新。2008年美国SEC将P2P公司纳入监管，Prosper和Lending Club两家较大的平台在SEC进行了注册，但很多小型P2P公司因无法承受高昂的注册费用而被迫关闭，美国P2P行业因此受到严重的打击。SEC不仅无法提高P2P平台审查借款的能力，还增加了P2P网贷平台额外的法务成本，这些最终都转嫁给了P2P平台的参与者，最终抑制了诸如P2B业务的创新发展。[③]

近年来，我国互联网金融高速发展。十部委的《互联网金融意见》指出：按照鼓励创新的原则，由市场驱动、政策推动，提出鼓励创新、支持互联网金融稳步发展的政策措施。[④] 总之，互联网金融监管要在包容创新的前

① 罗明雄、唐颖、刘勇：《互联网金融》，中国财政经济出版社2013年版，第39～40页。

② 祁敬宇主编：《金融监管学》（第2版），西安交通大学出版社2013年版，第48页。

③ 黄震、邓建鹏主编：《P2P网贷风云：趋势·监管·案例》，中国经济出版社2015年版，第94页。

④ 中国人民银行、工信部、公安部、财政部、工商总局、国务院法制办、中国银监会、中国证监会、中国保监会、国家互信办联合印发了《关于促进互联网金融健康发展的指导意见》（银发〔2015〕221号）。

提下，利用互联网技术促进金融创新，打破金融垄断，降低交易成本和信息不对称问题，激发金融市场的活力，实现普惠金融和民主金融，促进资源配置和经济增长。

小　结

在网络信息时代，技术给人类带来了生活与思想的变革，同时它也增加了社会的风险，互联网金融的出现更是如此。世界上不存在纯粹的自由市场，互联网金融离不开监管。但是，怎样才能探寻到互联网金融监管的理论支撑并准确地对其进行价值定位？本章试图勾勒出这个前所未知、正在探索的领域的轮廓。

互联网金融监管本质上是一种社会矫正制度的安排，它需要理论来支撑其监管的正当性、合理性和科学性。本章从经济学、法学、社会学等三个层面进行分析。首先，从经济学层面论证：一是从互联网金融的外部性、信息不对称性、垄断性、公共产品等方面阐述互联网金融监管的市场失灵理论支撑；二是从互联网金融投资者的非理性行为与认知偏差出发，分析行为金融学理论基础。其次，从法的正义、安全和效率价值层面，阐述互联网金融监管的法学基础。最后，在分析互联网金融在现代风险社会中的技术、市场等各种风险的基础上，论述风险社会理论对互联网金融监管的理论支撑。基于此，在后危机时代，互联网金融监管应以平衡效率与安全、维护公平和包容创新为价值取向。总之，在明了互联网金融监管的理论基础之后，合理定位其价值并通过有效监管减少互联网金融带来的不确定性，进而实现其价值的皈依。

第三章　互联网金融监管的既有模式分析与监管原则的确定

“在理想的情况下，金融监管体系的规模、结构、运行模式是公共选择的结果。但在更为一般和现实的条件下，它则是行为人在更为基本的制度约束下相互博弈的产物，并且其结构和功能具有路径依赖的性质。”①互联网金融监管模式一方面具有很强的对传统监管制度的依赖性，另一方面各国因其内生的创新性自愿或非自愿地适时改变监管制度、模式。因此，本书在阐述与分析互联网金融监管既有的功能监管模式、目标监管模式两种主要模式的基础上，试图厘清互联网金融监管模式的相关理论脉络，进而阐述互联网金融监管的原则，以期为监管模式的选择提供方向性的指导。

第一节　互联网金融监管既有模式及评析

模式，一般而言是指事物的标准样式或者说解决某

---

① 李扬、胡滨主编：《金融危机背景下的全球金融监管改革》，社会科学文献出版社2010年版，第225页。

一类问题的方法论。金融监管模式，是指人们从监管金融活动中归纳出内在规律关系，是一系列监管的方式、组织、法律制度的外在表现形式①。互联网金融作为新生事物正处在发展的起步阶段，其监管必然具有很强的监管制度依赖性。但在监管博弈的过程中，监管模式又要体现出互联网金融的内在需求。本节主要基于两种重要的模式，即互联网金融功能监管模式和目标监管模式，剖析互联网金融既有监管模式的优劣。

一、互联网金融功能监管模式及评析

提出功能监管的代表人物是 1997 年诺贝尔经济学奖得主、哈佛商学院的罗伯特·默顿和兹维·博迪两位教授，这一概念是相对于传统的机构观点而(Institutional Perspective)提出的。机构观点即金融监管部门和现有的金融机构认为传统机构是稳定既定的，并维持原来金融机构的稳定性。但是，从功能的角度来看，机构形式遵循它的功能会更加有效。② 在金融创新与大型金融集团的业务多元化发展的过程中，金融产品法律属性的界定问题成为机构监管的难题。在此背景下，默顿教授等人基于传统机构监管模式的路径依赖，进而提出功能监管的理论。功能监管的框架基于两个基本前提：一是金融功能相比金融机构而言更加稳定，因为它随着国界和时间而变动的频率相对较低；二是金融机构之间竞争与创新的刺激最终提升了整个金融体系功能的绩效。这意味着金融机构的形式离不开功能的指导且以功能为准。从有效资源配置这一最根本性功能的综合层次出发对由金融体系执行的流向基本或核心功能进行区分：一是为商品和劳务的交换提供清算支付的方式；二是为大企业提供归集资金资源机制；三是提供跨期转移经济资源、跨国界转移资源以及行业转移经济资源的方式；四是提供方法来管理不确定性和控制风险；五是提供价格信息来协调不同经济部门的分散性决策；六是提供方法解决交易一方拥有另一方不具备的信息或者一方担任

---

① 于永宁：《后危机时代的金融监管变革之道》，法律出版社 2013 年版，第 24 页。

② Robert C. Merton, Bodie A. Deposit Insurance Reform: A Functional Approach, *Carnegie-Rochester Conference Series on Public Policy*, 1993, 38(1), pp. 1 – 34.

另一方的代理人时引发的激励问题。[①]

据此,功能监管模式是一种按照金融业务的类型来划分监管机构并进行监管的模式,每种金融业务类型都有相对应的监管机构。在功能监管模式下,金融业务类型被划分为银行业务、证券业务、保险业务,每种金融业务由不同的监管机构负责。机构监管与功能监管的最大的区别是:在功能监管中,按照金融业务类型,由监管机构分段、各司其职负责;而在机构监管中,即使金融机构涉及多种类型业务,仍然由所属监管机构对其实行并表监管或全面监管。[②] 实践中,美国在2008年金融危机前形成了双层多头的伞形功能监管模式。法国在2003年至2008年金融危机以前,采用的是牵头监管型功能监管模式。[③] 总之,功能监管模式以金融业务的功能来确定对应的监管归属。

(一)互联网金融功能监管模式

互联网金融功能监管模式是按照互联网金融业务的性质来划分、实施监管的一种模式,其核心是按照互联网金融的业务和风险来实施监管。这就意味着,无论什么机构只要从事了相同的金融业务,就要受到同等的监管。即假如互联网金融机构实施了类似于传统金融的功能,就会受到与传统金融相同的监管;如果不同的互联网金融机构从事了相同的业务,就会受到同样的监管。[④]

美国对互联网金融实行功能监管。第三方支付机构在美国被界定为非银行金融机构,不需要获得银行牌照,且其被视为货币服务机构,对其进行的监管从属于美国整体的功能监管框架。[⑤] 美国对第三方支付的监管重点在于第三方支付的交易过程。美国认为第三方支付是货币转移支付业务(属于货币服务业务),延伸了传统货币服务业,要求从事第三方支付业务

---

① Robert C. Merton, A Functional Perspective of Financial Intermediaton, *Financial Management*, Summmer 1995, 24(2), pp. 23 - 24.

② 张晓朴等:《金融监管体制选择:国际比较、良好原则与借鉴》,载《国际金融研究》2012年第1期。

③ 韩忠亮:《全球化背景下金融监管的博弈研究》,北京大学出版社2013年版,第146~150页。

④ 谢平、邹传伟、刘海二:《互联网金融手册》,中国人民大学出版社2014年版,第212页。

⑤ 巴曙松、杨彪:《第三方支付国际监管研究及借鉴》,载《财政研究》2012年第4期。

的机构必须获得联邦和州的许可，并要取得州监管部门取得专项业务许可证。[①] 因此，第三方支付必须满足资金、反洗钱、报告制度等方面的要求。联邦存款保险公司（Federal Deposit Insurance Corporation，FDIC）将第三方支付机构平台账号中的沉淀资金认定为负债，认为其不属于联邦银行法中界定的存款。FDIC 规定应当将沉淀资金存放在被保险的银行开设的无息账户（Pooled Account）中，客户享有对第三方支付机构的债权。目前，美国 SEC 认为 P2P 平台向贷款人发行、出售收益权凭证的行为是投资行为而非借贷行为，认为 P2P 网贷依据《证券法》和《证券交易法》属于证券交易行为，故对 P2P 网贷实行功能监管。美国证券监管机构对 P2P 网贷平台负有主要监管责任，美国 SEC 规定 P2P 网贷平台在 SEC 注册登记，并按照法规的规定定期披露相关信息，各州证券监管机构根据州的法律法规实行地域准入监管。美国从众筹的本质出发，通过制定并颁布 JOBS 法案以对众筹进行监管。美国 SEC 根据 JOBS 法案制定具体的众筹监管条例，负责监管相关公司进行的众筹融资以及所提供的任何股票交易活动，而且只有通过证券交易委员会认证的众筹平台才能运作。

法国对第三方支付的监管，从 2009 年起由法国金融审慎监管局（Autorité de contrôle prudentiel et de ré solution，ACPR）负责。开展第三方支付业务的机构，需要事先获得 ACPR 颁发的信贷机构牌照或者支付牌照（根据第三方支付机构的整体业务范围和支付业务性质），同时，法国还允许满足条件的企业在不申请相关牌照的情况下开展支付相关业务，即开展支付业务适用豁免。另外，符合条件的欧洲其他国家的第三方支付机构也可在法国开展支付业务。如果某个众筹机构的业务包括支付、发放贷款业务等则需要向 ACPR 申请信贷机构牌照；但如果某个众筹机构仅是中介机构，贷款由另一家具有资质的信贷机构发放，则该机构不需要申请信贷机构牌照，也不接受 ACPR 的监管。[②] 2014 年 10 月 1 日，法国《参与性融资法令》生效。法国创制了参与性投资顾问（CIP，即证券众筹顾问）和参与性融资中介（IFP，即借贷型众筹中介）两个新的牌照。CIP 是可以从事金融证券

---

① 31U. S. Code § 53. 5330.

② 温信祥、叶晓璐：《法国互联网金融及启示》，载《中国金融》2014 年第 4 期。

模式的众筹平台,IFP是可以从事借贷或捐助模式的众筹平台。涉及证券发行的CIP由金融市场管理局(Autorit é des marches financiers,AMF)负责,涉及借贷业务的IFP由审慎监管与处置局(ACPR)负责。证券模式平台注册为"证券众筹顾问"牌照,向法国金融市场监管局AMF注册。借贷平台必须在中介登记簿注册为"借贷型众筹中介"。持有证券众筹顾问牌照的平台可以同时申请使用借贷型众筹中介(P2P网贷)牌照。借贷型众筹中介牌照可以与其他金融服务商牌照同时使用。①

实行功能监管模式的意大利于2012年12月17日通过了《2.0号发展法案》,赋予创新型企业通过网络平台进行股权众筹合法地位,2013年6月26日,意大利证券交易所监管委员会出台18592号条例《关于创新型企业通过网络平台的股权筹集资本的规定》,为股权众筹提供具体法律规则,允许创新初创企业在线融资,规定唯一合法平台是符合一定设立条件并向意大利证券交易委员会(Commissione Nazionale per le Societae la Borsa,CONSOB)注册为门户(Portal)的网站,即所谓的股权众筹平台。该条例还明确规定了"门户"的注册标准和服务范围,以及门户的负责人即门户经理在经营中所负的相应义务。②

我国现行的金融分业监管框架影响着互联网金融的监管。互联网金融的监管体现出机构监管上的功能监管。中国人民银行等十部委发布的《互联网金融意见》规定,互联网支付业务由中国人民银行负责监管,互联网保险业务由保监会负责监管,银监会负责监管互联网消费金融业务、互联网信托业务、网络借贷业务,证监会负责监管互联网基金销售业务和股权众筹融资业务。总之,在功能监管框架下,没有必要限制互联网金融平台的业务范围,只要按规则申请牌照(或者备案)即可。③

(二)互联网金融功能监管模式的评价

互联网金融借助互联网技术与平台使资金从闲置状态流向到高效率使用状态,最大限度地实现了金融资源的高效配置和普惠金融。互联网金融

---

① 顾晨:《法国众筹立法与监管介绍》,载《互联网金融与法律》2014年第10期。

② 顾晨:《欧洲众筹市场现状与监管评述》,载《互联网金融与法律》2014年第10期。

③ 张承惠:《中国互联网金融的监管与发展》,载《金融论坛》2016年第10期。

监管的关键之处就在于防控互联网金融风险,保障金融体系的稳定,保护长尾大众金融消费者的权益,促进互联网金融有序发展。

1. 互联网金融功能监管模式的优势

无论互联网金融产品与业务模式如何创新与发展,都不可能脱离根据其功能和业务类型进行监管的功能监管模式的覆盖。因此,按照互联网金融的业务和功能来实施的功能监管模式,具有机构监管无法比拟的优势:

第一,功能监管有利于互联网金融的创新,能更好地促进互联网金融的发展。在金融领域,互联网以其特有的去中心化、扁平化、自组织的特质,在互联网技术与生产要素的聚合中,展现着投融资、支付和信息中介的金融本质,区别于传统金融形态。互联网金融的创新与发展打通了场内和场外市场交易,改变了传统的交易模式,模糊了场内与场外、私募与公募、金融机构与非金融机构和零售市场与批发市场的概念。随着互联网金融的发展,其大混业、大融合、大金融的趋势日渐明朗。① 而机构监管模式按照金融机构的类型划分监管部门,出现跨机构、跨市场的互联网金融产品或业务时,传统的机构监管模式难以实施有效的监管,且通过传统的方式监管互联网金融会扼杀互联网金融的创新。包容性的制度可以鼓励金融创新,而僵化、封闭的制度必然会抑制和扼杀金融创新。机构监管限制了不同金融机构的业务进行相互交叉融合与创新。申言之,传统分业监管、分兵把守的思路必然会割裂互联网经济的价值链条,使各机构及业务形成一个个"孤岛",由此产生的结果无非两种,要么互联网金融平台难以维系,要么滋生无数规避行为,加大经营成本和监管成本。② 互联网金融功能监管模式依照互联网金融产品与服务的基本功能划分监管机构,能高效、清晰地划分互联网金融创新产品的监管权属问题。例如,美国对 P2P 网贷的监管是在现有的监管体制下,认定 P2P 网贷平台发行的收益权凭证为证券,主要归入美国 SEC 监管。美国 P2P 网贷的业务量截至 2014 年年底,Lending Club 的总贷款额已超过 70 亿美元,Prosper 的总贷款额已超过 20 亿美元,SoFi 的总贷款额

① 杨东:《互联网金融监管体制探析》,载《中国金融》2014 年第 8 期。

② 张承惠:《中国互联网金融的监管与发展》,载《金融论坛》2016 年第 10 期。

超过13亿美元。随着P2P借贷的创新发展，美国的P2P借款端业务开始多元化：Lending Club增加小企业贷款和医疗贷款，SoFi增加房地产抵押贷款业务等。[①] 截至2015年2月8日，法国Prêt d'Union累计成功发放贷款1.4亿欧元。在平台业务创新方面，西班牙的Comuniate由原来传统的P2P网贷模式（个人对个人的信用借贷），转变成P2B平台，即专门开发小型企业贷款。2014年Comuniate成功撮合借款3492笔，放贷金额为1.4亿欧元，比2013年增长了448%，其借款中82%为小企业贷款，18%为个人贷款。[②]

第二，功能监管可以保障监管专业化，提高监管效率。互联网金融体现了金融创新和业务交叉的融合发展，但它并没有改变金融的本质及其金融功能。互联网金融产品大都涉及银行、证券、保险等多种业务，在某种程度上深化着我国金融业的混业发展。在混业经营条件下，传统的机构监管模式缺乏监管的专业性和针对性，容易引起监管的缺位或者重复。例如，在互联网金融的发展过程中，针对互联网金融的创新和跨界混合发展而提供的金融产品和服务，我国传统的机构监管模式无法明确互联网金融产品的性质及定位，导致监管的盲区日益扩大，放任了互联网金融产生的风险。而互联网金融的功能监管则现定同一种给定的互联网金融产品或服务活动由同一个监管者进行监管，而无论谁从事这种活动。互联网金融推动了金融业综合化和混业化经营的趋势。从长远来看，互联网金融功能监管能提升专业监管水平，进而提高监管效率，实现对口化监管。综观国际上实行功能监管的国家，大多都针对互联网金融产品或服务实行专业化的、针对性的监管。比如，美国按照货币转移支付业务对第三方支付进行功能性监管，按照证券业务对P2P网贷和众筹由美国SEC进行功能监管；法国对第三方支付根据其支付业务的性质及范围由ACPR进行监管，从事相关业务需要获得ACPR颁发的信贷机构牌照或者支付牌照。AMF和ACPR负责对众筹活动监管，CIP由AMF负责监管，从事相关业务需要向AMF注册取得“证券众

---

① 零壹研究院：《中国P2P借贷服务行业白皮书》（2015），东方出版社2015年版，第19页。

② 同上书，第39页。

筹顾问”牌照，IFP 由 ACPR 负责监管，从事相关业务需要注册取得“借贷型众筹中介”牌照；[①]意大利将 P2P 网贷界定为银行类机构进行相应监管，对股权众筹由 CONSOB 进行监管。总之，互联网金融产品或服务交叉广、参与主体范围大。针对不同类型的互联网金融产品或服务，按照其金融业务的功能和性质来确定相应的监管部门，制定相适用的监管规则，有利于互联网金融监管的专业化，提高监管效率。

第三，功能监管有利于保持监管的一致性，避免监管套利。同一互联网金融业务类型适用完全相同的监管规则，保持了监管的一致性，避免了监管套利。对不同金融机构的同一业务适用不同的监管规则，则会导致监管套利。申言之，互联网金融功能监管，更有利于在互联网金融跨机构、跨行业的金融创新产品市场避免互联网金融产品创新的监管真空或者监管标准不一致等问题。即如果从事相同或相似的互联网金融业务，就要受到相同的监管，而无论是什么机构。美国、法国、意大利等国对众筹、P2P 网贷、第三方支付等业务按照其金融功能设定的监管规则都是同一标准、明确化的，保持了监管的一致性和连续性。

第四，功能监管有利于实现监管公平，促进合理竞争。同等的激励或者约束条件是进行公平竞争的基本前提。在机构监管模式之下，银行、证券、保险等业务在不同监管机构监管之下的激励与约束条件不尽相同，甚至在某些方面大相径庭。[②] 而按照互联网金融业务的功能设计监管规则可以保证同一业务类型适用完全相同的监管规则，有利于促进互联网金融市场统一、破除行业壁垒、确保公平竞争、优化资源配置。比如，美国的 P2P 网贷业务，无论是 Lending Club 还是 Prosper 都要接受美国 SEC 统一监管规则的约束，进行登记、信息的披露等，除此之外，还须在特定的州政府进行登记并申请营业许可。这就意味着二者可以在同等的规则下开展 P2P 网贷业务，公平合理的竞争，共同促进美国 P2P 网贷市场的发展。截至 2014 年年底，Lending Club 的平均投资收益率为 8.86%，2014 年 12 月 11 日，Lending Club 成功登陆纽交所，IPO 价格为 15 美元，上市首日涨至 23.43 美元，涨幅

① 顾晨：《欧盟众筹市场与监管制度研究》，载《金融法苑》2014 年第 2 期。

② 廖凡：《金融市场：机构监管？功能监管》，载《金融市场研究》2012 年第 6 期。

高达56.2%，成为全球首个在美股市场上市的P2P网贷企业。Prosper的2014年度借款总额接近16亿美元，相比2013年的3.5亿美元增长347%。[①] 从这些数据不难看出，美国对P2P网贷实行功能监管有利于P2P市场的合理竞争和促进繁荣，实现监管公平。

2. 互联网金融功能监管模式的缺陷

虽然功能监管有其独特的优势，但也要认识到互联网金融的功能监管不是万能的，有其固有的缺陷。

第一，难以有效地防范系统性风险。互联网金融是互联网技术与金融的融合，具有金融风险的隐蔽性、广泛性、突发性和传染性，且极易借助互联网快速地传播、扩散和放大，造成系统性的风险。在混业经营的趋势与格局下，互联网金融的功能监管主要侧重于每一种互联网金融业务本身的安全性，只注重特定的金融产品或服务，比如众筹、P2P网贷、第三方支付等业务。而同一互联网金融机构有可能经营多元化的业务，这使得高风险业务可能传染到同一机构的低风险业务，单纯的互联网金融功能监管对此难以防范。审慎监管注重风险防范与控制，微观层面上，对特定金融机构的审慎要求集中在整体上的风险与债务清偿能力，对于金融集团，审慎还要集中考虑集团层面的整体风险状况；在宏观层面上，审慎要求侧重于整个金融行业的系统性风险的防控。[②] 因此，互联网金融功能监管只关注特定的金融产品或服务，而不是机构本身，无法完整的获得一家互联网金融机构的所有业务和风险信息，也无法防控不同行业的风险交叉传递，更无法从整体上防范系统性风险，把握所面临的审慎监管风险。例如，一家经营多种互联网金融业务的金融集团包含P2P网贷、第三方支付、众筹等一系列互联网金融产品或服务，按照功能监管，同一业务受同一监管机构监管。这就意味着，每个特定的监管机构只关注其监管的某种特定互联网金融产品或服务，只掌握此种类型所产生的金融风险。但是，这种只关注局部的功能监管无法从整体上掌握所有业务的信息和所产生的风险，以及高风险业务向低风险业

---

① 零壹研究院：《中国P2P借贷服务行业白皮书》（2015），东方出版社2015年版，第20页。

② 同上。

务传染的风险,以此类推,更难以掌握所有互联网金融机构的全部信息和风险状况。最典型的例子,莫过于我国的蚂蚁金融服务集团,目前其业务涉及支付宝、芝麻信用、蚂蚁小贷、余额宝、招财宝等多种类型的互联网金融业务。因为功能监管只关注相同的特定业务的局部监管,所以其难以在整体上对互联网金融产生的风险进行把握。就互联网金融而言,功能监管并不足以覆盖整个金融体系的风险。虽然监管金融机构的业务具有重要的意义,但出现严重的风险时,确保金融机构的债务偿付能力更为重要。①

第二,对互联网金融创新产品难以清晰归属其监管机构。互联网金融在融合互联网精神与金融功能的基础上不断地创新与发展,故互联网金融产品或服务多是打破了传统金融产品或服务的边界而形成的具有混业经营、跨界、跨机构综合化发展特点的产品或服务。功能监管的前提在于不同的金融产品在功能上是可以划分并能明确其监管归属的,这就使得互联网金融创新产品出现以后无法明确地归属到某个具体的监管机构。这不但导致了监管权力的争夺,更会抑制互联网金融的创新。例如,P2P 网贷业务创新出现以后,如何划分、归属监管就是一大问题。较之其他国家,美国对 P2P 网贷监管介入较早。虽然 SEC 以 P2P 网贷平台发放的收益权凭证为证券为由对其进行主要监管,但是对 P2P 网贷这种新型产品的划分与监管归属仍有争议。比如,美国 GAO 在 2011 年 7 月提交的关于 P2P 的报告《人人贷——行业发展与新的监管挑战》中提出的一种监管方案是由新组建的 CFPB 来进行监管;②安德鲁 · 威斯坦认为美国证券会 SEC 对 P2P 失误的监管影响了 P2P 行业的发展,认为 SEC 的监管是失败的,一个统一的、新的监管方式即 CFPB 是比较好的监管方式,能保证借款人和放款人及这个行业的发展;③保罗 · 斯莱特里认为 CFPB 比较适合解决 SEC 监管带来的监管成本过大、不利于保护金融消费者、抑制金融创新等问题。④ 可见,互联

---

① 于永宁:《后危机时代的金融监管变革之道》,法律出版社 2013 年版,第 28 页。

② GAO, *Person-to-Person Lending: New Regulation Challenges Could Emerge as the Industry Grows*, 2011, p. 42.

③ Andrew VersteinE, The Misregulation of Person-to-Person Lending, *UC Davis Law Review*, 2011, 45(2) pp. 445 – 530.

④ Paul Slattery, Square Pegs in a Round Hole: SEC Regulation of Online Peer-to-Peer Lending and the CFPB Alternative, *Yale J. on Reg*, 2013, 30(1), p. 233.

网金融功能监管模式在某种程度上存在创新产品难以清晰归属监管机构的问题。

第三,增加互联网金融机构的成本。互联网金融机构如果提供不同功能的产品或服务,按照功能监管的原则,就要接受不同监管机构的监管。这就意味着互联网金融业务功能越多,监管者就越多,这势必会造成互联网金融机构的成本过高,加重其监管负担。例如,经营多项业务的一家互联网金融机构要面临 P2P 网贷、众筹、第三方支付等多个不同监管部门的监管,势必会增加其合规成本。出现互联网金融产品或服务创新且无法划分其功能与监管归属时,也会导致其被重复监管,增加互联网金融机构的合规成本。例如,在创新发展过程中,各国的 P2P 借贷行业也从小额信贷开始,逐步向小企业贷款、票据融资和抵押贷款发展,说明资产多元化是 P2P 网贷发展的清晰走向。① 如果 P2P 网贷突破了原有的借贷边界,朝着多元化、跨行业的方向创新发展,对其进行功能监管势必会增加 P2P 借贷机构的合规成本。

二、互联网金融目标监管模式及评析

英国经济学家迈克尔·泰勒(Michale Taylor)于 1995 年提出基于金融监管目标构建金融监管模式的思想,即"双峰"理论(Twin Peaks,或被称为目标监管)。金融监管的目标包括两类:一类是确保金融体系的稳定性和可靠性,即金融系统的保护(Systemic Protection);另一类是保护个体的存款者、投资者和投保人,因为在某种程度上来说,他们没法被合理预期来保护自身的利益,即金融消费者保护(Consumer Protection)。② 1998 年,查尔斯·古德哈特(Charles Goodhart)等人指出金融监管应该有限定范围的目标,即金融监管的目标是维护金融系统的稳定和保护金融消费者。③ 因而,

---

① 零壹研究院:《中国 P2P 借贷服务行业白皮书》(2015),东方出版社 2015 年版,第 43 页。

② Michaell Taylor, Twin Peaks: A Regulatory Structure for the New Century, *Center for the Study of Financial Innovation London*, 1995(12), pp. 2 – 7.

③ Charles Goodhart, Philipp Hartmann, David Llewellyn, Lilana Rojas-Suarez, Steven Weisbrod, *Financial Regulation: Why, How and Where Now?*, Routledge, 1998, p. 207.

目标监管模式是基于金融监管目标来构建的监管模式。据此,目标监管模式包括两类机构:一类是金融审慎监管机构,这类机构针对系统性风险,旨在维护金融体系的稳定;一类是行为监管机构,旨在防范与纠正金融市场的欺诈行为,保护消费者权益。“上个世纪末(截至20世纪末),许多国家已经开始重新调整其金融监管制度的结构。如今银行业、证券业、保险业之间的传统界限已经变得模糊,这些改革举措就是回应当今金融市场日益一体化对监管的挑战。”①2008年金融危机之前,澳大利亚率先采取了这种目标模式,随后是荷兰。2008年金融危机之后,澳大利亚和荷兰的金融体系恢复良好,澳大利亚经济与金融产业表现尤为出众,这与其金融目标监管模式有着密切的联系。② 2012年,英国开始实施“准双峰”的金融目标监管模式,以此替代单一监管模式。

(一)互联网金融目标监管模式

互联网金融目标监管模式是指根据迈克尔·泰勒的“双峰理论(Twin Peaks)”在互联网金融领域内实施审慎监管和行为监管的一种监管模式。对互联网金融而言,目标监管模式是以保持金融的稳定与保护金融消费者为目标构建的监管制度。对于互联网金融机构来说:一方面基于金融稳定的目标实施审慎监管,通过对互联网金融相关风险的分析防范和化解系统性风险,审慎监管机构可以对可能危害金融安全的互联网金融机构实施监管和处罚;另一方面,实施行为监管,保障互联网金融消费者权益。行为监管的主要任务是维护互联网金融市场的公正和透明,监督互联网金融机构对待消费者的行为,维持消费者信心。这正如迈克尔·泰勒将审慎监管机构类比为“医生”,其职业特性使得其在发现病因后寻求治愈,而不是对当事人追究责任;将行为监管机构类比为“警察”,其职业特性使得其侧重于对违纪行为立即处罚。③ 审慎监管的目标与行为监管(保护互联网金融消费者)的目标是互相独立的,且由不同的监管者来执行。审慎监管的立足

---

① Michael Taylor, Road from Twin Peaks-and the Way Back, *Connecticut Insurance Law Journal*, 2009, 16(1), pp. 62 – 63.

② 钟震、董小君:《双峰型监管模式的现状、思路和挑战》,载《宏观经济研究》2013年第6期。

③ Howard Davies, David Green, *Global Financial Regulation: The Essential Guide*, Polity Press, 2008, p. 192.

点是保护金融机构的安全,行为监管的立足点是保护金融消费者的权益,两者看似对立,实则统一。消费者权益如果得不到切实维护,最终将酝酿成金融风险,从而危机金融机构的安全。[①] 面对全球化的金融创新与金融自由化趋势,特别是以互联网金融为代表即以互联网技术与思想为基础的金融业务交叉创新与混业经营的浪潮,互联网金融目标监管模式可以前瞻性地作出适时、合理、高效的监管。在互联网金融的监管上,英国、澳大利亚、新西兰等都是使用目标监管模式的典型代表。

国际金融危机之前,英国将互联网金融行业纳入金融服务局(FSA)负责监管。[②] 国际金融危机之后,英国按照《2012 年金融服务法》对互联网金融采用目标监管模式。互联网金融的审慎监管由 PRA(Prudential Regulation Authority,PRA)负责,FCA 负责监管互联网金融机构的商业行为与服务行为。针对 P2P 网贷和众筹等互联网金融业务的蓬勃发展,2014 年 3 月 6 日,FCA 正式发布《FCA 众筹监管规则》,该规则于 2014 年 4 月 1 日开始实施。FCA 作为监管互联网金融行业行为的官方机构,主要侧重于对行业规范做顶层设计,而且设计这套监管办法是以保障消费者为出发点,希望促进众筹行业的有效竞争。因此,该规则对借贷型众筹(P2P 网贷)从业务规则的实施(特别是信息披露和营销方面)、最低资本金要求、客户资金保护规则、争端解决规则和公司采取合理步骤等方面进行规定,以确保在公司陷入困境的情况下现有贷款能够继续运行。FCA 将其原则和核心条款规则应用到以借贷为基础的众筹平台运营之中,将投资型众筹及类似的活动认定为"不可随时变现证券"(Non-Readily Realizable Security),将"非上市股份"和"非上市债务证券"纳入 FCA 的监管范围之内。通过对特定投资者进行限定(仅限于成熟投资者和特定种类的普通投资者)、信息披露与尽职调查等方面的要求实现监管目标。在投资型众筹监管中,不同的投资者对应着不同程度的限制,也就是说通过对投资者进行不同程度的限制来将其可能带来的风险损失控制在限定的范围内。FCA 对平台的监管主要

① 尹优平、盛浙湘:《互联网金融消费者权益保护研究:基于行为金融监管的视角》,中国金融出版社 2017 年版,第 49 页。

② 于蔚、钱水土:《互联网金融监管的国际经验》,载《中国金融》2015 年第 1 期。

集中于使平台确保投资者知悉可能面临的风险。总之，FCA 力求保护投资者，并且从投资者利益出发力求促进众筹市场的有效竞争与发展。

澳大利亚虽然还没有出台正式的对 P2P 网贷和众筹等互联网金融的监管法规，但是在其现有的法规体系内，对互联网金融的监管体现的依然是目标监管模式。马修·维塔勒认为澳大利亚现有的监管框架能够适应众筹的发展。[①] 澳大利亚证券与投资委员会（Australian Securities and Investment Commission，ASIC）负责监管互联网金融市场行为与保护消费者。2012 年 8 月 14 日，ASIC 发布了一项关于众筹的指南并指出众筹存在的风险，同时强调按照现有的法规，众筹是受 ASIC 监管的。[②] 澳大利亚公司和市场咨询委员会（Corporations and Markets Advisory Committee，CAMAC）于 2013 年 9 月提出了一份众筹监管建议，建议股权众筹中介机构在从事该业务之前要获得 ASIC 的许可，还建议针对股权众筹应该制定一种特别的许可体制，既便于监管，又能促进股权众筹的发展。[③] 澳大利亚审慎监管局（Australian Prudential Regulation Authority，APRA）对包括互联网金融在内的整个金融体系的安全与稳健实行审慎监管。

新西兰对金融市场的监管也是双峰监管模式，即目标监管模式。新西兰储备银行（The Reserve Bank of New Zealand，RBNZ）负责对金融的审慎监管，确保金融的安全稳定；2011 年成立的新西兰金融市场管理局（Financial Markets Authority，FMA）负责对金融行为进行监管，以保护金融消费者，其主要目标是推动和促进新西兰金融市场更加公平、高效、透明以及保护消费者。2014 年 4 月 1 日，众筹和 P2P 网贷在新西兰正式合法化。新西兰根据《2013 年金融市场行为法》（Financial Markets Conduct Act 2013）和《2014 年金融市场行为监管规则》（Financial Markets Conduct

---

① Matthew Vitale，"Crowdfunding：Recent International Developments and Analysis of Its Compatibility with Australia's Existing Regulatory Framework"，http://dx.doi.org/10.2139/ssrn.2324573，Dec. 6，2013.

② ASIC，"12 – 196MR ASIC Guidance on Crowdfunding"，http://www.asic.gov.au/asic/asic.nsf/byheadline/12 – 196MR + ASIC + guidance + on + crowd + funding，Dec. 6，2013.

③ CAMAC，"Crowd Sourced Equity Funding Discussion Paper"，http://www.camac.gov.au/camac/camac.nsf/byHeadline/PDFDiscussion + Papers/ $ file/CSEF_DP_Sept13.docx，Dec. 6，2013.

Regulations 2014),规定由新西兰 FMA 负责众筹和 P2P 网贷行业的金融市场行为监管,众筹和 P2P 网贷的中介牌照必须向 FMA 申请并由其颁发。FMA 从投资限额、网络平台的资格与义务、投资人的资格与义务等方面对众筹和 P2P 网贷进行金融市场行为监管,以保护投资者。众筹和 P2P 网贷所产生系统性风险会影响金融安全与稳定,由新西兰 RBNZ 实行审慎监管。

(二)互联网金融目标监管模式评析

1. 互联网金融目标监管模式的优势

一个良好的互联网金融监管模式,既能规范当下互联网金融的发展,又能适应互联网金融模式在未来的创新发展。[①] 其优势在于以下几个方面:

第一,它能覆盖互联网金融市场的整个风险,并缓解审慎监管和消费者保护之间的矛盾。互联网金融根植于金融市场,可以跨界、跨国经营,而且它在机构之间、业务种类之间、国家之间的关联性较大。因此,互联网金融具有一般性风险和特殊性风险,使得互联网金融的风险具有危害大、扩散迅速、传染快、范围广等特质。对互联网金融这一新生事物的监管应该实现无缝衔接和全面覆盖。目标监管模式恰好能实现对互联网金融风险的全面覆盖。相比较而言,互联网金融目标监管模式能有效地防范系统性风险,相对于机构监管模式,它能实现对交叉业务的有效监管,适应互联网金融的混业发展趋势。互联网金融目标监管模式在分别独立的审慎监管和消费者保护目标下,对互联网金融影响金融安全的风险进行监管,做到对整个金融市场风险的全覆盖。在金融危机爆发以前,其他的金融监管模式容易出现为了实现审慎监管的目标和维护金融体系的安全而牺牲掉消费者保护的目标,造成很严重的后果。对互联网金融采用目标监管模式正是吸取了金融危机的教训,目标监管模式恰能缓解审慎监管与金融消费者保护内在的矛盾。如果对互联网时代的“长尾”大众消费者保护不力则会造成负面影响面更大、范围更广、传播更快、破坏力更深的风险。实行目标监管模式的国家的互联网金融蓬勃发展就是最好的证明。例如,在目标监管模式下,英国 FCA 对众筹监管是从适度保障消费者出发,并在此基础上促进众筹业的有

---

① 欧阳日辉主编:《互联网金融监管:自律、包容与创新》,经济科学出版社 2015 年版,第 103 页。

效竞争。因此,一方面对 P2P 网贷、众筹在内的业务,由 FCA 进行行为监管以保护消费者权益;另一方面,微观审慎监管由 PRA 独立负责,监管互联网金融机构,以提升被监管金融机构的安全性和稳健性为目标。如果互联网金融产生影响整个金融安全与稳定的系统性风险,就会由金融政策委员会(Financial Policy Committee,FPC)负责宏观审慎监管。FPC 专门针对互联网金融,识别、系统监控、管理对金融系统安全和稳健及对实体经济产生影响的风险。通过良好的目标模式的架构与运作及监管规则的引导,英国 P2P 网贷市场总值在 2014 年达到了 12 亿英镑。①

第二,它能更好地保护"长尾"金融消费者。互联网金融利用互联网大大拓展了交易可能的边界,覆盖了大量被传统金融忽视的长尾大众。因而,互联网金融与传统金融相比体现出了其特殊的问题:其一,在参与互联网金融交易的过程中,"长尾"金融消费者是弱势的一方,由于他们金融知识相对欠缺、对风险的识别与承受能力有限,所以极易遭受误导与欺诈等不公正的待遇;其二,金融消费者"长尾"的特质即投资小额、分散,所以在互联网金融市场中易产生"搭便车"的问题,进而容易造成市场纪律失效;其三,大量的金融消费者聚集在网络平台上,容易发生集体的非理性和个体非理性行为,造成风险的聚集;其四,由于长尾消费者人数众多,如果出现互联网金融风险会对社会造成非常大的负外部性。鉴于此,互联网金融的监管必不可少,而对互联网金融消费者的保护更是重中之重。② 如果削弱对金融消费者的保护,无论是什么金融行业或者产品,都可能造成更大的损失。③在金融目标监管模式下,金融消费者保护作为独立的目标不受其他因素的干扰,通过行为监管更能保护好消费者。这种模式可能是确保市场透明度、市场诚信和足够的、保护消费者的最优的方法,在这种模式下,监管机构分别给予投资者保护和市场行为管理以单独的关注,特别是给予了零售消费

① 慕楚:《2014 年英国 P2P 借贷市场总值达 12 亿英镑》,载移动支付网:http://www.mpaypass.com.cn/news/201502/03163850.html,2015 年 3 月 28 日最后访问。

② 谢平、邹传伟、刘海二:《互联网金融手册》,中国人民大学出版社 2014 年版,第 214 ~ 215 页。

③ Howard Davies, David Green, *Global Financial Regulation: The Essential Guide*, Polity Press,2008,p.192.

者充分的保护。[①] 例如,英国 FCA 在 P2P 网贷监管规则上,通过对客户资金规则、争议解决和金融监督服务机构的准入、信息披露等方面进行规定,以此来达到保护 P2P 借贷投资者的目标。具体而言,假如 P2P 网贷平台破产,为了保护客户的利益,则先对现存的借贷合同作出合理安排,继续管理,再按照客户资金分配规则(CASS7A)的规定,归还客户的资金。如果遇到纠纷则按如下的程序处理:投资者先向网络平台投诉,如果没有得到满意的答复,则可以投诉到专业机构即金融申诉专员(Financial Ombudsman Service,FOS),由专员处理纠纷。如果网贷平台无二级转让市场,那么投资者有 14 天的反悔期,在此期间内投资者可以随时取消投资且不需要承担任何违约责任。网贷平台必须明确告知消费者有关它的商业模式和延期或违约贷款评估方式的信息。网贷平台进行金融推介时必须要无误导、公平和清晰。除此之外,网站与贷款的细节都将被视为金融推广并进行监管。在股权众筹上,从投资者适当性和投资额度的限制等方面进行规定以保护众筹投资者。[②] 新西兰 FMA 对 P2P 网贷和众筹主要通过投资限额、平台信息披露的方式来保护投资者。

第三,它能平衡监管与创新,促进互联网金融创新。一个好的互联网金融监管模式应当具备相当的包容性与开放性,这种包容性既能允许互联网金融模式的持续创新,又能为互联网金融持续创新的模式前瞻性地提供规范。[③] 目标监管模式在国际金融危机之后被证明具有有效性。目前,互联网金融处于发展的初期,创新潜力巨大。互联网金融的混业、跨界、创新发展在目标监管模式下可以前瞻性地界定其创新业务模式所归属的监管部门,从而及时、有效地提供监管。两个金融机构承担不同的监管目标:一个金融机构负责维护整个金融系统的稳定,即实施审慎监管;另一个金融机构

---

① G30, *The Strcture of Financial Supervision: Appeoaches and Challenges in a Global Marketplace*, Washington DC, 2008, p. 38.

② The FCA's Regulatory Approach to Crowdfunding over the Internet and the Promotion of Non-readily Realisable Securities by other Media.

③ 欧阳日辉主编:《互联网金融监管:自律、包容与创新》,经济科学出版社 2015 年版,第 103 页。

旨在保障金融机构以公平与透明的方式与客户进行交易，即实施行为监管。[①] 如此一来，互联网金融的创新就有监管的因势利导，可以促进其更大的、有益的创新。英国 P2P 网贷的创新发展就是最好的佐证。英国的 P2P 网贷监管机构是 FCA，FCA 针对 P2P 网贷行业的监管规则先进行公众意见咨询，并根据反馈意见正式出台监管规则，FCA 还计划在 2016 年对现行的监管规则进行复查与评估，之后根据情况决定是否进行修订。

第四，目标监管模式促进了监管专业化，提高了监管的效率。对互联网金融采用目标监管模式旨在获得对互联网金融监管的高效率和有效性。根据查尔斯·古德哈特等人的观点，设计监管结构的最终标准应当是该监管的有效性和高效率能满足其监管的基本目标。因为当监管目标是清晰和准确之时，明确监管机构的权力，监管才是最有效和高效率的；只有明确了监管机构的责任，才能使监管更有效、更透明；只有明确各监管机构的目标，才能确定各自监管的重点，避免各个监管目标之间的冲突。[②] 互联网金融的目标监管模式，首先确定了审慎监管和通过行为监管保护消费者这两大重要目标。对 2008 年国际金融危机进行反思的结果即金融监管不可偏废金融消费者保护，而且要保障其监管目标的独立性。如此一来，既能审慎监管互联网系统性风险，确保金融安全；又能保障"长尾"大众消费者的权益。因此，在互联网金融目标监管模式下，行为监管机构和审慎监管机构都可以采用专业化的人才实施专业监管。对于审慎监管机构而言，需要的是经济、金融方面的专家，而行为监管机构则需要互联网金融、法律等方面的实施监管规则的专家。两个监管机构相互独立，明确各自的监管目标及监管重点，发挥各自的专长，实现监管的效率和有效性，更有利于互联网金融的发展。英国、新西兰等国的审慎监管机构和行为监管机构对互联网金融的监管都是在审慎监管目标和金融消费者保护目标下实行专业化的监管，提高了互联网金融监管的效率和有效性。一个很好的例子就是英国的股权众筹增长最为迅猛。虽然英国行业众筹融资网站的规模要显著低于美国，但在英国，

① Michael Taylor, Road from Twin Peaks-and the Way Back, *Connecticut Insurance Law Journal*, 2009, 16(1), p. 93.

② Charles Goodhart et al., *Financial Regulation: Why, how and where now?*, Routledge, 1998, p. 178.

无论是国家还是行业协会对众筹融资项目的政策扶持力度和立法完善程度及监管都非常全面。故与美国相比,英国众筹融资网站的生产空间与行业未来发展都要更胜一筹。[①]

2. 互联网金融目标监管模式的缺陷

世界上没有一个固定、统一、最优的金融监管模式,互联网金融目标监管模式也不例外。它也存在不足之处:

第一,目标监管在目标选择上存在冲突性与简单化。在互联网金融目标监管模式下,监管目标设定为审慎监管与消费者保护。互联网金融的审慎监管又分为微观审慎监管和宏观审慎监管,前者指的是针对单个互联网金融机构安全与稳健经营的监管;后者针对的是互联网金融对金融系统的安全和稳健运行以及实体经济影响的监管。行为监管是对互联网金融基础设施、互联网金融机构以及相关参与者行为的监管。[②] 行为监管旨在促进互联网金融交易的安全、公平、有效竞争,从而更好地保护消费者权益。在目标监管模式下,如果互联网金融产生了影响金融安全的系统性风险,在目标选择上基于宏观审慎监管的需要,就会发生保护金融消费者失败的情形。两种目标发生冲突时,基于优先性的选择,主观上依然会以审慎监管为主,牺牲消费者保护这一目标。此外,对互联网金融监管两个目标的设定过于简单。因为金融监管职能至少可以划分为六种(或者可能是七种):金融系统稳定性;危机管理;具有系统重要性机构的审慎监管;不具有系统重要性机构的审慎监管;销售行为监管;市场行为监管(竞争政策是可能的第七种监管职能,尽管它适用于金融服务之外的很多部门)。[③] 互联网金融既有金融的本质属性,又有不同于传统金融的特殊之处,而且随着互联网技术发展与金融创新的深度融合,对互联网金融的监管,应在金融监管目标设定上综合考量其特质,比如考量互联网金融危机管理等目标。

第二,目标监管模式易增加互联网金融机构的成本,影响监管效率。在

---

① 欧阳日辉主编:《互联网金融监管:自律、包容与创新》,经济科学出版社 2015 年版,第 260 页。

② 谢平、邹传伟、刘海二:《互联网金融手册》,中国人民大学出版社 2014 年版,第 216 页。

③ Michael Taylor, Road from Twin Peaks-and the Way Back, *Connecticut Insurance Law Journal*, 2009, 16(1), pp. 94 – 95.

目标监管模式下，互联网金融机构的审慎监管和行为监管之间并没有很清晰的界限，执行各自目标的监管机构容易在资本要求与信息披露等方面冲突加剧。尤其当二者都聚焦于相同的问题时，势必会造成一个互联网金融机构同时受到审慎监管机构与行为监管机构的双重监管，增加金融机构的成本，进而影响监管的效率。例如，英国行为监管局 FCA 对借贷型众筹（P2P 网贷）的监管考虑到借贷型众筹几乎没有审慎要求，所以设定了最低资本要求与审慎标准，即从过渡初期的 2 万英镑到最终 5 万英镑的固定最低资本要求，同时还规定了信息披露等方面的要求。当审慎监管机构对大型或复杂的借贷型众筹公司进行审慎监管时，FCA 同时又对其进行业务行为监管，如果聚焦在相同的问题上时诸如信息披露等方面，无疑会增加互联网金融机构的交易费用，影响监管的效果。

综上所述，目标监管模式围绕审慎监管和互联网金融消费者保护，全面覆盖了互联网金融市场的风险。它不但保持了监管的统一性，还避免了监管套利和监管机构过度竞争，提高了监管的效率和有效性，充分地保护了金融消费者，更有利于互联网金融的创新与长足发展。

第二节　互联网金融监管基本原则的确定

按照《元照英美法律词典》的解释，原则（Principle）是指基本原理或行为准则[①]。根据《布莱克法律词典》，原则（Principle）是指法律的基本真理或准则[②]，它构成其他规则的基础或根源。因而，互联网金融监管的原则是监管部门在监管互联网金融过程中的行为准则或者基本原理。监管原则的确定对互联网金融监管及互联网金融的发展至关重要。[③] 因此，本节重点论述互联网金融监管的基本原则，主要包括：鼓励创新与风险防范相结合原则、适度原则、金融消费者保护原则、依法监管原则、监管协调原则。

---

① 薛波主编：《元照英美法律词典》，法律出版社 2003 年版，第 1091 页。

② Bryan A. Gamer, *Black's Law Dictionary*(8*th ed.*), West Group, 2004, p. 3777.

③ 岳彩申：《互联网金融监管的法律难题及其对策》，载《中国法律》2014 年第 3 期。

一、鼓励创新与风险防范相结合原则

金融创新对经济长期发展而言是必不可少的。[①] 在后危机时代及信贷紧缩的背景下，互联网金融基于互联网的技术与思想基因，在融合金融的基础上，立足于市场内在需求，不断创新发展，由此也决定了创新是其永恒的主题。同时，互联网金融在创新中不断发展和壮大。它顺应了互联网时代小额投融资的需求，能解决新兴成长小微企业的资金需求并满足"长尾"大众投融资等理财服务的需要。互联网金融成为具有低成本、高效率、大众化、小额化、强创新、网络化特点的新生事物。它在促进金融资源的合理配置、服务金融消费者、促进实体经济的发展等方面具有无法替代的作用。总而言之，互联网金融监管的宗旨并不是限制或者扼杀互联网金融，而是鼓励创新、保护创新和规范创新。[②] 因此，互联网金融监管应该坚持鼓励创新原则，即互联网金融创新应以市场为导向，奉行服务实体经济的理念，努力提高金融服务的效率和质量。随着经济的发展与金融的创新，监管部门也必须对其监管作出相应的调整，并为金融市场参与者提供合意的激励。如此，互联网金融通过互联网技术与平台，把信息技术的创新成果与金融深入地融合，进而有效地推动金融业的组织变革，促使金融组织体系更加多元化。否则，阻碍金融创新的互联网金融监管将使技术进步和经济增长的步伐放慢。

同时，互联网金融的创新不能脱离监管，并要坚持通过监管防范风险的原则。互联网金融具有金融与网络的双重风险，其风险具有广泛性、传染性、突发性和隐蔽性等特点。事实证明，一国稳定的金融体系能为资源的高效配置提供良好的环境从而促进该国经济增长；反之，经验表明，如果任其自由发展，金融体系极易陷入动荡。互联网金融在创新中带来了金融体系不稳定的风险，而防范风险一直是金融监管法律制度最主要的目标，互联网

---

① [美]詹姆斯·巴斯、小杰勒德·卡普里奥、罗斯·列文：《金融守护人：监管机构如何捍卫公众利益》，杨农、钟帅、靳飞译，生活·读书·新知三联出版社2014年版，第51页。

② 欧阳日辉主编：《互联网金融监管：自律、包容与创新》，经济科学出版社2015年版，第88页。

金融监管制度也无法回避此问题。[1] 因此,对互联网金融的监管应坚持风险防范原则。换言之,在监管的基础上鼓励互联网金融创新,同时还要防范其创新风险与金融风险。在微观层面上,引导与规范互联网金融市场主体创新带来的技术风险、法律风险和市场风险等;在宏观层面上,防范互联网金融的系统性风险。其中,防范系统性风险是关键。对互联网金融监管而言,应坚持防范系统性风险原则。任何监管制度必须考量风险的承担与化解。基于互联网金融的实质,从监管制度上关注互联网金融未来可能出现的系统性风险及整体负面效应是非常必要的。[2] 互联网金融并没有脱离金融的本质,它虽然通过各种机制与渠道重构了利率、期限和风险,但是它并没有消除金融风险,更多的是转移风险以及还带来新的风险,甚至是系统性风险。[3] 虽然学者们对互联网金融的系统性风险莫衷一是,但几乎都认为防范系统性风险是必要的。一方面,互联网金融监管的法律制度需要前瞻性的构建,需要提前考虑系统性风险的问题;另一方面,互联网金融在创新发展与交易过程中,如果对其监管不力,风险就会累积到一定程度进而引发系统性风险。因此,在互联网金融监管中坚持防范系统性风险原则是毋庸置疑的。互联网金融监管防范系统性风险的原则主要体现为系统重要性监管原则与大数据监管原则。

系统重要性监管原则指监管机构的监管强度随着被监管机构的系统重要性发生变化。2008 年的金融危机表明,大型金融机构在金融市场的地位举足轻重,一旦倒闭会造成金融体系的动荡。美国改革后,美联储拥有对所有系统重要性机构(包括非金融机构)及其子公司的监管权。美联储根据互联网金融机构系统重要性的高低设置相应的监管标准以防范互联网金融系统性风险。比如,如果互联网金融机构的系统重要性高、规模大,则其监管的标准肯定要高于系统重要性低、规模小的机构。如此一来,既能鼓励创新、降低监管成本,又能防控风险。[4] 换言之,根据市场地位、社会影响设立标准,筛选出系统重要性高的互联网金融机构,开展资本充足率监管,要求

① 岳彩申:《互联网金融监管的法律难题及其对策》,载《中国法律》2014 年第 3 期。

② 同上。

③ 胡滨主编:《中国金融监管报告》(2015),社会科学文献出版社 2015 年版,第 30 页。

④ 范文仲等:《互联网金融理论、实践与监管》,中国金融出版社 2014 年版,第 243 页。

具有中介功能的机构缴纳法定存款准备金，控制杠杆率，并严格按照监管规定规范的披露市场信息。[①] 对具有全国性的系统性影响的互联网金融机构，监管部门还应建立严格的恢复和处置计划。此外，防范系统性风险，互联网金融监管必须有大数据的思维和方法，采用大数据监管原则。否则，监管的方式与方法将会远远滞后于互联网金融创新发展的步伐。大数据监管原则是运用大数据技术与思想，通过实时、动态、互动的方式对互联网金融系统内潜在的系统性风险进行规范性和前瞻性的监管，建立监测、计量、披露、预警互联网金融系统性风险的机制。互联网金融的创新与发展，离不开大数据。

综上所述，互联网金融监管应奉行鼓励创新与风险防范相结合原则。因为"制定金融监管政策时必须将金融创新对经济增长的长期影响考虑进去。"[②]申言之，在监管的基础上鼓励互联网金融创新并在风险可控的范围内容许试错，随着互联网金创新的动态，适时调整监管政策。同时，互联网金融创新不能脱离监管，要在监管的引导与规范下及时化解互联网金融创新风险，重点防范系统性风险。否则，互联网金融的风险就会集中暴露，甚至形成系统性风险，危及金融安全和社会整体福利。

二、适度原则

金融监管的根本宗旨就是通过适度的金融监管，实现适度的金融竞争，形成和保持金融业适度竞争的环境和格局。[③] 互联网金融监管本质上仍然是一种生产活动，生产的产品是监管服务。互联网金融监管的最终目的是实现社会福利的最大化，直接体现为促进整体经济增长与发展。[④] 互联网金融监管的适度原则主要体现在两个方面。

（一）对互联网金融的有限监管

互联网金融作为一种创新的金融业态，对其监管要适度。如果干预过

① 苗文龙：《互联网金融：模式与风险》，经济科学出版社 2015 年版，第 136 页。

② ［美］詹姆斯·巴斯、小杰勒德·卡普里奥、罗斯·列文：《金融守护人：监管机构如何捍卫公众利益》，杨农、钟帅、靳飞译，生活·读书·新知三联出版社 2014 年版，第 54 页。

③ 祁敬宇主编：《金融监管学》（第 2 版），西安交通大学出版社 2013 年版，第 48 页。

④ 欧阳日辉主编：《互联网金融监管：自律、包容与创新》，经济科学出版社 2015 年版，第 92 页。

多就会抑制互联网金融的创新与活力，导致金融压抑，降低金融效率；如果干预过少，可能会放任不规范经营，累积和扩大互联网金融风险，影响金融的安全与稳定。因此，金融监管行为的授权与行使，应当体现个人自治优先、市场优先、自律优先的基本规则。[①] 互联网金融在2008年金融危机和信贷紧缩的背景下，根植于金融市场的需求，秉承互联网精神与理念，融合金融功能和互联网信息技术，通过互联网平台创新金融业务形态，形成有别于传统金融的一种新兴金融业态。处于互联网、金融等多个交叉领域的新兴互联网金融市场会由"看不见的手"进行自发调解。监管机构对互联网金融进行监管时，应以市场自发调解为基础和前提，尊重市场规律，不能过多监管，否则会压制互联网金融机构的自由竞争，进而破坏互联网金融市场调解的自然性。申言之，只要是参与互联网金融市场的主体能够自行决定的、市场"看不见的手"能发挥作用的、市场竞争机制能够有效调节的、行业组织能够自律管理的互联网金融活动，监管机构就不要过多地干预，不要违背市场规律。例如，英国对P2P网贷行业的监管就是典型的"行业自律+政府监管"相结合的模式。在2011年P2P网贷行业发展的初期，英国国内自发的成立了P2P网贷金融协会（Peer-to-Peer Finance Association，P2PFA），协会的宗旨在于：确保新兴、快速发展的P2P网贷行业保持优质的发展并保护金融消费者。P2PFA制定了8项会员准则、10项运营规则（平台最低资本金要求、客户资金与自营资金隔离、高管的任职、平台信息披露、平台系统建设、纠纷解决、信用风险管理、破产安排、网络平台规则、反洗钱反欺诈）、会员章程，要求会员必须遵守。这对英国整个P2P网贷行业的规范、良性竞争和消费者保护起到了很好的促进作用。因尊重P2P网贷市场的规律，考虑到自律组织的8项会员准则、10项运营规则、会员章程基本上可以规范整个行业的发展，英国政府直到2014年3月才正式出台世界上第一部P2P网贷行业相关法规进行政府监管。总之，英国P2P网贷行业监管最初的以行业协会自律为主就遵循了有限监管，体现出适度监管原则，给予了新兴的P2P网贷行业充分的成长市场，允许按照市场规律去调节。

---

① 盛学军：《论金融监管法的基本原则》，载《中共四川省委省级机关党校学报》2012年第3期。

（二）对互联网金融的有效监管

随着互联网金融的茁壮成长，互联网金融市场的市场失灵问题也逐步显现。互联网金融的一些风险日趋集中，一系列问题正在显露。坚持对互联网金融进行适度监管，必然要确立有效监管原则。亚当·斯密强调政府的监管不可或缺。在设计监管体系的过程中，我们面临的最大困难是如何使监管体系发挥纠正市场失灵、矫正对市场参与者的激励作用。① 金融监管有效性理论认为，政府实施监管是出于社会公众利益的考虑，通过纠正金融市场的脆弱性、信息不对称性、外部性和垄断性等性质所造成的市场失灵，来矫正由市场和法律体系不完善所带来的负面效果。②

互联网金融的有效监管，就是基于互联网金融市场机制和公共机制的各自缺陷，针对性的采取监管措施进而解决互联网金融市场机制中存在的市场失灵等突出问题。互联网金融有效监管原则主要包含以下几个方面的内容：

1. 基于市场失灵，做到监管及时到位

互联网金融适度监管原则就是要实现社会整体利益最大化。互联网金融市场出现市场失灵问题时，互联网金融监管要及时到位。如果互联网金融监管严重滞后，就会导致互联网金融风险泛滥，最终不仅会导致投资人巨大损失，还可能引发政治与社会风险，严重影响社会整体福利。完善的监管制度供给是互联网金融良性、有序发展的基础。互联网金融新兴业务出现以后，一些发达国家开始针对互联网市场出现的问题制定法规，以做到及时到位的监管。2012 年美国颁布 JOBS 法案并由 SEC 制定具体的监管规则，由此来改善美国新兴成长型企业的公开融资环境。意大利颁布《2.0 号发展法案》并制定《关于创新型企业通过网络平台的股权筹集资本的规定》，为股权众筹监管制定法规以规范其发展。法国于 2014 年 5 月 30 日制定了《参与性融资法令》监管法案，创制新的平台类型以监管规范众筹业务。2014 年英国 FCA 制定了众筹监管规则。2014 年 4 月 1 日，众筹和 P2P 网

① ［美］詹姆斯·巴斯、小杰勒德·卡普里奥、罗斯·列文：《金融守护人：监管机构如何捍卫公众利益》，杨农、钟帅、靳飞译，生活·读书·新知三联书店 2014 年版，第 48 页。

② 冯科：《金融监管学》，北京大学出版社 2015 年版，第 24 页。

贷在新西兰正式合法化。日本国会于2014年5月23日通过了《金融商品交易法等部分修改法案》,并于5月30日正式对外公布,建立了小额证券发行豁免制度。[①] 此外,加拿大、澳大利亚等国正在对股权众筹的监管进行意见建议征求。在实践中,众筹监管规则出台之前,大多数股权众筹难以在一国现行的证券发行框架下进行发展,并且由于市场规模有限,使得市场失灵问题容易出现。这不但影响了众筹的创新发展,更影响了金融资源的配置效率。总之,针对互联网金融市场失灵问题,适度监管的有效性须体现为监管的及时和到位。

2. 平衡监管成本与收益

互联网金融监管适度要求平衡好监管的收益与成本。互联网金融监管的成本主要有两方面:一是监管本身的行政成本;二是可能导致社会不自由、不公正,并造成金融抑制的后果。互联网金融监管的主要收益是能够防范和控制互联网金融风险,保护消费者的合法权益,促进社会经济领域的公平竞争,提高金融体系的效率,最终促进经济增长和经济发展。[②] 有效的互联网金融监管必须平衡好监管成本与收益,收益要大于成本,力争以最小的成本实现最大的收益,实现监管目的。例如,英国《2000年金融服务与市场法》和《2012年金融服务法》要求监管措施的成本收益分析是制定监管新规时必须考虑的因素。在投资型众筹监管中,为了平衡监管成本与利益,FCA没有规定公司应该如何应对披露相关风险,也不建议在现阶段提出关于尽职调查最低标准的要求,认为目前应由企业自行把握其商业模式存在的风险并开发出适当的风险处理机制。英国FCA建立了一个合适的监管框架来平衡众筹监管成本与收益。总之,好的互联网金融监管要做到权衡监管成本与收益。

3. 规范行业竞争

合理的竞争是互联网金融对适度监管的要求,监管所要实现的效果就是回应此要求。互联网金融的有效监管要为互联网金融机构创造公平的外

---

① 毛智琪、杨东:《日本众筹融资立法新动态及借鉴》,载《证券市场导报》2015年第4期。

② 欧阳日辉主编:《互联网金融监管:自律、包容与创新》,经济科学出版社2015年版,第92页。

部竞争环境,规范竞争,以实现互联网金融行业的高效、稳健发展,并推动经济的发展。比如,英国、美国、意大利、法国、新西兰、日本等国的监管法规在众筹监管框架的设计上都体现了推动众筹行业内有效竞争的原则与理念,旨在消除恶性竞争导致的市场失灵问题,降低金融风险,进而推动互联网金融和本国经济的良性发展。总之,实施适度监管才能塑造互联网金融业适度竞争的环境和格局,达到使其长远、健康发展的目标。

三、金融消费者保护原则

互联网金融消费者保护是指在互联网金融交易过程中保障金融消费者的权益,其主要产生背景是消费者主权理论以及信息不对称环境下互联网金融机构对消费者权益的侵害。① 2008 年国际金融危机爆发之后,各国纷纷反思本国的监管体制,发现金融消费者保护不足是危机根源之一。金融机构和消费者之间存在严重的信息不对称:在金融交易中,金融机构占有信息优势,很有可能开放、推销风险过高的产品;金融消费者由于处于信息劣势地位,可能对自己购买的产品不是很了解。这样一来,金融消费中会产生大量的非理性行为和金融欺诈。2008 年金融危机之后,世界各国监管当局深刻地认识到,金融消费者保护是监管的核心原则。② 漠视金融消费者的权益会毁坏公众基础,使监管缺乏公信力,危及整个金融体系的稳定。此次危机之后,美国在《多德—弗兰克法》中创建了消费者金融保护局,独立地负责保证美国消费者在进行金融交易时能获得清楚、精确的信息,同时还要保护消费者不受隐性费用、滥用条款和欺骗行为的误导。英国也设立了金融行为局,希望通过行为监管实现对金融消费者的保护。世界银行对金融消费者保护机构设置情况的调查显示,大多数国家都非常重视金融消费者的保护。③

金融消费者保护原则作为理想的互联网金融监管原则,要求互联网金融监管当局将保护广大消费者的合法权益放在首位,国家站在现实中具有

---

① 谢平、邹传伟、刘海二:《互联网金融手册》,中国人民大学出版社 2014 年版,第 119 ~ 120 页。

② 谢平:《金融监管消费者至上》,载《新世纪周刊》2010 年第 41 期。

③ 焦瑾璞:《构建中国金融行为监管体系研究》,中国金融出版社 2015 年版,第 45 页。

弱势的消费者一边，从而使得消费者与企业之间的关系达到某种均衡态势。[①] 互联网金融具有典型的跨市场、跨行业、跨国界、不确定等特性，其产品类型众多、创新快、转化快。互联网金融模式下的交易往往具有交易信息不对称、交易内容具有专业性与复杂性、电子合同不平等、交易方式电子化、销售方式的高度劝诱性、资金安全隐患等特征。互联网金融消费者几乎都是草根的长尾大众，受限于其投资经验、专业知识等方面的不足，相对于互联网金融机构远远处于弱势和劣势。因此，在互联网金融时代，消费者之间权益保护是监管的核心。互联网金融监管者的主要任务就是平衡好经营者和金融消费者之间的权利与义务，引导好互联网金融的创新，始终维护消费者的合法权益。

四、依法监管原则

市场经济是法治经济，金融监管是市场经济体制国家普遍存在的一种制度安排，金融监管离不开法律制度的保障。依法监管与严格执法是各国金融监管当局共同遵守的一项原则。[②] 互联网金融监管从狭义上来讲就是金融监管机构依据国家法律、法规的规定对整个互联网金融业（包括互联网金融机构以及互联网金融机构在金融市场上所有的业务活动）实施的监督管理。互联网金融监管面临着法律规则如何协调、监管原则如何选择、防范风险的法律制度如何构建[③]、监管机构如何依法公平公正地执行监管职能等问题。

互联网金融监管，必须坚持依法监管原则，即在法律的框架内公正合理地履行其职能准则。互联网金融依法监管原则又称为合法性原则，是指互联网金融监管机构必须依据法律、法规进行监督和管理，即金融监管机构依法对互联网金融机构实施全面性、经常性的检查、督促，对互联网金融机构的经营活动进行组织、协调和控制等，以此促进和保障互联网金融机构及互联网金融业务的安全与稳健发展。同时，互联网金融监管机构的职责、权限

---

① 欧阳日辉主编：《互联网金融监管：自律、包容与创新》，经济科学出版社 2015 年版，第 96 页。

② 祁敬宇主编：《金融监管学》（第 2 版），西安交通大学出版社 2013 年版，第 47 页。

③ 岳彩申：《互联网金融监管的法律难题及其对策》，载《中国法律》2014 年第 3 期。

等都由互联网金融监管的法规和相关的规则规定,其监管活动必须依法进行。

互联网金融依法监管原则的要求体现在这几个方面:一是要有系统、完备的互联网金融监管法律体系。互联网金融如果在监管法律缺失的情况下野蛮生长,行业的金融风险就会累积,进而显现出其负外部性,最终会造成很大的危害。监管者在没有明确、清晰的互联网金融监管法律框架情况下,就会很难区分互联网金融业务合法与非法的边界、有权监管还是无权监管。因此,系统、完备的互联网金融监管法律体系是依法监管的前提和基础。在互联网金融创新发展的过程中,应及时制定或完善法律。如此,监管者、用户和互联网金融机构(被监管者)之间的关系将随着法律的规定而变得合理且清晰。总体而言,互联网金融监管较好的国家,都是在现有的法律框架基础上,适时调整、修改或者制定新法以规范互联网金融的发展,最为典型的莫过于对众筹的监管。到目前为止,英国、美国、法国、意大利、日本、新西兰等国都制定了关于众筹监管的法规,为众筹监管提供了明确、清晰的框架和指引。总体来说,互联网金融的健康发展离不开法律,短期的法律缺失和监管真空客观上有利于互联网金融的迅速扩张,然而从长期来看,缺少法律会带来金融市场的失序与混乱①。因此,要通过调整、修改或制定完备的相关法律法规,才能依法监管互联网金融。二是要依法严格规范监管机构的监管权力,实行负面清单监管。通过监管法律制度,明确互联网金融监管机构的职责与权力边界,严格依法规范其监管权力,防止侵害互联网金融市场的自由自治领域。例如,英国 FCA 在股权众筹监管规则中没有规定公司该如何公布和披露相关风险,也没有设定尽职调查的最低标准。因此,FCA就不应该介入、干预这些问题、而是应当由企业自己来确定商业模式中存在的风险并开发出适当的流程来处理这些风险。此外,英国还有专门的众筹行业协会,众筹平台自愿加入协会并遵守相关的自律规则。负面清单(Negative List)是指只列举法律法规禁止的事项,对于法律没有明文规定禁止的事项,都是法律允许的。这一概念源于"法无禁止即自由(All is

---

① 霍学文:《不完备法律与互联网金融发展》,许多奇主编:《互联网金融法律评论》(1),法律出版社 2015 年版,第 12 页。

permissible unless prohibited)”的法治理念。它奉行的是“非禁即入”模式,目的是减少公权力对私人领域的过度干涉,扩大市场主体依法享有的行为自由。[①] 对互联网金融监管实行负面清单模式,采用法律行为的方式调整互联网金融市场的主体行为,要求明确的列举互联网金融市场主体不能为的事项范围及法律行为无效的事由,这样既能保证互联网金融市场的创新发展,又能减少和限制监管机构的公权力对互联网金融市场主体行为的不当干预与侵害。互联网金融的发展,进一步展现了混业经营和综合经营的趋势,给监管带来了极大的挑战。因此,监管部门职责的划定既要在法律法规的框架之内,又要适应和容纳互联网金融的创新发展;既要防止公权力不当的干预互联网金融市场自由,又要在法律法规规定的监管框架底线内进行监管。三是互联网金融监管机构要依法严格执法,规范与引导互联网金融业的竞争、发展与创新,积极回击互联网金融违法犯罪行为。互联网金融监管的目的不在于限制互联网金融的发展与创新,而在于促进互联网金融行业的自由竞争与良性发展、保护金融消费者、遏制和打击违法犯罪行为。美国制定的 JOBS 法案和 SEC 监管众筹规则的监管目的就在于确立众筹平台作为新型金融中介的合法性、明确平台的权利与义务、保护消费者,为本国的众筹行业发展提供前瞻性的监管指引。英国关于众筹监管的规则明确指出,要适度保障消费者并从消费者利益出发促进有效竞争,保证行业在可控的范围内健康发展。2012 年 12 月,意大利通过《2.0 号发展法案》,这一众筹监管规则关注于创新项目和高科技项目。2014 年 10 月 1 日,法国《参与性融资法令》正式生效,该法令旨在对众筹进行监管,规定由法国金融市场管理局 AMF 通过法令对相关豁免政策制定具体的实施细则以规范行业的发展。2015 年 5 月 8 日,加拿大魁北克省等六个地区的证券机构实施了“登记和招股豁免”规则。2014 年 5 月 23 日,日本通过法案建立了小额证券发行豁免制度,对准入制度、投资者保护、业务管理等规则加以完善。韩国 2015 年 7 月通过的《资本市场和投融资业先关的法律修订案》将从事众筹业务的“互联网小额投资中介所”和 50 人以上的融资行为认定为公募融资。[②]

---

① 王利明:《负面清单管理模式与私法自治》,载《中国法学》2014 年第 5 期。

② 零壹研究院:《众筹服务行业年度报告》(2015),东方出版社 2015 年版,第 9 ~ 11 页。

这些国家众筹监管法律法规的制定目标就在于通过互联网金融监管机构的严格执法,规范、引导互联网金融行业的发展,防范和打击利用互联网金融从事违法、违规行为。

五、监管协调原则

金融监管协调意味着金融监管部门为了实现金融监管的整体有效性,通过各种机制努力实现低成本与高效率,促使监管工作和谐一致。[①] 由于互联网金融具有跨行业、跨市场、跨国界的特性,且面向的是网络上众多的"长尾"消费者,因此互联网金融监管协调原则有其内在的本质,即在互联网金融政府监管与行业自律之间、国内各监管机构之间、国内和国外金融监管机构之间,以一定的制度、标准、程序和方法,在明确各自监管职能前提下,实现互联网金融监管的整体有效性和和谐一致性,促进互联网金融行业健康发展所须遵守的基本准则。

坚持互联网金融监管协调原则是必要的。因为互联网金融通过网络平台跨行业、跨机构、跨市场进行,交易方式多样、参与的金融消费者众多,要控制其风险的外溢、传染和扩散,离不开有效的监管协调。比如,维护全球金融的稳定与安全需要国内监管机构与国外监管机构进行协调,需要各国在监管法律制度上进行协调与合作,共同防范金融风险,打击利用互联网金融进行的恐怖、洗钱等犯罪行为。诸如比特币等网络虚拟货币的交易已经通过网络平台实现了全球化;这在一定程度上为跨国洗钱和恐怖主义融资等提供了渠道。这些问题并不能通过某个单一国家的行为得以解决,而需要世界各国建立协调机制。此外,促进互联网金融业务在各个国家之间的相互衔接、共同发展以及整个行业的规范发展,同样需要国内外监管机构进行协调与合作。又如,由于各个监管部门的职能分工不同,因此各部门在互联网金融监管的具体目标上会产生矛盾,这就需要通过相互之间的沟通协调来解决。再如,相对于政府的监管而言,行业自律的作用范围和空间更大、效果更明显、自觉性更强[②]。因而,行业自律与政府监管相辅相成、互相

① 郭田勇主编:《金融监管学》(第3版),中国金融出版社2014年版,第343页。

② 张晓朴:《互联网金融监管的原则:探索新金融监管范式》,载《金融监管研究》2014年第2期。

补充,对互联网金融的发展具有很好的促进作用。总之,在互联网金融跨行业、自由化、国际化的趋势下,坚持协调原则,才能防范互联网金融的风险,更好地规范与引导互联网金融的良性发展。

小　结

作为互联网时代创新的产物,互联网金融具有互联网和金融的双重基因,不断地挑战着传统的金融监管模式。目前,互联网金融正处于发展的起步阶段。在监管的博弈中,互联网金融对传统的监管制度与模式既有很强的依赖性,又有迫切改变传统监管制度与模式的动力。

本章基于厘清互联网金融监管模式相关理论脉络之目的,对互联网金融监管既有的模式进行了阐述与分析,即功能监管模式与目标监管模式。一方面,针对互联网金融功能监管模式,分析其金融创新、监管专业化、监管的一致性方面的优势,又指出其在系统性风险防范、创新产品的归属、成本增加等方面的缺陷;另一方面,指出互联网金融目标监管模式在系统性风险的防范、金融消费者的保护、利于创新等方面的优势,又分析其在目标选择上的冲突与简单化、增加成本等方面的不足。

要对互联网金融实行有效的监管,就需要基于其创新型金融的特性,审视和考量互联网金融的监管原则。互联网金融监管原则是监管当局在监管互联网金融过程中的行为准则或者基本原理,作为互联网金融监管的指导思想和基础及一般性准则,如何选择监管的原则,对于互联网金融的发展尤为关键。因此,本章阐述了鼓励创新与风险防范相结合原则、适度原则、金融消费者保护原则、依法监管原则、监管协调原则等基本原则。

尽管世界上没有一个固定的、统一的、最优的金融监管模式,但是对互联网金融既有监管模式的研究和基本原则的阐述有益于探寻互联网金融监管的规律。

第四章　互联网金融监管的制度设计与绩效评估

制度是为决定人们的相互关系而人为设定的一些制约。它的主要作用是在社会中建立一个人们相互作用的稳定的结构,来减少各种的不确定性。[①] 互联网金融监管制度作为一种行为规则,概莫能外,其宗旨在于:人们置身于风险社会中,在面临互联网金融所带来的风险与不确定性时,通过合理的监管制度安排弥补市场失灵的缺陷、克服人们的非理性行为、防范互联网金融带来的风险、保障金融消费者权益,进而促进互联网金融的行业发展并服务于实体经济,力求实现普通大众在金融生活中的公平正义。互联网金融监管制度构造了人们在互联网金融领域的交易过程中的激励结构。"制度在社会中起着更为根本性的作用,它们是决定长期经济绩效的基本因素"[②],互联网金融监管制度影响着其所产生的经济绩效。但是,已有的金融监管模式一旦形成,互联网金融监管制度就会出现路径依赖(Path Dependents),

---

① [美]道格拉斯·C.诺思:《制度、制度变迁与经济绩效》,刘守英译,上海三联出版社1994年版,第3~7页。

② 同上书,第143页。

同时,制度又是变迁的,是由一种效益更高的制度对另一种制度的替代(由目标模式替代起点模式)的过程。① 因此,各国因其内生的创新性、技术、环境、认知等因素的变化而自愿或非自愿的适时改变传统的金融监管制度,去构造适应互联网金融内在要求的新的监管制度。本章基于互联网金融在功能监管和目标监管两种模式下的优劣,综合考量法学、经济学、社会学等多种理论因素,对互联网金融监管制度的设计予以阐述,并对两种监管制度的绩效作出评估,以期探寻当下及今后互联网金融监管的有效性。

第一节 互联网金融监管的制度设计

随着网络信息技术的发展,互联网金融监管成为一个新兴的、开放的、探索性的命题。互联网金融监管制度设计的好与坏、制度安排的合理与否,对整个经济、社会和个体都有至关重要的影响。设计安排有效的互联网金融监管制度,需要综合考虑以下几个方面的因素:一是基于制度变迁和成本的考量,在设计互联网金融监管制度时,既要考虑到其包容性、延展性、前瞻性,又要使得交易成本最小化;二是实现公平正义,构建互联网金融消费者保护;三是考虑风险社会的风险和不确定性。在风险社会中,互联网金融监管制度要尽可能地消除这些风险,用一个合理、有效的激励结构减少这种不确定性。

一、功能监管模式下的制度设计

互联网金融在创新发展过程中形成了跨产品、跨机构、跨市场的丰富多样的金融产品与服务,但其依然体现着支付清算、网络投融资、信息中介等金融功能。采用功能监管模式对互联网金融进行监管,可以打破传统金融监管理念和对机构监管的路径依赖,这恰恰符合互联网金融的混业发展趋势和其交叉创新的内在要求。功能监管理论是默顿等人基于金融功能的稳定性并考量金融创新导致的法律属性在机构监管下界定困难问题的基础上,针对混业经营和机构监管的效率不足而提出来的。因此,互联网金融功

① 卢现祥:《西方新制度经济学》,中国发展出版社1996年版,第71页。

能监管模式下的制度设计应首先立足于互联网金融的金融功能,即互联网金融的资金融通、支付清算、投资、信息中介等功能;其次,不考虑其机构问题,根据相同或相似的互联网金融业务受到相同监管的原则进行制度架构;再次,考量互联网金融的风险特性;最后,在后危机时代,将加强宏观审慎监管和金融消费者保护的要求体现在功能监管制度建构中。互联网金融监管制度的设计主要从其制度的理念、框架和规则等方面进行。

(一)功能监管制度设计的理念

一项制度承载着它所要实现的价值与功能,制度的设计离不开理念的指引。互联网金融功能监管制度的设计,需要围绕对互联网金融功能监管的理性认知所形成的价值观念展开,以实现维护金融稳定的最终目的。有了理念的升华与指导,互联网金融功能监管制度的设计就不会偏离其主旨。互联网金融功能监管制度设计的理念主要包括:

1. 以金融功能为核心,实行专业监管

互联网金融功能监管制度是功能监管理论在互联网金融领域运用的具体化和表现形式,其制度设计首先要以互联网金融业务的金融功能为核心,体现功能监管的专业化。围绕互联网金融的支付、投融资、信息中介等功能,对从事相同或相似业务的互联网金融机构,应予以相同的监管,而无论监管机构为何。强调金融功能核心监管理念的意义在于:其一,以互联网金融的金融功能为依据制定的监管法律法规更有效、更稳定。尽管互联网金融的创新层出不穷、产品种类繁多、不同机构提供的产品与服务之间的界限模糊,但是从金融功能的角度来看,其产品与服务都是同质的,而且在较长时间内都是相对稳定的。其二,在互联网金融监管制度中,体现金融功能的核心理念可以提高专业化监管水平,降低监管者与被监管者之间信息的不对称,防止监管套利,提高监管效率。因为功能监管是一种"横向"的监管,所以在混业经营环境中,对不同类型金融机构开展的相同或类似业务应进行标准统一或相对统一的监管。①

2. 协调监管,防范系统性风险

互联网金融功能监管侧重于互联网金融的业务与风险,通过厘清互联

① 王兆星:《机构监管与功能监管的变革》,载《中国金融》2015 年第 3 期。

网金融的基本功能对金融机构的不同业务进行相应的监管。例如,第三方支付、P2P网贷、众筹、虚拟货币等被根据其业务的类型与功能分属至不同的监管机构进行监管,体现出一种横向的、分段式的监管,即各个互联网金融监管机构各司其职,各管一段。但是如果一味地按照传统的功能监管理念监管互联网金融,难免出现以下问题:

其一,互联网金融产品创新快、个性化和交叉性强,出现一些兼具支付、投融资等性质的交叉业务时,无法明确地将其归属于某个监管机构。典型的创新产品如余额宝(第三方支付+基金)等类似的"宝宝"类产品、P2P网贷出现的票据融资、比特币的支付、投融资等业务。

其二,互联网金融依然具有金融风险和创新风险,防范系统性风险不容忽视。互联网金融创新涉及不同的行业和部门,其产品和服务形式趋于多样化、复杂化,产生的风险是跨机构、跨市场、跨时空的,而且具有很大的交叉感染可能性,金融风险扩散迅速。对互联网金融功能监管而言,如果不突破传统监管模式的缺陷,即缺乏对系统性风险的全面、有力监管,就无法实现宏观审慎监管。这恰恰是对金融危机进行反思之后发现的金融监管亟待加强的方面。

因此,在对互联网金融进行功能监管之时,需要创新监管理念,避免传统金融功能监管的缺陷。在互联网金融功能监管的制度设计上,需要协调各监管部门,即在互联网金融交叉性创新产品出现之后,根据主体业务、监管专业优势和协同效应确定主管监管机构和协同机构。由于互联网金融是互联网时代下创新型的大数据金融,所以要将每一家功能型监管机构所获得监管的业务数据和风险信息汇总、整合到宏观审慎监管机构,进行大数据的分析、处理、预警与管理,克服功能监管机构只能获得局部数据而无法掌握互联网金融机构全局和全行业风险的缺陷。

3. 重视金融消费者保护

2008年国际金融危机暴露出来的重要问题之一就是对金融消费者保护的缺失,比如掠夺性和欺诈性的次级抵押贷款、信用卡等问题金融产品泛滥等①。

---

① 刘士余主编:《美国金融监管改革概论——〈多德—弗兰克华尔街改革与消费者保护法案〉导读》,中国金融出版社2011年版,第2页。

金融消费者是整个金融市场的基石和支撑,在互联网金融时代,金融消费者人数众多且处于弱势地位,是网络上无国界的“长尾”大众。互联网金融消费者的权益保障是互联网金融创新和监管的基础。传统功能监管的理念侧重于对金融业务的监管,因此,新型互联网金融功能监管应针对互联网金融消费者的特性,因势利导地加强对金融消费者的保护。既要按照互联网金融的业务功能进行专业化、一致性监管,防范监管套利,又要加强金融消费者的保护,消除市场滥用行为侵害消费者。

(二)功能监管制度的框架及内容

互联网金融功能监管制度的构建与完善离不开完善的法律法规体系。面对层出不穷、日新月异的互联网金融产品与服务,一套设计良好的监管法律法规制度,既要紧扣金融的功能进行监管,又要具有普适性、前瞻性和包容性。否则,互联网金融功能监管制度的框架和内容将会滞后于金融市场的发展。总之,互联网金融功能监管制度的核心在于按照金融业务的功能进行监管,防范监管套利,提高金融市场的效率、促进公平竞争、保护消费者,实现防范互联网金融系统性风险的目标。

1.功能监管制度框架

根据默顿和博迪等人的功能监管理论,对金融业依据金融的功能不同进行对口监管。金融的功能相比金融机构而言更稳定,而且金融功能要优于组织机构,因为金融机构的形式会随着金融的功能而变化。这意味着金融机构之间的创新与竞争最终会导致金融系统执行各项功能的效率的提高。

互联网金融功能监管制度的框架主要包含监管的主体、监管的规则内容、监管的客体等方面。互联网金融监管的主体是指在功能监管模式下,按照互联网金融业务的金融功能划分金融监管当局,它体现的是政府监管。具体而言,针对互联网金融的风险,要强化对整个互联网金融系统性风险的宏观审慎监管,即要通过宏观审慎监管机构监控、防范互联网金融系统性风险。在宏观审慎机构之下,互联网金融按照业务的功能即支付、借贷融资、股权融资、信息中介服务等,划分相应的监管机构及监管权限,例如第三方支付监管机构、P2P网贷监管机构、股权众筹监管机构、金融网络销售监管机构、金融信息服务机构等监管部门。此外,基于互联网金融市场的特性,行业自律监管可以规范并促进互联网金融市场的发展。互联网金融功能监管规则的内容，主要涉及对互联网金融不同业务的市场准入、平台运营、市场退出等方面的监管。互联网金融功能监管的客体是从事互联网金融业务的机构和金融消费者及投资者，其中，机构包括金融机构和非金融机构。总而言之，从修改、完善、制定互联网金融的法律法规制度，按照金融功能划分互联网金融监管权限，强化互联网金融行业的自律监管等方面搭建起互联网金融功能监管的框架。

2. 功能监管规则

互联网金融监管规则是监管制度的具体化。互联网金融功能监管制度的规则一方面从金融功能的理念出发针对支付、网络借贷、股权融资等不同类型的业务，从市场准入、平台运营、市场退出等环节进行监管，实现专业化的监管，提高市场效率；另一方面，通过保护金融消费者，实现公平正义，促进公平竞争，防范整个行业的系统性风险，保障互联网金融行业的稳健与金融稳定。此外，功能监管规则在普适的基础上还要有一定的前瞻性和包容性。本部分主要以 P2P 网贷和股权众筹融资为例，阐述功能监管规则的设定。

第一，从金融功能的角度出发划分互联网金融业务模式，不同的业务模式分属不同的监管部门监管。根据互联网金融业务的功能，监管部门划分为第三方支付监管机构、P2P 网贷监管机构、股权众筹监管机构、金融网络销售监管机构、金融信息服务机构、虚拟货币监管部门等。具体而言，因各国的国情和金融体制差异，监管的具体部门也不一，但在功能监管模式下，都是从互联网金融业务的功能出发进行监管，侧重于业务的性质。比如，在美国，P2P 网贷和股权众筹主要由美国 SEC 按照证券性质的业务进行监管。对 P2P 网贷而言，SEC 认为其收益权凭证属于证券，故应按证券接受功能监管。为此，SEC 根据美国《1933 年证券法》第 2 条的（a）（1）[①]和

① "证券"是指任何票据、股票、库存股票、证券期货、以证券为基础的互换协议、债券、公司（信用）债券、债务凭证、利润分享协议项下之权益或参与证书、由其他证券提供担保信托证书、代表公司筹建之证书或认购股权证书、投资合同证书、有表决权之信托证书、证券存托凭证、石油、天然气或其他矿产之小额未分割权益，与证券、证券存托凭证、一组证券或证券指数有关的任何卖出权、买入权、跨式套利、期权或优先权（包括其中或以其价值为基础的任何权益），或在全国性证券交易所中交易的、与外币有关的任何卖出权、买入权、期权或优先权，或被普遍视为"证券"的任何权益或票据，或与上述任何一项相关的权益或参与证书、暂时或临时证书、凭证、担保证书、认股权证或认购权、购买权。See Securities Act of 1933 § 2(a)(1).

《1934年证券交易法》第3条(a)(10)[①]的规定,首先,明确了投资合同和票据都在证券的范畴之内;其次,按照SEC v. W. J. Howey Co.案的标准,认为P2P网贷业务具有投资合同的属性。申言之,比如Prosper公司发行的收益权凭证就符合"将资金投入一个共同的企业,且利润源于其他人的努力"的投资合同的标准,因为存在一个共同的企业Prosper公司、出借人的任何投资回报均取决于Prosper公司的努力;最后,SEC按照Reves v. Ernst & Young, Inc.的标准,认为Prosper公司发行的票据是证券,而不是债务凭证。因为根据该案确立的判定标准与原则,第一步先假定Prosper公司发行的收益权凭证是证券(除货币或发行时到期日不超过9个月的任何票据、汇票或银行承兑汇票);第二步,对比法定的票据清单名录[②],按照极强家人相似原则判定(Family Resemblance Approach),即考察买卖双方的动机、销售计划、投资公众合理预期、其他监管方式的考量。如果判定该票据与清单上的票据具有相似性,则不是证券。从这四个方面,SEC最终判定Prosper发行的收益权凭证不是票据,因为出借人的动机是预期资金回报利润,Prosper公司的贷款是向公众提供的,理性的投资者可能会认为Prosper公司的贷款是一项投资,没有其他备选的监管方案能降低投资者在平台上的风险。据

---

① "证券"是指任何票据、股票、库存股票、证券期货、以证券为基础的互换协议、债券、公司(信用)债券、债务凭证、利润分享协议项下之权益或参与证书、由其他证券提供担保信托证书、代表公司筹建之证书或认购股权证书、投资合同证书、有表决权之信托证书、证券存托凭证、石油、天气或其他矿产之小额未分割权益,与证券、证券存托凭证、一组证券或证券指数有关的任何卖出权、买入权、跨式套利、期权或优先权(包括其中或以其价值为基础的任何权益),或在全国性证券交易所中交易的、与外币有关的任何卖出权、买入权、期权或优先权,或被普遍视为"证券"的任何权益或票据,或与上述任何一项相关的权益或参与证书、暂时或临时证书、凭证、担保证书、认股权证或认购权、购买权,但是不包括货币或发行时到期日不超过9个月(不包括宽限日期或者到期日受到类似限制的续展到期日)的任何票据、汇票或银行承兑汇票。See Securities Exchange Act of 1934 § 3(a)(10).

② 法定的票据清单包括:notes delivered in a consumer financing(客户融资票据)、notes secured by a mortgage on a home(住房抵押票据)、short-term notes secured by a lien on a small business or its assets(抵押小规模业务经营或其资产所得的短期票据)、short-term notes evidenced by accounts receivable(以应收账款作担保的短期票据)、notes evidencing "character" loans to bank customers(明显有贷款特点的银行客户票据)、notes formalizing open account debts incurred in the ordinary course of business(在一般业务经营过程中正式化为未清往来账户债务的票据)、notes evidencing loans from commercial banks for ordinary operations(来自商业银行的贷款)。See SEC. Administrative Proceeding: Prosper Marketplace, Inc. [EB/OL]. https://www.sec.gov/litigation/admin/2008/33-8984.pdf.pdf, Feb. 27, 2015.

此,SEC 在 2008 年 11 月 24 日按照《1933 年证券法》第 8A 条的规定,认定 Prosper 公司违反了该法第 5 条(a)和(c)款的规定销售未经注册的证券,禁止 Prosper 公司继续开展 P2P 业务。[①] 此后,Prosper 和 Lending Club 公司按照《1933 年证券法》的第 6 条(a)款规定的将其发行的收益权凭证登记为证券,美国 SEC 对其按照证券进行监管。根据 JOBS 法案,SEC 对股权众筹实施监管,并根据法案的授权制定具体的众筹监管规则。再如,在法国,从 2009 年起第三方支付由 ACPR 进行监管,借贷型众筹(P2P 网贷)平台也由 ACPR 监管,涉及证券发行的证券众筹则由法国 AMF 负责。在意大利,创新型企业通过网络平台进行的股权众筹由意大利 CONSOB 负责监管。

第二,制定市场准入制度。政府监管部门按照市场运行规则设立或者准许某一行业及其所属的机构进入市场,在金融行业是一种正常的监管行为。但是对于互联网金融而言,要根据其具体业务类型的性质与功能,因地制宜地合理制定市场准入制度,它应不同于传统金融业的市场准入制度。互联网金融的市场准入制度是一种预防性的监管制度,希望在市场准入的环节上排除风险隐患,有效地规范及控制互联网金融的发展。因此,互联网金融的市场准入制度,应在适度监管和创新的基础上,平衡安全与效率,保障互联网金融的健康蓬勃发展。

第三方支付的市场准入制度要求明确第三方支付机构的注册资本和资质。例如,美国对第三方支付在联邦和州层面进行管理,把第三方支付视为货币服务业务中的货币转移支付业务。[②] 在联邦层面,监管部门要求第三方支付机构履行许可、登记等程序,没有获得经营许可而从事货币转移支付业务的机构将会按照美国法典(United State Cod)的规定受到罚款或者不超过五年的监禁,两种处罚也可能同时存在。在州层面监管部门规定获得货币转移业务经营许可的但没有从事该业务的行为构成犯罪。[③] 无论所从业的州是否要求货币转移业务许可,任何拥有或控制货币转移机构的人都必须在开展业务或者《1994 年反洗钱法》生效后的 180 天内的两者之间选择

① SEC, Administrative Proceeding: Prosper Marketplace, Inc. https://www. sec. gov/litigation/admin/2008/33 – 8984. pdf, Feb. 27, 2015.

② 31U. S. Code § 53. 5330.

③ 18U. S. Code § 95. 1960(a)&(b).

较晚的一个,在财政部登记注册。登记文件等必须在美国境内保存五年,违反的将会受到处罚。① 第三方支付机构按照各州《货币服务法案》(Money Services Acts)的规定,从州监管当局获得业务经营许可证②,否则不能经营。法国的第三方支付机构,首先要获得 ACPR 颁发的支付机构牌照或者信贷机构牌照,并满足最低资本额要求。同时,法国还允许满足条件的企业,在不申请相关牌照的情况下开展支付相关业务,即开展支付业务适用豁免。另外,符合条件的欧洲其他国家的第三方支付机构也可在法国开展支付业务。③

P2P 网贷的市场准入制度要求 P2P 网贷平台实行注册登记制,同时,谨慎设置资本金要求,以免门槛过高,影响行业的发展。实行功能监管模式的美国、法国的实践做法即是如此。法国根据生效的《参与性融资法令》(2014 年 10 月 1 日)及相关的监管条例,要求 P2P 网贷平台(参与性融资中介)必须具备如下条件:须是法国设立的法人,其经管人员必须满足专业能力、信誉、年龄等方面的要求。只有满足上述条件,平台才能在"中介"登记簿注册为"借贷众筹中介",④而且必须向 AMF 注册,取得牌照⑤。此外,"借贷众筹中介"牌照可以与其他金融服务商牌照同时使用。在满足支付平台最低资本额和支付总额预计不超过法定上限的条件下,可以获得法国 ACPR 颁发的支付机构牌照,从事资金转移服务,也可以同时持有"证券众筹顾问"牌照,从事多样化业务。⑥ 美国依照美国证券法的规定,把 P2P 网贷平台发行的收益权凭证认定为证券。因此,美国的 P2P 网贷在准入时,需要在 SEC 把其业务注册为证券⑦,P2P 平台必须获得 SEC 颁发的证券经

---

① 31U. S. Code § 53. 5330.

② 鲁政委:《互联网金融监管:美国的经验及其对中国的镜鉴》,载《金融市场研究》2014 年第 6 期。

③ 温信祥、叶晓璐:《法国互联网金融及启示》,载《中国金融》2014 年第 4 期。

④ 顾晨:《法国众筹立法与监管介绍》,载《互联网金融与法律》2014 年第 10 期。

⑤ 顾晨:《欧盟众筹市场与监管制度研究》,载《金融法苑》2014 年第 2 期。

⑥ 顾晨:《法国众筹立法与监管介绍》,载《互联网金融与法律》2014 年第 10 期。

⑦ Securities Act of 1933 § 230. 415.

纪交易商牌照。此外，P2P网贷业务还需要取得美国各个州的许可[①]。

股权众筹的市场准入制度要求明确股权众筹的“证券”属性，众筹平台必须注册取得经营牌照，但其注册标准显著低于金融业务牌照，同时，对平台的准入一般不设定资本金要求。比如，意大利根据2012年12月17日通过的《2.0号发展法案》，准许创新初创企业通过在线平台进行融资，且规定此类企业融资唯一合法的平台是股权众筹平台，必须符合一定的条件并向意大利CONSOB注册为“门户”的网站。CONSOB根据法令，于2013年6月颁布了《关于创新初创企业通过网络门户筹集风险资本的规定》，该规定设立了一份独立的门户注册表，明确了门户的注册标准和服务范围，规定了门户负责人在经营中所应承担的义务。[②] 在法国，参与性投资顾问提供的是非上市公司的三类证券认购及相关服务：向投资者提供特定投资建议服务，即为证券和债券发行提供投资建议的服务；为企业有关资本结构、产业战略和并购提供建议的服务；提供参与性融资框架下的认购服务，如认购书管理。平台在“中介”登记簿注册为“证券众筹顾问”，取得由AMF颁发的牌照。[③] 在美国，根据JOBS法案的规定，众筹平台被认定为新型金融中介——集资门户（Funding portal）。众筹平台无须向SEC登记为证券经纪商或交易商，但众筹平台要接受SEC的监管，并要在唯一的全国性证券交易协会——美国金融业监管局（The Financial Industry Regulatory Authority，FINRA）进行注册登记。[④]

第三，确定平台运营的规则。互联网金融的业务围绕着网络平台展开。在运作时，风险大多发生在互联网金融平台开展业务的过程中。实践中，各国的监管框架不管如何搭建，对平台的监管都是其关键点之一，因此确立平台运营的规则至关重要。互联网金融平台运营规则的制定，应从其业务性质出发，界定运营范围，同时侧重信息披露，包含保障客户资金安全等方面

① Eric C. Chaffee，Geoffrey C. Rapp，Regulating Online Peer-to-Peer Lending in the Aftermath of Dodd-Frank：In Search of an Evolving Regulatory Regime for an Evolving Industry，*Wash. &Lee L. Rev*，2012，69(2)，pp. 485－533.

② 顾晨：《欧盟众筹市场与监管制度研究》，载《金融法苑》2014年第2期，第373页。

③ 顾晨：《法国众筹立法与监管介绍》，载《互联网金融与法律》2014年第10期。

④ JOBS § 304(a).

的规则。

第三方支付的平台运营规则应从第三方支付业务性质出发，注重对交易过程监管，以资金安全监管为主制定规则，同时还要包含第三方支付平台的信息披露报告义务以及反洗钱义务。申言之，建立自有资金与客户资金分离制度；明确沉淀资金的性质，实施客户备付金的安全动态监管制度；设立风险保证金制度；注重业务信息披露与报告义务，设置反洗钱措施。比如，美国 FDIC 将第三方支付机构的平台账号中的沉淀资金认定为负债，而不是联邦银行法中界定的存款。因此，客户享有对第三方支付机构的债权，FDIC 要求将此沉淀资金存放在被保险的银行开设的无息账户中。在反洗钱制度方面，《美国爱国者法案》(the USA Patriot Act)等法规规定要严格执行反洗钱制度，对违反者严惩不贷。

P2P 网贷平台运营规则方面，由于目前对 P2P 网贷功能认定没有统一的标准，无论以证券模式监管或者类银行监管模式进行监管，都是以其业务的功能为出发点，以信息披露为核心设立运营规则。因此，P2P 网贷平台的运营规则以充分的信息披露监管为核心，辅之以平台自有账户与客户资金账户分离制度及风险提示制度，加强了对平台信息与风险的管理。总而言之，平台监管规则的设计既要体现其业务功能属性，又要便于 P2P 网贷业务的创新与发展。例如，在法国，P2P 网贷平台的信息披露制度主要有两方面，一是信息披露规则，具体为披露基本的信息，如网贷平台的注册号、所持的牌照、报酬方式及费用；每个项目和发起人的信息及资格标准，项目申请的资格和筛选的条件；为出借人提供用于对预借款评估的工具；向借款人提供一份包括借贷数额、利率、期限、偿还条件等在内的综合信息文件。网贷平台应主动向 ACPR 提供相应的信息、缴纳管理费，并配合该部门的监管工作。二是风险提示义务，网贷平台应及时提醒与警示无法偿还贷款的后果和项目有关的风险。① 例如，美国对 P2P 网贷监管的重点是公司是否合规披露信息。P2P 网贷平台需要在 SEC 的电子化数据收集、分析和检索系统(Electronic Data Gathering, Analysis, and Retrieval System, EDGAR)以及网贷平台上披露下列信息：注册时的登记表(Registration Statement)、招股说明书

① 顾晨：《法国众筹立法与监管介绍》，载《互联网金融与法律》2014 年第 10 期。

(Prospectus)、年度报表 10 – K(Annual Report)、重大事件表 8 – K(Current Report)、季报报表 10 – Q(Quarterly Report)等。[①] 需要在 EDGAR 上传当日平台上列出的所有借款人的信息资料。借款信息主要分为两部分:借款项目的信息与借款人的信用评估信息。其中,借款项目的信息包括:借款总额、待筹集额、筹资期限、收益率、服务费用、平台评定的借款人信用等级、估计的损失率、借款利率、上市时间、月付额度等;借款人的信用评估的信息包括:平台评定的信用分数、FICO(Finance Controlling)分数、信用额度、债务/收入比率、工作状态、职业、收入、财产状况、以往的信用记录等。[②]

众筹平台运营规则应界定其业务经营范围,遵守运营的限定范围,侧重信息披露,审核投资者信息,提示风险。例如,根据 JOBS 法案,美国众筹平台的主要业务包括:发行中介服务,即允许初创企业通过网络平台发行、销售、购买或洽谈证券;提供调查服务,即提供关于证券发行、销售、购买等尽职调查服务;向投资者和证券发行机构(初创企业)提供标注化文件服务。[③] JOBS 法案第 304 款规定,禁止众筹平台:(A)提供投资意见或建议;(B)通过劝诱性的购买、销售或者发行方式,吸引购买其网站发行或展示的证券;(C)基于其网站展示或推介的证券,为实施劝诱行为的员工、代理机构或其他个人支付报酬;(D)持有、管理、拥有或者处理投资者基金;(E)或参与证券交易委员会按照规则确定的其他限制行为。[④] 美国《众筹监管条例》进一步明确了集资门户具有从事某些活动的能力,设置了安全港规则,即集资门户不得从事下列活动:提供投资建议或推荐;为平台上展示的证券招揽购买、发售、出售;不因上述招揽行为或销售平台所展示证券或向平台引流而向员工、代理商、或者其他人提供报酬;拥有、管理、持有或处理投资者资金或证券;或者从事证券交易委员会根据规则所确定的不得从事的相关行

---

① Prosper, "SEC Filings", https://www.prosper.com/prospectus/, Feb. 27, 2015; Lending Club, "SEC Filings", http://ir.lendingclub.com/docs.aspx? IID = 4213397, Feb. 27, 2015.

② Prosper Funding LLC, "Borrower Payment Dependent Notes", https://www.sec.gov/Archives/edgar/data/1416265/000154257415000125/listing_20150219 – 1650.htm, Feb. 27, 2015.

③ JOBS § 201(c)(2)&(3).

④ JOBS § 304(b).

为。[①] 法国股权众筹平台被允许提供非上市公司的金融证券认购服务，主要是向投资者提供特定的投资建议服务，为企业有关资本结构、产业战略和并购提供建议的服务，提供参与性融资框架下的认购服务，如认购书管理。在认购前要对潜在的投资者进行证券性质和风险的提示。[②]

第四，制定金融消费者保护制度。从风险保障、合格投资者及投资限额、个人隐私信息保护、教育培训机制、纠纷解决机制等方面出发，设立互联网金融消费者保护制度。

在风险保障规则方面，针对互联网金融的具体业务类型，或者采用商业保险的形式，或者从其平台的自有资金与交易的收益、费用中提取一定的比例合成专项保障基金。例如，法国根据《参与性融资法令》规定，对于股权众筹平台与 P2P 网贷平台，从 2016 年 7 月起强制办理职业保险，且该要求成为注册条件之一。在此之前，网络平台应办理职业保险，且有义务告知客户是否已经办理了该保险。其目的就是能覆盖其职业民事责任可能造成的经济损失。[③]

根据具体的业务类型，设定合格投资者的条件及投资额度制度，以此分散风险，保护投资者权益。比如，在 P2P 网贷中，借贷双方必须符合规定的条件，且不能超出投资额度的限制，以此分散风险，保护投资者。在美国，P2P 网贷的双方都必须符合平台规定的一定要求与条件。例如，Lending Club 要求申请者必须是年满 18 周岁的美国公民或永久居民（限于允许开展业务的州），且有一个有效的社保号和银行账户；申请者 FICO 的评分应为 660 分或以上；申请者的债务与收入比率应低于 35%（不包括住房抵押贷款）；申请者应有至少三年的信用记录，在过去的 12 个月内应显示目前没有拖欠、最近破产（七年内）、开放的税收留置权，撇账或非医疗集合账户；对于 FICO 为 740 分及以上信用分数的申请者，其信用报告在过去 6 个月内不得超过 9 次信用调查；对于 FICO 低于 740 分的申请者，其信用报告在过去 6 个月内不得超过 4 次信用调查；申请者不可透支其所有信用卡，且

---

① REGULATION CROWDFUNDING § 227.402(a).

② 顾晨：《法国众筹立法与监管介绍》，载《互联网金融与法律》2014 年第 10 期。

③ 同上。

信用卡循环使用率要小于100%；申请者在信用报告中应拥有超过3个账户，其中至少2个当前应该是开的。① 在股权众筹中，投资者的适当性与额度被规定为12个月内总额不超过100万美元，其中，单个投资者如果年收入小于10万美元，则每年可以参与投资的额度为2000美元或其5%的年收入或净值，两者之中的较高值；单个投资者如果年收入大于10万美元，则每年可以参与投资额度为其年收入的10%或者个人净资产的10%，单个投资者每年的最高股权众筹投资额为10万美元。② 随后，2015年10月30日，SEC制定的众筹监管条例对投资者投资限额不清楚的地方予以了明确规定，即12个月内总额不超过100万美元中，对任一投资者的额度应为：当该投资者的年收入或净资产中的任何一项低于10万美元时，限额为2000美元或者该投资者年收入或净资产中较小的5%，取其中较大者；当该投资者的年收入或净资产中均大于或等于10万美元时，取该投资者年收入或净资产中较小的10%，且总额不得超过10万美元。③ 法国的P2P网贷仅允许自然人在以不出于职业或商业需求的情况下向他人提供有限额有息或无息的贷款，每个发起人每个项目的最高贷款额不得超过100万欧元。对于有息借款，出借人每个项目不得超过1000欧元；对于无息借款，每个项目不超过4000欧元。在股权众筹领域，法国规定融资总额不得超过100万欧元，且在认购前，平台必须对潜在的投资者进行适当性测试。④

在个人隐私信息保护与权益方面，明确个人隐私信息保护的内容与范围，严格规范保护个人隐私信息的责任与义务，建立个人数据库保护制度，规定平台应该妥善保管好客户的个人数据库信息。通过设定明确的保护消费者的义务规则，来对互联网金融消费者进行保护。例如，美国为实现对第三方支付的功能监管，侧重交易过程中消费者权益的保障与个人隐私信息的保护，根据《金融服务现代化法》（又称《格莱姆—利奇—比利法案》），对

---

① ［美］Peter Renton：《Lending Club简史》，第一财经新金融研究中心译，中国经济出版社2013年版，第85～86页。

② JOBS § 302(a).

③ REGULATION CROWDFUNDING § 227.100(1)&(2).

④ 顾晨：《法国众筹立法与监管介绍》，载《互联网金融与法律》2014年第10期。

消费者的个人信息进行保护。[①] 另外,设立账单信息规则、消费信用规则、电子转账规则、公平交易规则等,以规范第三方支付机构,保护金融消费者。具体而言,根据《诚实账单规则》形成的账单信息规则,要求运营商提供准确、清晰、详尽的计费账单。《诚实借贷法案》和《监管指令 Z》组成的消费信用规则主要覆盖消费者信用支付类业务,要求债权人明确揭示信贷成本、争议解决机制等。由《电子转账法案》和《监管指令 E》形成的电子转账规则,要求事前明确揭示消费者的权利和义务、争议解决机制等,主要适用于通过消费者账户(贷记卡或信用卡)进行的支付。[②] 监管部门按照法律法规的规定,要求 P2P 网贷平台不得将消费者的个人信息透露给无关联的第三方。

此外,还要向消费者公开平台的隐私政策及实施的措施。法国审慎监管局对 P2P 网贷进行监管,规定平台负有向借款人按标准提供格式合同的义务,并且要以审慎监管局指定的格式为标准,具体包括:在借贷合同期间,利率不能超过法定的高利贷款利率,而且利率应明确、固定;合同应明确借贷双方是否具有撤回权、发起人是否有提前还款权,如有,应则明确规定期限和操作方式。[③]

教育培训机制规则方面,规定平台负有向金融消费者提供介绍基础金融知识与投资产品基本情况的义务;网络平台应提供进行模拟测试的服务,以提高金融消费者对投资产品的风险认识;监管机构负有开展金融消费者的教育、培训、测试等方面活动的义务;消费者自身负有加强学习、提高风险认识的义务。通过金融基本知识的培训与教育制度以及各方履行相应的义务,使金融消费者明确投资具有一定的风险,避免盲目投资。例如,美国成立的 CFPB 在强化金融消费者教育方面,利用多种方式加强金融消费者教育:设立专门内设机构,即金融交易与消费者参与部门(Consumer Education and Engagement Division);开设消费者免费咨询电话;利用官方网站提供基础金

---

① GLB Act § 501 – 527.

② 鲁政委:《互联网金融监管:美国的经验及其对中国的镜鉴》,载《金融市场研究》2014 年第 6 期。

③ 顾晨:《法国众筹立法与监管介绍》,载《互联网金融与法律》2014 年第 10 期。

融知识;加强与消费者的互动。①

在纠纷解决机制规则方面,设定专业的纠纷投诉机构及处理的程序;通过强制保险制度或者风险保障金制度,在最大限度内赔偿金融消费者的损失,保障其权益。例如,根据《多德—弗兰克法案》,美国消费者金融保护局应设立投诉处理部门②。为此,消费者金融保护局设置了消费者投诉处理部门(Consumer Response),并制定了一套专门的消费投诉与处理体系。消费者可以通过相应的渠道进行投诉,CFPB 在接到投诉之后要求金融机构在 15 日内对消费者的投诉向 CFPB 作出回应,CFPB 将在 60 日内处理完投诉。通过投诉反馈、投诉信息共享和分析以及消费者救济等方式,保障消费者权益。③ 法国要求股权众筹平台与 P2P 网贷平台办理职业保险以保障消费者权益。

第五,市场退出制度。互联网金融市场退出制度包括,平台应当履行破产或终止服务的后续义务、执行的程序、承担的责任以及纠纷解决机制等,以此来协助和维护金融消费者的权益。市场退出是互联网金融市场竞争的必然结果,妥善有效的退出机制既能有效地保障消费者权益,又能促进互联网金融市场的合理竞争和有序健康发展。比如在法国,P2P 网贷平台破产或终止服务时,监管部门要求平台必须和一个有资格从事交易的服务商签署协议,由服务商负责完成其未完成的项目,项目完成后方可结束服务。④ 美国规定了 P2P 网贷的破产后备措施以保障消费者的权益。比如,Prosper Marketplace 公司经 SEC 批准成立了全资子公司 Prosper Funding,其目的就在于破产隔离、保护投资者。Prosper Funding 的架构与运作遵循两个原则:一是最小化受到自愿或非自愿破产或类似的诉讼影响的可能性;二是最小化与 Prosper Marketplace 实质性合并的可能性,即使 Prosper Marketplace 申请破产,它的债权人也无权追索 Prosper Funding 的资产。因此,Prosper Funding 无论

---

① CFPB,"Educational Resources", http://www.consumerfinance.gov/about-us/consumer-education-engagement/, Feb. 27, 2015.

② Dodd-Frank Act § 1013(b)(3).

③ CFPB,"What happens after I submit a complaint?", http://www.consumerfinance.gov/complaint/, Feb. 27, 2015.

④ 顾晨:《法国众筹立法与监管介绍》,载《互联网金融与法律》2014 年第 10 期。

从对内还是对外的经营活动来说,都是独立的法人实体。根据双方签订的管理协议(Administration Agreement),Prosper Marketplace 将平台的所有权,包括专有技术和其他关于平台操作的权利都转移给 Prosper Funding。Prosper Funding 委托 Prosper Marketplace 运营和管理平台,所有的贷款直接记入 Prosper Funding 的资产负债表。Prosper Funding 会发行与贷款关联的收益权证,投资者购买后成为 Prosper Funding 的债权人,借款人则是 Prosper Funding 的债务人,支付义务仅限于 Prosper Funding 公司,母公司 Prosper Marketplace 及借款人不需要承担支付义务。如果 Prosper Marketplace 破产,用户的借贷资金不会被归入其债权人的赔偿要求之内。此种破产保护机制可以保护投资者。①

第六,交叉创新产品监管的协调制度和宏观审慎制度的建立。在功能监管模式下,互联网金融的监管及制度设计都是以其业务性质和功能能够清晰划分为前提的。但是随着互联网技术的发展与金融的融合及消费者需求的多样化,互联网金融业务类型与产品及服务也在动态化的创新发展。例如,第三方支付和虚拟货币结合的创新产品,就不能简单地被划分为支付或虚拟货币创造的信用功能,此时就需要建立交叉性创新产品的监管协调制度,即在创新模糊了业务性质的边界时,针对新型的金融业务与产品,以产品的核心功能为主,确立主导与协调监管部门,明确各个部门的权限与职责、监管的程序与方式,形成协调性的监管制度。此外,由于功能监管模式下,互联网金融的监管依据金融功能的属性进行划分,专注于业务相同的产品,仅能预防局部风险。因此,应汇聚互联网金融各个监管部门的监管风险及数据形成互联网金融行业整体的风险监管制度,即确定防范系统性风险的监管部门,明确各个监管部门汇总风险与数据的义务与程序,形成维护互联网金融稳定与安全的审慎制度。

第七,行业自律制度。在政府的公权力监管之外,强调市场主体的参与、自治、自律对行业的发展有很好的推动作用,可以弥补政府监管的不足之处。国际上对互联网金融的监管经验表明,行业自律对互联网金融最初

---

① Prosper,"Annual Report on Form 10 – K for the Fiscal Year Ended December 31,2013",https://www.prosper.com/Downloads/Legal/prosper10k12312012.pdf,Feb. 27,2015.

的创新、未来规范的发展及投资者保护等方面具有无法替代的作用。互联网金融功能监管模式下，行业自律制度可以从行业平台技术标准、业务性质、业务规范标准、违反行约责任、投资者保护、社会责任等方面进行构建与设定。例如，JOBS法案颁布后，美国FINRA于2013年10月发布《集资门户监管规则》（征求意见稿）。随后，SEC批准了FINRA关于集资门户的监管规则，该规则于2016年1月29日生效。[①] 至此，FINRA明确了集资门户的自律监管规则。[②] 法国最大的众筹协会"法国参与性融资协会"（FPF），根据相关的法规制定了《职业行为守则》，要求每个成员必须遵守规则，设立董事会对众筹平台运营进行监管，并提供解决纠纷的仲裁机制。[③]

总之，功能监管模式下互联网金融监管制度的设计，不但要着眼于按照金融业务功能实施监管，还要在互联网金融创新发展的后危机时代，注重监管制度的前瞻性即协调监管和防范系统性风险。

二、目标监管模式下的制度设计

金融创新与金融监管是金融市场不可避免的问题。互联网金融的创新发展对金融监管模式及其监管制度提出了挑战。为了规范互联网金融的发展，促进其创新的活力，扩大其带来的效益，各国的监管部门也在不断的调整、改变、丰富其监管模式与制度。反思2008年国际金融危机这一沉痛的教训其发生原因之一就是对消费者的保护不足，即便有审慎监管，它的作用与力度及范围也相对有限。而这一问题的解决与对危机的防微杜渐都与金融监管的模式与制度有关。早在20世纪70年代，美国国家保险协会在《市场行为检查手册》中就正式提出了行为监管（Market Conduct Regulation）的概念[④]；英国经济学家泰勒于1995年提出了金融监管的"双峰"理论（目标监管），经古德哈特等人的完善，这一理论最终形成了系统的目标监管理论

---

① FINRA, "SEC Approval of FINRA Funding Portal Rules and Related Forms", http://www.finra.org/industry/notices/16 – 06, Feb. 27, 2016.

② Funding Portal Rules.

③ 顾晨：《法国众筹立法与监管介绍》，载《互联网金融与法律》2014年第10期。

④ 焦瑾璞：《构建中国金融行为监管体系研究》，中国金融出版社2015年版，第3页。

体系。澳大利亚于1998年率先采用该理论,经历2008年的国际金融危机洗礼之后,事实证明目标监管具有有效性。于是,各国在后危机时代纷纷调整其监管理念与制度。英国改革后采用目标监管模式;美国在伞形功能监管模式的改革后,趋向于在突出双峰的基础上进行双层多头功能监管;法国正在从按领域分类的监管模式向以目标为目的监管模式发展。对互联网金融采用目标监管模式既能适应互联网金融的混业经营、产品跨机构等创新发展的要求,又能保护人数众多、分布广泛甚至跨国界的"长尾"大众的权益。目标监管模式下互联网金融监管制度的设计离不开审慎监管制度和行为监管制度的确立与完善。

(一)目标监管制度设计的理念

互联网金融目标监管制度的根本就在于其所要追求实现的目标和想要达到的效果。目标监管模式下,互联网金融监管制度的设计始终都围绕着整个金融系统的安全与稳定,同时又不偏离保护金融消费者权益的轨道。互联网金融目标监管制度设计的理念主要包括:

1. 坚持以金融消费者保护为核心的行为监管

保护互联网金融消费者是目标监管模式下监管制度所要追求的两大目标之一。互联网金融消费者面对着交叉性、跨市场、跨行业的互联网金融产品,加之其自身存在投资经验不足等方面的问题,难免会出现与互联网金融机构的地位不平等。这种不平等势必影响金融消费者权益,导致不公平与不公正。加之消费者的非理性行为、对市场的信心及风险触发事件的传导扩散,必然会波及金融的安全与稳定。因此,基于互联网金融市场信息不对称和市场不稳定,对互联网金融消费者进行保护是后危机时代互联网金融监管需要矫正和解决的关键问题。

互联网金融消费者的保护离不开行为监管。从法理上看,行为监管的价值在于保护金融消费者、维护社会本位的公平正义[①]。何谓行为监管?泰勒认为行为监管(Conduct of Business)是确保金融机构在为客户提供服务时遵守商业行为规范,最终让消费者能在一个公平、透明的环境中进行交

---

① 廖岷:《银行业行为监管的国际经验、法理基础与现实挑战》,载《上海金融》2012年第3期。

易,防止欺诈的产生。[①] 卢埃林等认为行为监管是在金融机构和消费者之间建立规则,恰当地引导商业行为和实践,处理好金融机构与消费者之间的关系。[②] 一般来说,行为监管既规范金融机构和消费者之间交易的行为即金融消费者保护,也规范金融机构之间、金融机构与非金融机构之间等企业之间的交易行为。有学者认为,行为监管根植于“双峰”理论,着眼于金融系统的稳定和消费者权益保障这两大目标,是指监管机构为保护金融消费者权益,对金融机构在经营实务中的服务行为以及金融消费者在购买或使用金融消费品过程中的消费行为实施的动态监管。[③] 有的学者则认为,行为监管是监管机构制定的公平交易、反欺诈误导、反不正当竞争、广告行为、消费争端解决、充分信息披露、个人隐私信息保护、弱势群体保护、合同规范、债务催收等金融机构必须遵守的规则。监管机构对金融机构保护消费者的总体情况,定期组织现场检查、评估、披露和处置。行为监管也包括对诸如银行间同业拆借市场上各参与银行定价等行为的监管,从这一点上也可以看出,行为监管与金融消费者保护有一定区别,但一般意义上的等同使用也是可以的。[④] 其实,学者们对行为监管的认识大同小异,都落脚于金融消费者保护。互联网金融目标监管模式中,行为监管就是以互联网金融消费者保护为核心,在这一点上二者基本上可以等同使用。互联网金融具有跨机构、跨行业、无界性等特征。在互联网金融模式下,交易的一方金融消费者是人数众多、缺乏经验与知识的草根;另一方是创新产品、时空转换快的互联网金融机构。在二者的交易过程中存在交易信息不对称、资金安全存在隐患、电子合同不平等、个人隐私保护不到位等风险。[⑤]

总之,监管机构通过行为监管,方能维护金融消费者的权益并维持消费者对金融市场的信心,达到保证金融稳定的功效。因此,金融消费者保护理

---

① Michaell Taylor, Twin Peaks: A Regulatory Structure for the New Century, *Center for the Study of Financial Innovation London*, 1995(12), pp. 2 – 7; Michael Taylor, Road from Twin Peaks-and the Way Back, *Connecticut Insurance Law Journal*, 2009, 16(1), pp. 94 – 95.

② Llewellyn, The Economic Rationale for Financial Regulation, *FSA Occasional Paper Series*, 1995(1), p. 11.

③ 焦瑾璞:《构建中国金融行为监管体系研究》,中国金融出版社2015年版,第17页。

④ 王华庆:《论行为监管与审慎监管的关系》,载《中国银行业》2014年第5期。

⑤ 焦瑾璞:《构建中国金融行为监管体系研究》,中国金融出版社2015年版,第17页。

念始终体现在互联网金融目标监管的具体制度设计中。

2. 审慎监管

泰勒认为系统性风险有三个要素：一是风险触发事件；二是风险传导机制；三是金融风险对实体经济的影响。[①] 随着互联网金融的不断发展，其自身所产生和累积的风险达到一定程度时会通过风险触发事件和特有的传播途径与机制对实体经济造成影响，引发系统性风险。针对系统性风险，对所有的金融机构包括互联网金融机构进行审慎监管以维护金融体系的稳定、防范金融危机的发生，是目标监管模式下一大重要的目标。审慎监管是为了维护金融系统的安全稳定，以比率监管、内部控制等作为运营条件，以风险高低作为筛选标准的一种监管理念与做法。[②] 互联网金融审慎监管包括宏观审慎监管与微观审慎监管两类。坚持宏观审慎监管，针对互联网金融对金融系统安全、稳健运行及对实体经济的影响进行监管，维护金融系统的整体安全与稳定。对单个互联网金融机构的安全和稳健，实施微观审慎监管。对互联网金融监管而言，既要尊重市场规律、鼓励其创新发展、适度监管，又要防范系统性风险的发生。因此，互联网金融目标监管模式下的制度设计不应忽略防范系统性风险的审慎监管。

（二）目标监管制度的框架

以防范系统性风险和金融消费者保护为目标导向，按照目标监管模式设计制度理念，并在协调好审慎监管与行为监管的关系及加强行业自律、促进创新的基础上，制定、修改、完善法律法规体系，搭建互联网金融目标监管制度的框架及具体的规则。

（三）目标监管制度的规则

目标监管制度的构建应以互联网金融消费者保护为核心，围绕行为监管和审慎监管两个方面展开。金融行为监管的立足点在于保护金融消费者的权益，这更加强调监管部门的前瞻性、主动性和引导性。它不是打造一个或者几个代表金融消费者的权益保护机构，而是构造一个新的金融秩序，让

---

① Taylor, "Defining Systemic Risk Operationally", George Shultz, Kenneth Scott, John B. Taylor eds., *Ending Government Bailouts as We Know Them*, Hoover Press, 2009, pp. 33 – 34.

② 巴曙松、王璟怡、杜婧：《从微观审慎到宏观审慎：危机下的银行监管启示》，载《国际金融研究》2010 年第 5 期。

广大金融消费者有能量、有权利、有条件最大限度地参与金融业务、受益于金融发展,从而形成促进社会福利最大化、社会地位均等化的金融机制。① 保护金融消费者,既要保障投资者的安全与收益,又要不增加融资成本。因此,互联网金融的行为监管制度,主要从保护金融消费者角度出发,结合互联网金融的新特点,侧重于信息披露,注重成本与收益平衡。宏观审慎监管立足于防范互联网金融的系统性风险,监测和控制互联网金融的风险,维护金融系统的安全与稳定。

1. 行为监管的规则

基于互联网金融市场的信息不对称、追求公平与正义、消除交易双方的非理性因素(过度自信与反应不足、信息串流、羊群效应等)的考量与动因,行为监管从需求方(互联网金融消费者)维度监管供给方(互联网金融机构)销售产品的行为和采取的服务方式,使得互联网金融消费者能克服有限的理性与认知偏差以保护自身应得权益。因此,互联网金融的行为监管制度应该围绕互联网金融机构的经营行为和服务行为展开,以实现其核心目标,即保障金融消费者的权益、增强其对市场的信心、促进金融市场的有效竞争和维护有序秩序。互联网金融行为监管规则的设定应该以体现"以问题为导向"的前瞻性思维,要求互联网金融机构必须符合合规要求,对相关问题采取主动干预。它是一种具有前瞻性和引导性的监管举措,主要围绕信息披露和营销两个方面进行。具体而言,互联网金融行为监管的规则包括以下几个方面的内容:

(1)互联网金融机构经营资格规则

互联网金融机构通过网络平台进行互联网金融产品与服务的经营活动,它必须具备的最基本要求是,为了使互联网金融交易公正、平等、安全、有效,互联网金融机构必须要有健全的组织结构、有符合要求的营业场所、IT 基础设施和安全保障措施,②有的业务类型甚至需要达到最低资本金要求。虽然没有像传统金融机构那样严格的要求,但是由于互联网金融要通过网络平台创新型的提供金融服务,涉及技术、安全和金融风险等问题,所

① 焦瑾璞:《构建中国金融行为监管体系研究》,中国金融出版社 2015 年版,第 19 页。

② 谢平、邹传伟、刘海二:《互联网金融手册》,中国人民大学出版社 2014 年版,第 219 页。

以互联网金融机构还是要具备一定的基础条件以抵御风险并保障金融消费者权益。

其一,互联网金融机构应有健全的组织结构、运营的基础设施和治理结构等。比如,在运营基础方面,新西兰的立法规定,股权众筹平台必须始终具有公平、有序、透明的系统与程序;必须规定反欺诈政策与公平交易政策,并采取有效措施予以实施;必须具备相应的管理和专业人才;审查并管理好外部资源所提供的服务;必须具有相关的系统和程序以进行数据的记录、保存与报告等。[①] 在治理结构上,对高管人员有要求:在准入审查时,排除不合规的股东和管理者;在持续经营阶段,严格控制股东、管理者与互联网金融机构之间的关联交易。[②] 意大利规定众筹门户经营机构的控制股东必须是正直的,即正直性要求(Integrity Requirements),高管人员还有职业要求,[③]即除非属于同一集团,已登记众筹网络平台的高级管理人员、董事和执行者不得在其他同类公司担任相同职位。[④]

其二,互联网金融机构要有严格的风险内控制度。互联网金融面临的一个不容忽视的风险就是信息科技风险,它带来的最大问题就是数据安全问题,即数据被篡改、滥用的风险,这影响到金融消费者的隐私保护问题。如果数据被盗用,就会损害金融消费者的财产权益。因此,互联网金融机构要从技术和制度两个方面健全风险内控制度。一方面,确保软硬件技术能抵御外来不当侵害,诸如计算机病毒、黑客攻击、钓鱼网站诈骗等,严格遵守法律法规,采取有效措施加强对金融消费者信息的保护,防止信息泄露和滥用;另一方面,在制度上要形成严格的内控制度,确保互联网金融消费者合法的金融资产不被非法冒领、盗取或者非法的查询、冻结等。此外,互联网金融机构还要承担反洗钱责任。例如,英国在对第三方支付公司 Allpay[⑤] 的监管上,采用 PCI DSS(Payment Card Industry Data Security Standard)规则

---

① FMC Act 2013 § 402&403;FMCR 2014 § 186,191,193,195,196,197.

② 谢平、邹传伟、刘海二:《互联网金融手册》,中国人民大学出版社 2014 年版,第 219 页。

③ 樊云慧:《股权众筹平台监管的国际比较》,载《中国法学》2015 年第 4 期。

④ 《意大利众筹规则》,姜旻、许多奇译,载许多奇主编:《互联网金融法律评论》(1)法律出版社 2015 年版,第 119 ~ 120 页。

⑤ 何芊玥:《为何英国第三方支付和银行间没有爆发矛盾》,载财经网:http://finance.caijing.com.cn/20151203/4024859.shtml,2015 年 12 月 10 日最后访问。

来确保敏感信息安全,这一规则可以保证信用卡和储蓄卡的卡号是被保护的且未被不正当存储。FCA 负责审查诸如洗钱或者电子货币之类的项目,他们会严格确保 Allpay 有保护客户资金安全的流程和措施。

其三,平台开展业务必须取得经营牌照。无论采取何种监管框架,互联网金融平台都是监管的核心要素。因此,无论采取注册制还是许可制,互联网金融业务平台都必须取得相应类型的牌照,方有资格开展业务。比如,在英国无论从事 P2P 网贷还是股权众筹,都要经过 FCA 的许可,获得牌照后才能从事相应的业务。新西兰规定,从事众筹服务的企业必须向 FMA 申请注册,获得许可。在澳大利亚众筹法规中,从事股权众筹必须获得澳大利亚 ASIC 的许可,金融服务牌照(AFSL)是开展众筹业务的前提。

此外,出于保证金融安全与保护金融消费者的考虑,互联网金融某些业务类型需要制定最低资本金制度。最低资本金要求可以在一定程度上预防诈骗,进而达到保护投资者利益的目标。但是,在对投资者保护的基础上,尽可能的将对市场主体的限制降到最低,防止行业进入门槛过高。例如,英国对借贷型众筹(P2P 网贷)监管实行最低资本金制度,将资本金分为固定最低资本标准与浮动最低资本标准,以二者的较高值为准。2014 年 4 月 1 日至 2017 年 3 月 31 日为过渡期,过渡期内实行 2 万英镑的标准。最终固定最低资本为 5 万英镑。浮动最低资本金以平台会计基准日借款总额(非累积额度)为基础,采取累进制方法进行计算,具体为:贷款资金总额不超过 5000 万英镑的部分,资本金计算比例为 0.2%;5000 万至 2.5 亿英镑的部分为 0.15%;2.5 亿英镑至 5 亿英镑的部分为 0.1%。[①] 又如,澳大利亚众筹法规规定,开展众筹业务的公司必须是主营业地在澳大利亚的公开上市的股份有限公司,发行众筹投资项目时,公司的总资产和年收益都必须少于 2500 万澳元。[②]

(2)投资者适格、投资限额规则

互联网金融是基于网络平台的创新型金融,面临着科技风险与金融风

---

① The FCA's Regulatory Approach to Crowdfunding over the Internet and the Promotion of Non-readily Realisable Securities by other Media.

② Corporations Amendment(Crowd sourced Funding)Bill 2017.

险等不确定性因素，存在网络诈骗、非法集资等损害金融消费者权益的问题。因此，应该确立互联网金融投资者适格制度，针对不同互联网金融的业务类型与产品，设置不同的投资者合格标准。该标准主要考量两个方面的因素：一个是投资者的主观标准方面，即教育背景、从业经历、投资经验等方面；另一个是投资者的客观标准方面，即投资者拥有的财产数额方面，尤其是股权众筹这类业务。结合这两个方面，设置投资限额规则。例如，英国投资众筹的投资者被限定在以下几类：专业投资者；接受建议的零售投资者，但需要确认其在接受投资促销时，将会受到授权人士的规范投资建议和投资服务管理；被分类为企业融资和风险投资可接触的零售客户；被认证为或者自己申请为成熟投资者的零售客户；被认证为高净值的零售客户，即年收入超过10万英镑或净资产超过25万英镑（不含常住房产、养老保险金）的投资者；确定投资不会逾总资10%的零售客户，即在不影响其基本生活条件的情况下，投资未上市股票或债券的限额是个人可投资金融资产（扣除主要住所、养老金和保险）的10%。[①] 新西兰对股权众筹规定的限额为：在一年内，股权众筹发行人募集的资金总额不超过200万新元。[②] 澳大利亚的众筹法规规定，公司从单一零售投资者手中募集资金的上限为1万澳元。[③]

（3）客户资金保护规则

互联网金融客户资金关系到客户的切身利益。因此，应该设置客户资金保护规则，把互联网金融平台自身的资金和客户的资金隔离开来，由监管机构认定的合格的第三方机构对客户资金进行专项的结算托管。进一步来讲，对于第三方支付业务来说，应该选择监管机构认定的商业银行作为资金的托管人，客户资金在商业银行专户存储、专户核算、单独设账，第三方支付机构无权挪用或侵占客户资金。对于P2P网贷，平台必须选择适当的第三方机构（由监管机构认定的商业银行或者第三方支付公司），并把把客户的资金存放于此，实现出借人和借款人资金的隔离管理制度。对于股权众

---

① The FCA's Regulatory Approach to Crowdfunding over the Internet and the Promotion of Non-readily Realisable Securities by other Media.

② FMCR 2014 § 186(1)(g).

③ Corporations Amendment(Crowd sourced Funding) Bill 2017.

筹,众筹平台的自有资金与投资者资金必须分开,平台不得持有投资者资金,资金须由监管机构认定的合格第三方机构进行托管。托管时,由第三方机构出具书面承诺书,待众筹项目发行成功后将投资者资金转给发行人,或者发行失败被撤销后将资金再转给投资者。例如,英国在对借贷型众筹的监管中要求 P2P 网贷平台适用客户资金管理手册(CASS)的规定。P2P 网贷平台的客户资金必须托管于银行,而且需要对该银行即第三方托管进行尽职调查。平台必须进行记录、核对客户资金账户数额。平台负有向 FCA 报告的义务,小型企业(持有客户资金在 0 ~ 100 万英镑)公司管理层负责每年向 FCA 报告;中型企业(持有客户资金在不低于 100 万英镑,但不超过 10 亿英镑)和大型企业(持有客户资金在超过 10 亿英镑)应配置专门人员,每月向 FCA 报告持有客户资金的规模。

(4)互联网金融平台的信息披露规则及风险提示制度

平台信息披露和风险提示是互联网金融行为监管规则的核心所在,它是实现金融消费者保护的主要监管手段。但是,互联网金融平台的信息披露不同于传统金融业务的披露要求,比如股权众筹的披露与传统证券发行的披露的要求就不同。在保护金融消费者的前提下,根据互联网金融的业务类型并在考虑成本与收益的情况下制定互联网金融平台信息披露及风险提示的规则。规则设定主要围绕平台的业务信息和服务信息展开,根据互联网金融的不同业务类型,详细规定了平台业务需要披露的内容及类别,并准确、无误、及时地提示风险。披露时应主要包含平台自身信息、金融产品类别、具体项目的全面信息、服务合同等方面的信息,而且要注重披露整个产品或项目的流程中相关的业务与服务信息,并合理提醒金融消费者存在的风险。比如,对 P2P 网贷平台而言,除了披露平台基本信息外,应当围绕借款人的信息、借款项目的详细信息及相关的服务信息进行详细的披露。股权众筹的披露,应包括平台的信息、发行人的信息、项目的信息及相应的监管要求的服务信息,即采用标准化的模板,使 P2P 网贷借款人的“硬信息”(信用评分、收入等定性信息数据)更加透明,披露贷款用途和会计的标准化。[①]

---

① Eleanor Kirby, Shane Worner, “Crowd-funding: An Infant Industry Growing Fast”, http://www.iosco.org/library/pubdocs/pdf/IOSCOPD459.pdf, Mar. 28, 2015.

英国 FCA 对众筹监管规则的制定主要是以信息披露为基础而设计的。对借贷型众筹,FCA 要求披露平台的信息和平台提供服务的信息,主要内容包括:平台的业务信息,即借款人的信息、违约率信息、回报率相关信息、实际收益率、担保情况信息、平台处理延迟支付、违约的程序、有关税收计算信息等;还有 FCA 的授权文件披露、运营报告、费用说明、计提风险备付金、联系方式等服务信息。① 而且,这些信息必须在平台提供服务和客户进行交易之前的恰当时间提供。FCA 规定网贷平台要严格披露风险、在宣传中清晰的描述风险、不能隐瞒重要的信息与警告,严格禁止不合适的比较,使出借人能评估风险并了解最终的借款者。为了满足金融产品的推介规则,FCA 希望平台提供的信息在收益与风险之间是平衡的,且足够详细,包括网贷平台是否对被投资公司进行了尽职调查、尽职调查的范围及相关分析的结果。网贷平台要说明在缺乏二级市场的信息以及涉及赔偿计划安排时,关于无法向金融服务赔偿计划追偿的信息。② 在风险提示方面,新西兰要求众筹平台在网站的主页或者投资者申请或购买金融产品之前的页面上,对投资者明确、显著地提示风险;要求取得投资者已看到、了解风险的确认;要求平台与投资者必须签署客户协议,并对客户协议的必备条款作出规定。③

(5)冷静期制度

给予金融消费者冷静期考虑,冷静期内消费者可以单方行使合同解除权,这是互联网金融消费者保护上的一项重要制度设计。根据互联网金融具体的业务类型与产品设置冷静期制度,使得满足一定条件和程序的金融消费者可以在冷静期内无条件地撤销与平台之间的服务协议,并不负任何责任。英国 FCA 对 P2P 网贷就采用了冷静期规则,即出借人与众筹平台签订的服务协议中包括出借人享有单方撤销权。两种情形下可适用此规则:如果 P2P 网贷平台没有二级市场,那么投资者在 14 天内可以无任何理由取消投资且不承担责任,但在 14 天内不允许投资者再次投资;如果 P2P 网贷

① The FCA's Regulatory Approach to Crowdfunding over the Internet and the Promotion of Non-readily Realisable Securities by other Media.

② 张雨露:《英国投资型众筹监管规则综述》,载《互联网金融与法律》2014 年第 6 期。

③ FMCR 2014 § 196(2),197.

平台有二级市场,而且投资者能够转让债权,则不适用。① 澳大利亚的众筹法规规定了5天的冷静期,即投资者可以在5天的冷静期内撤销投资,②而最初的草案只有48小时。这意味着对投资者加强了保护。

(6)纠纷解决机制与补偿制度

互联网金融纠纷解决机制的设置可以切实保护金融消费者的权益。第一,互联网金融机构要建立内部的金融消费者投诉处理机制;第二,行为监管机构设立接受投诉、处理机制,制定消费者争议处理的标准和程序,并指定独立的第三方争议处理机构按照其所制定的标准和程序进行纠纷的处理。例如,英国FCA对借贷型众筹纠纷解决的规定如下:投资者对平台的服务不满意时,可以先向平台投诉。平台收到投诉后,在8周时间内须公平调查并及时解决投诉问题,先初步审查,然后再回应投诉者。如果投诉者对调查结果不满意,可以向金融申诉专员寻求解决纠纷,该机构会按照法律法规等规定进行专业化的处理。③

通过建立互联网金融风险补偿金制度或者参加商业保险,对金融消费者进行补偿;安排平台破产退出机制,维护金融消费者的权益。互联网金融机构可以按业务成立内部的风险补偿基金,汇集平台自有资金、管理费、收益分成等资金建成一个独立的银行资金账户,由独立的第三方银行托管。当互联网金融平台的借贷或投资出现违约时,平台会通过风险补偿金账户里的资金先行偿还投资者,或者通过参加商业保险的形式补偿金融消费者。当平台出现破产问题时,安排适当的机构和合理的程序维护消费者的权益。比如,生前遗嘱(Living Wills)规则的建立和法律性质独立的账户会减弱平台倒闭造成的影响。④ 比如,英国FCA对P2P网贷的破产保护及补偿制度:贷款资金被投出之前,如果持有资金的托管银行破产,投资者的资金就会受到金融服务赔偿计划(FSCS)的保护,因为银行存款在FSCS的保护范

① 张雨露:《英国投资型众筹监管规则综述》,载《互联网金融与法律》2014年第6期。

② Corporations Amendment(Crowd sourced Funding) Bill 2017.

③ The FCA's Regulatory Approach to Crowdfunding over the Internet and the Promotion of Non-readily Realisable Securities by other Media.

④ Eleanor Kirby, Shane Worner, "Crowd-funding: An Infant Industry Growing Fast", http://www.iosco.org/library/pubdocs/pdf/IOSCOPD459.pdf, Mar. 28, 2015.

围之内;如果网贷平台破产,则要求运营 P2P 网贷平台的公司采取合理的步骤安排这些在平台上促成的贷款协议按照合同的条款继续运行,这些不在 FSCS 的保护之内。客户的资金在破产后,应当由破产执行人按照 CASS7A 偿还给客户。①

(7)消费者教育制度

互联网金融消费者教育制度非常关键。如果能提高金融消费者的投资水平与风险判断能力,改变金融消费者的认知偏差与不良偏好及非理性的行为,将风险控制在投资行为之前,那么就能最大限度地降低风险并促进金融资源配置和社会福利最大化。因此,互联网金融消费者教育制度从互联网金融机构和监管部门两个层面来设定。监管部门通过定期活动与网络等多种方式不断增加和强化投资者教育,引导投资者学习金融基本知识、理解金融基本风险、增强诚信意识,实施各种金融消费者教育项目并不断地进行评估与改进。互联网金融机构通过在平台上开展产品与服务的基本知识教育、疑难问题解答、进行投资者适当性测试来提高金融消费者的风险认识。

2. 互联网金融审慎监管制度

审慎监管旨在维护金融系统的安全稳定,它通过对金融风险相关性的分析与系统重要性机构的监管来防范、化解系统性风险。但是宏观审慎监管的基本框架与组织结构如何安排、实施工具如何开发、相关的制度如何设计等都还处于开放式的讨论过程中。② 互联网金融宏观审慎监管,是对互联网金融对整个金融系统的安全、稳健运行、实体经济的影响的监管,所以互联网金融的宏观审慎监管是一个前瞻性的问题③。在目标监管模式下,互联网金融宏观审慎监管制度的目的就是防范互联网金融产生的系统性风险,维护整个金融系统安全、稳健运行,促进实体经济的发展。

互联网金融宏观审慎监管制度的确立,必须遵循一定的原则:一是要把互联网金融纳入宏观审慎监管体系中,但不能直接生搬硬套传统审慎监管

---

① Eleanor Kirby, Shane Worner, "Crowd-funding: An Infant Industry Growing Fast", http://www.iosco.org/library/pubdocs/pdf/IOSCOPD459.pdf, Mar. 28, 2015.

② 陈雨露、马勇:《宏观审慎监管:目标、工具与相关制度安排》,载《经济理论与经济管理》2012 年第 3 期。

③ 岳彩申:《互联网时代民间融资法律规制的新问题》,载《政法论丛》2014 年第 3 期。

制度;二是互联网金融审慎监管关注风险的原则,在于关注整个互联网金融行业所产生的风险,而不是关注单个或特定的互联网金融机构的风险;三是根据互联网金融行业的特殊性,设置相适应的监管标准,并进行分类监管,即随着风险与系统重要性的显著增强,相应地提升监管标准;四是必须简单和稳健,简单意味着审慎监管制度应当易被理解、实施,稳健则要求在面对不确定性时,审慎监管制度是有效的。

通过设计互联网金融宏观审慎监管制度,主动抑制互联网金融风险扩散或聚集到整个金融体系内部。互联网金融宏观审慎监管制度主要从以下几个方面设计:

第一,设立针对互联网金融宏观审慎监管的风险测量指标。这个宏观审慎监管框架只是针对互联网金融而言,通过前瞻性的方法衡量现在与未来的风险。互联网金融的创新性与产品的复杂性使其容易积聚、传染风险并引发系统性风险。宏观审慎监管只能通过对系统脆弱性的测量来确定风险,具体的指标包括:信贷增长、杠杆水平、资产价格、到期期限、货币错配、机构间风险暴露的相关性等。[①] 互联网宏观审慎监管需要重新界定指标的适用与否、标准的高低甚至是否需要制定新的指标,以及如何界定失衡或者过剩的标准。

第二,建立宏观审慎监管数据库,实行大数据动态监管及预警机制。互联网金融产品具有跨机构、跨市场、跨界的特质,具有混业经营的天性。全范围的数据监测是防范和化解系统性风险的重要前提。[②] 在后危机时代,世界各国开始寻找建立跨市场的风险防控体系及加强宏观审慎的改革之路[③]。互联网金融体现了互联网时代大数据的技术特性,因而可以利用大数据技术建立包括互联网金融信息在内的宏观审慎监管数据库。通过设置科学的风险监测指标与预警体系,加强对互联网金融机构日常风险和跨平台、跨市场风险的监测分析与预警,并强化对融资利率和资金流向的动态监

---

① 陈雨露、马勇:《宏观审慎监管:目标、工具与相关制度安排》,载《经济理论与经济管理》2012 年第 3 期。

② 邓舒仁:《互联网金融监管的国际比较及其启示》,载《新金融》2015 年第 6 期。

③ 巴曙松、朱虹:《互联网金融监管的国际比较及其启示》,载《中国金融》2015 年第 15 期。

测。① 识别风险传染、追踪风险传染链条,通过大数据高效的分析、处理技术与思维,实现风险的及时预防与化解,降低系统性风险发生的概率。

第三,进行系统重要性监管,重点关注对金融安全有重要性影响的互联网金融机构以及互联网金融领域内的重大风险事件。随着互联网金融的发展,一些互联网金融机构的规模扩大、系统重要性增强,需要采取系统重要性原则对其进行监管。根据互联网金融机构的业务范围、经营规模、市场地位、社会影响等标准,筛选出具有系统重要性的互联网金融机构。根据互联网金融的业务特点,制定适宜的资本充足率、法定存款准备金、参加存款保险、控制杠杆率等指标与监管措施。对全国有重大系统性影响的互联网金融机构,通过建立事前危机的应对机制、应急计划、监管合作、信息共享等机制构建应对与处置能力,形成恢复或处置计划。此外,对具有系统重要性的互联网金融企业,要分配更多、更专业的监管资源,扩大监管范围,对其附属企业或分支机构进行并表监管;加强现场和非现场监管,加强与董事会和高级管理层的对话和审查等。② 对互联网金融领域内的重大风险事件及时关注,控制或者降低因重大风险事件所造成的在某一时点上金融机构的相互关联性和共同风险暴露。

第四,逆周期监管制度。从时间的维度上来说,互联网金融体系存在顺周期行为。当经济处于上行期时,互联网金融机构信贷规模增大。尽管从个体角度来讲这是一种理性的经济行为,但是所有的互联网金融机构都采取行动就会导致信贷过度膨胀,从而为金融危机埋下祸根,最终的非理性结果就会出现;反之,会使危机继续恶化。因此,在经济上行期应当对互联网金融进行审慎监管,建立防御机制即逆向调节的制度:对信贷重大影响的互联网金融机构,在会计准则、杠杆率和薪酬等制度中植入逆周期的因素,因地制宜地运用资本调节和动态拨备制度,从而有效地控制、降低互联网金融体系的过度顺周期性。

互联网金融监管是世界性的难题,对其进行宏观审慎监管更是一个前瞻性的问题。因此,从长远发展来看,互联网金融的审慎监管制度必须在监

---

① 邓舒仁:《互联网金融监管的国际比较及其启示》,载《新金融》2015 年第 6 期。

② 同上。

管与创新的动态中,探寻出适宜的监管方式、标准与工具,架构起合理科学的宏观审慎监管制度。

第二节　互联网金融监管制度设计的绩效评估

金融市场对法律制度的内在需求使得互联网金融监管制度的供给与安排,必须符合互联网金融混业经营和创新发展的要求。诺思指出:制度在社会中起着根本性的作用,它是决定长期经济绩效的基本因素。[①] 无论是功能监管制度,还是目标监管制度,作为互联网金融监管的法律制度都必然会对金融体系经济绩效产生影响。而对效率的追求必须在有效控制风险、维护金融体系稳定的条件下进行。[②] 因此,有效的监管在考量安全与风险的基础上,应尽可能地以低成本设计互联网金融监管制度,其绩效体现在对互联网金融资源的分配和利用效率上。据此,评估互联网金融功能监管制度和目标监管制度绩效的主要标准就是效率与安全标准,即在追求效率的过程中,防范互联网金融产生的系统性风险,保障金融系统的安全。

一、功能监管模式下制度设计的绩效评估

在互联网技术的推动下,互联网金融创新出种类丰富、跨机构、跨市场的金融产品和服务,这也显现出互联网金融混业经营的趋势。互联网金融虽然降低了交易成本,但同时也模糊了不同机构提供的产品与服务之间的界限,并对传统的机构监管模式提出了挑战。按照功能监管理论,尽管互联网金融的创新层出不穷、产品种类丰富,但是其产品与服务的金融功能都是同质的且在较长时间内是相对稳定的。因而,按照功能监管理论制定、执行互联网金融监管的法律法规,相对按照机构监管制定而言更稳定、更有效。世界上不存在万能的监管制度。对互联网金融功能监管制度的绩效评估,

① ［美］道格拉斯·C. 诺思:《制度、制度变迁与经济绩效》,刘守英译,上海三联出版社1994年版,第3页。

② 陈雨露、马勇:《现代金融体系下的中国混业经营:路径、风险和监管体系》,中国人民大学出版社2015年版,第55页。

要从其制度内在的优劣、理论与实践等方面进行综合分析，以便客观真实地评估。

（一）功能观的监管制度，提高了互联网金融监管的效率

根据默顿的理论，互联网金融在提供金融产品与服务的过程中发挥了聚集和分配资源、便利清算和支付、风险分散等方面的功能。传统的机构监管制度和功能监管制度已经远远不能胜任互联网金融监管的要求。相比之下，创新性与专业性结合的互联网金融功能监管制度，则从以下几个方面体现并验证着其良好的效率：

1. 专业的制度供给与安排，契合互联网金融监管成本与收益原则

互联网金融根植于金融市场，在金融需求与金融供给的罅隙中逆势生长。它携带着新的产品与服务模式，在带来低成本、高效率的社会福利的同时，也带来了监管的困惑，即如何在制度框架下有效地监管互联网金融，这既是世界性的监管难题，又是金融市场对监管制度供给提出的新的内在要求。如果按照传统的机构监管或者功能监管对待互联网金融，那必然会扼制互联网金融的创新与效率，反而适得其反。但是，如果按照功能监管理论并结合互联网金融创新的特点设计出前瞻性的功能监管制度，即对互联网金融产品与服务按照金融业务功能进行分类认定，并将不同功能的业务归属到相应的专业监管部门监管，就会适应互联网金融对监管制度的内在需求。互联网金融功能监管制度是专业化的监管制度供给。

作为一种制度安排，至少应有两大目标：一是提供一种结构，使其成员的合作获得一些在结构外不可能获得的追加收入；二是提供一种能影响法律或产权变迁的机制，以改变个人（或团体）可以合法竞争的方式。① 从功能的角度出发，互联网金融不管如何利用新技术去创新，其金融功能都是同质的。金融功能比金融机构更加稳定，而且机构的形式会随着金融功能变化。② 据此，互联网金融监管制度具有效率才更能适应互联网金融与金融市场发展的需要。因为不管互联网金融机构如何，只要从事功能属性相同的同一种业务，就受到同样的、专业化的监管。例如，将互联网金融产品与

① 卢现祥：《西方新制度经济学》，中国发展出版社1996年版，第20页。
② 冯科：《金融监管学》，北京大学出版社2015年版，第45页。

服务划分为第三方支付、P2P 网贷、众筹融资、虚拟货币等，并将它们归属相应的专业监管部门，实现了专业化、对口化的监管，减少了机构监管套利。互联网金融功能监管制度，除功能属性的专业监管制度外，还通过设置市场的准入制度、平台规则、消费者保护规则、退出制度、交叉创新产品监管的协调制度和审慎监管制度以求在最大限度内规制互联网金融市场、减少信息成本、降低风险和不确定性、促进资源合理配置。对互联网金融而言，功能监管制度能满足互联网金融创新对跨行业、跨部门同功能属性金融产品的融合、转化和衔接的监管需求。

无效率的制度会抑制甚至阻碍经济的增长，而有效率的制度能促进经济的增长与发展。在实践中，推行功能监管制度的国家，在互联网金融领域取得了不错的经济绩效。比如，对 P2P 网贷行业按功能监管之后，美国 P2P 网贷行业的贷款总量不断上升，借款端的业务开始多元化，出现了学生贷款、小企业贷款、医疗贷款和房产抵押贷款等业务。截至 2014 年年底，美国第一大 P2P 网贷公司 Lending Club 的累积贷款总额已经超过 70 亿美元，Prosper 的总贷款超过 20 亿美元，SoFi 的总贷款额超过 13 亿美元。[①] 美国行业市场总额不断增加。具体而言，Lending Club 在 2011 年的平均投资净收益率为 6.69%，到了 2014 年，投资收益率增长为 10.17%。Lending Club 于 2014 年 12 月 11 日成功在美国纽约交易所上市，成为全球第一家上市的 P2P 网贷企业。截至 2015 年 9 月 30 日，Lending Club 共发放 134 亿美元的贷款，为 110 万借款人提供了服务。其中，2015 年第三季度新增贷款就有 22.4 亿美元，营业收入达到了 1.15 亿美元，比 2014 年同期增长了 5.15%，净利润达到了 100 万美元。作为美国第一家 P2P 网贷平台的 Prosper，在 2011 年平均投资收益率为 9.27%，到了 2014 年，平均投资收益率增长至 9.75%。仅 2014 年一年 Prosper 的贷款总额就达到了 16 亿美元，相比 2013 年增长了 347%。截至 2015 年 9 月 30 日，Prosper 累计向 413622 个借款人发放了贷款 50 亿美元。SoFi 是专门做大学生借贷的 P2P 网贷公司，后来增加了房产抵押贷款业务。截至 2014 年年底，SoFi 的累积贷款额超过 13

---

① 零壹研究院：《中国 P2P 借贷服务行业白皮书》(2015)，东方出版社 2015 年版，第 19～25 页。

亿美元。到了2015年12月,SoFi的累积贷款额超过50亿美元。SoFi的学生贷款业务覆盖美国超过2200所高校,为借款人平均节省的利息费用超过1400美元。目前,平台已经成为继行业领导者Lending Club之后的美国第二大的P2P网贷平台。① 此外,根据剑桥大学替代金融中心(Cambridge Centre for Alternative Finance)2016年发布的《突破创新》(*Breaking New Ground*)的数据显示:美国的替代性融资比率占全美洲的99%(全美洲的替代性行业总额为365亿美元),其市场规模总量很大。在对功能监管制度的评价中,有51%受访的借贷平台认为美国现有法规对P2P网贷的监管是足够和适当的;43%受访的股权众筹平台认为现有监管法规对股权众筹的监管是足够和适当的;有几乎一半的受访股权众筹平台认为新的监管法规对股权众筹的监管是足够和适当的。② 这些数据,也从一个侧面印证着诺思的结论,即有效的制度能降低市场中的不确定性、抑制人的机会主义行为倾向,从而降低交易成本。③

互联网金融功能监管制度在金融功能与创新及现有监管资源的基础上进行有效的整合与设计,降低了信息成本,合理规范并引导着互联网金融交易。同时,它通过有效的利用监管资源,降低了监管成本,提高了监管的效益,符合成本收益原则。

2. 从制度变迁的视角考察,功能监管制度是更有效益的制度供给

制度构造了人们在政治、社会或经济方面发生交换的激励结构,通过它们对交换与生产成本的影响来影响经济绩效。互联网金融功能监管试图通过专业的功能监管、创新的适度监管和协调及防范风险等监管制度,降低互联网金融交易中的交易成本,构造起一个合理的激励结构。“制度的稳定性丝毫也没有否定它们是处于变迁之中的这一事实。制度变迁一般是渐进

① 清华大学五道口金融学院互联网金融实验室、阳光互联网金融创新研究中心研究团队:《全球互联网金融商业模式报告》(2015),载《清华金融评论》2015(增刊)。

② Cambridge Centre for Alternative Finance,“Breaking New Ground”,https://www.jbs.cam.ac.uk/fileadmin/user_upload/research/centres/alternative-finance/downloads/2016 - americas-alternative-finance-benchmarking-report.pdf,May. 27,2016.

③ [美]道格拉斯·C. 诺思:《制度、制度变迁与经济绩效》,刘守英译,上海三联出版社1994年版,第3页。

的,而非不连续的。"①互联网金融功能监管制度的设计与构筑不是凭空臆造的,它立足于传统的机构监管制度和传统功能监管制度对互联网金融产品监管的不适应,既体现出其路径依赖②的一面,又体现出其制度变迁的一面。互联网金融功能监管制度通过变迁实现了更有效益的生产。

具体而言,只有在交易成本为零的情况下,交易者才能达到总收入的最大化。当交易成本存在时,制度就会起作用。在科斯看来,制度选择的依据是两个层次上的比较,一个层次是不同的、可供选择的制度类型的交易费用比较;另一个层次是制度变迁、操作成本与其带来的收益的比较。③ 选择互联网金融功能监管制度,是因为机构监管制度对互联网金融监管的不能会导致互联网金融交易费用增加。互联网金融产品具有典型的跨市场、跨行业、跨部门等特质。互联网金融通过虚拟的网络平台,直接实现金融产品与服务的发行、交易、支付,使得交易双方在资金匹配、风险分担上的成本非常低,进而大幅降低了市场的交易成本。而机构监管制度是按照不同机构来进行监管,各个机构各自负责其下属机构的全面监管,这与互联网金融混业经营与交叉性的特性相悖。对互联网金融创新性、交叉性的产品进行过度监管会增加互联网金融交易费用,监管不一致还会导致监管套利,影响金融资源的配置。即使各个监管机构合作,也会增加成本,而且合作的效率可能赶不上互联网金融市场发展和创新的脚步。

相比之下,互联网金融功能监管制度针对互联网金融业务的性质,对每种业务类型都规定了对应的专业监管机构。同一属性的互联网金融产品由同一部门监管,极大地提高了监管效率,有利于金融创新,防止了监管套利,促进了金融资源的合理配置。而且,互联网金融功能监管制度是有效益的制度的生产。"变迁一般是对构成制度框架的规则、准则和实施的组合所作的边际调整。"④制度的变迁是制度的替代、转换与交易的过程,制度变

---

① [美]道格拉斯·C.诺思:《制度、制度变迁与经济绩效》,刘守英译,上海三联出版社1994年版,第7页。

② 卢现祥:《西方新制度经济学》,中国发展出版社1996年版,第85页。

③ 同上书,第42页。

④ [美]道格拉斯·C.诺思:《制度、制度变迁与经济绩效》,刘守英译,上海三联出版社1994年版,第111页。

迁是通过对规则、标准和实施的边际进行调整而实现的。互联网金融功能监管制度通过对机构监管制度的替换、对现有传统的功能监管制度的转换、对互联网等新技术的应用，降低了交易费用中的信息成本，减少了监管成本，使得制度能产生更好的效益，即通过专业化的对口监管制度、不同业务类型的准入规则、不同业务模式的信息披露制度、有序的退出制度、金融消费者适格与投资限额和纠纷解决机制等制度影响相对价格，形成在功能监管制度下人们开展互联网金融交易的新的激励结构以及新的行为模式，相比之下降低了互联网金融的交易费用成本。因此，各国对互联网金融进行监管时，自愿或非自愿地适时改变了传统的金融监管制度，构造了适应互联网金融内在要求的新监管制度，这些新制度中就包括互联网金融功能监管制度，互联网金融功能监管制度还为互联网金融机构带来了适应效率。制度变迁的内在要素主要是适应效率。① 检验一种制度是否有效，首先就要看这种制度是否给组织带来了适应效率。有效的制度要为组织提供适应效率，主要表现在：第一，它应该为组织提供一种创新的机制（或氛围）；第二，它应该能够消除组织的错误，分担组织创新的风险，能够保护产权。②

互联网金融功能监管制度为从事互联网金融业务的组织机构提供了创新的机制和氛围，它通过制定不同于传统金融产品的准入制度、平台信息披露制度、退出制度等，鼓励了互联网金融业务的创新与发展。美国、法国、意大利等国众筹监管法规的出台就是实践中最好的例证。功能监管制度既为初创企业提供了融资的需求，又以创新、适度的监管制度鼓励互联网金融机构积极利用互联网技术与思想进行金融创新。同时，为了保障金融消费者的权益即保护好产权，功能监管在制度设计中通过风险损失制度的设计，比如风险准备金、参加保险、平台的破产处理制度、纠纷解决机制、消费者教育培训与适格机制、限额制度等，最大限度地保护了金融消费者，防范了互联网金融风险。在一个充满不确定性的世界中，互联网金融机构面临着激烈的竞争环境，不可能不犯错误。关键之处不在于该不该犯错，而在于如何通过诸如功能性监管制度等制度的安排与设置消除这种错的存在，进而保

① 卢现祥：《西方新制度经济学》，中国发展出版社 1996 年版，第 78 页。

② 同上书，第 78 ~ 79 页。

护互联网金融消费者的产权、促进互联网金融的创新。互联网金融功能监管制度能为组织提供适应效率就是其有效性的具体体现。

总之,要建立有效的法律体系和执行制度,健全收集分散信息、监督合约执行及纠纷裁定的组织和制度。虽然实施这些行为会使交易成本大大增加,但是这些成本的增加与根本性的变革相比就小得多了。[①] 实践中,无论各国互联网金融制度如何变迁而来,但功能监管制度是不可避免的选择之一。互联网金融功能监管制度是有效益的制度生产。

(二)安全要求与产品的属性划分不清,挑战功能监管制度的效率

互联网金融功能监管制度的经济绩效,需要在金融安全与金融效率之间取得动态平衡。在微观层面上,需要建立一个讲求经营效率同时能够有效控制风险的制度;在宏观层面上,需要建立防范系统性风险的协调监管制度。但制度的绩效受制于成本与收益的度量,还受到自身模式与制度内在缺陷因素的影响。

1. 功能属性的划分与定位不准,制约着功能监管制度效率的提升

互联网金融功能监管是建立在产品的金融功能属性能够予以明确划分的基础上的,比如将产品划分为支付、借贷、股权融资等。但是,现实中互联网金融是不断创新、融合发展的,互联网金融复合型、创新型产品出现后,就不能很明确地划分其属性并界定相应的监管机构。尽管互联网金融功能监管在制度设计中试图通过以产品的主要属性为准界定主要监管机构,并协调其他监管机构进行监管,但是这无疑会大大增加监管的成本,导致交易费用增加,影响功能监管制度的经济绩效。另外,如果对互联网金融功能属性的认识存在不清或者不准,也会产生同样的问题。

最典型的例子,莫过于美国对 P2P 网贷的监管。美国对 P2P 网贷的监管从 2008 年 10 月开始。P2P 网贷平台发行的收益权证被 SEC 认定为证券,由联邦机构和各州证券监管机构进行监管,并需要按证券的监管方式进行详细的信息披露。为此,从 2005 年开始经营 P2P 网贷业务的 Prosper,于 2008 年 9 月被 SEC 叫停业务,直到 2009 年 7 月 Prosper 的注册声名生效之

---

① Douglass C. North, Institutional Change and Economic Growth, *The Journal of Economic History*, 1971, 31(1), pp. 118 – 125.

后,才重新开始经营 P2P 网贷业务,但此时 Prosper 已经丧失行业第一的位置。最关键的问题在于,严格的证券式信息披露增加了 P2P 网贷公司的成本。因为按照 SEC 的要求,P2P 平台的招股书、年报、季报、重大事件表格,都需要严格参照美国上市公司的披露标准进行披露,P2P 平台要每天在 EDGAR 上传当日平台上列出的所有借款人信息资料。通过 SEC 注册的 P2P 网贷平台在各个州开展借贷业务时,仍需要再次缴纳监管费用,且还会受到各州证券监管部门不同程度上的业务限制。例如,2008 年至 2011 年,Prosper 共计向 SEC 交付了 1700 份文件,这一数量甚至超过通用汽车公司,Lending Club 累计向 SEC 交付 3200 份文件,这一数量几乎是雅虎和亚马逊同时期上交的总和。①

剑桥大学替代金融中心 2016 年的研究报告显示:美国有 15% 受访的网贷平台认为美国现有的法规对 P2P 网贷的监管过度、过于严格,认为 P2P 网贷被 SEC 要求注册为证券限制了现有 P2P 网贷平台的发展。许多平台期待着 SEC 能出台新的监管规则,减少限制。此外,网贷平台认为现有的监管规则使平台处于竞争劣势,因为许多其他国家允许将人口统计或其他形式的数据用于信贷承销,而美国现有公平贷款类法律却禁止。② 因此,GAO 在 2011 年 7 月向美国国会提交的 P2P 网贷的报告中提出两套对 P2P 网贷行业进行监管的方案:一套是维持现在多部门分头监管,州与联邦共同管理的监管框架;另一套方案是将各监管部门的职责集中于一个单独的部门,CFPB 是合适的选择。③ 埃里克 · C. 查菲和杰弗里 · C. 拉普在其撰写的《在多德—弗兰克法案后对 P2P 网贷的监管:探寻新兴产业不断发展的监管制度》中提出的构想与 GAO 报告中的设想类似。④ 保罗 · 斯莱特里在

---

① Andrew Verstein, The Misregulation of Person-to-Person Lending, *UC Davis Law Review*, 2011, 45(2), pp. 445 - 530.

② Cambridge Centre for Alternative Finance, "Breaking New Ground", https://www.jbs.cam.ac.uk/fileadmin/user_upload/research/centres/alternative-finance/downloads/2016 - americas-alternative-finance-benchmarking-report.pdf, May. 27, 2016.

③ GAO, *Person-to-Person Lending: New Regulation Challenges Could Emerge as the Industry Grows*, 2011, pp. 1 - 78.

④ Eric C. Chaffee, Geoffrey C. Rapp, "Regulating Online Peer-to-Peer Lending in the Aftermath of Dodd-Frank: In Search of an Evolving Regulatory Regime for an Evolving Industry", *Wash. & Lee L. Rev*, 2012, 69(2), pp. 485 - 533.

《格格不入:SEC 对 P2P 网贷监管和 CFPB 的选择》①一文中指出了美国 SEC 对 P2P 网贷监管存在的问题,认为金融消费局比较适合解决 SEC 监管带来的监管成本过大、不利于保护金融消费者、抑制金融创新等问题。总体来说,虽然美国 P2P 网贷行业的总量在增长,但是 SEC 对 P2P 网贷证券功能的认定与管理造成美国 P2P 网贷行业的进入壁垒高,抑制了 P2P 网贷的创新发展,这也导致了美国 P2P 网贷市场形成寡头垄断的局面。相比英国而言,美国的 P2P 网贷创新与规模受到了很大的限制。

总之,互联网金融创新型的金融产品出现后,如果对其功能划分不清或者界定不准,就会造成功能监管的成本增加,不利于互联网金融监管绩效的提升。

2. 协调监管,增加监管的成本

稳定的金融体系要求金融机构保持稳健运行,而金融机构的稳健运行离不开金融体系的稳定。在互联网金融功能监管制度下,部门监管只专注于业务相同的互联网金融产品,只能防范某一同类业务的局部风险。虽然汇聚、协调各个监管部门能共同完成防范系统性风险的任务,但是监管部门之间的协调、沟通也增加了相应的监管成本。"如果说金融监管的当期成本可以度量,其长远收益则隐含在金融体系的稳健和危机之中。"②因此,如果互联网金融功能监管对系统性风险的监管协调实施到位,其制度绩效就会非常明显,否则,产生的监管成本就无法通过收益实现制度的绩效。

二、目标监管模式下制度设计的绩效评估

互联网金融目标监管制度设立了行为监管和审慎监管两类不同的监管部门,由这两个部门分别实施监管,实现金融消费者保护和防范系统性风险的目标,旨在用一种有效的方法将不同的目标结合起来。虽然世界上并不存在唯一、最优的监管模式以及在该模式下最好的监管制度,但是 2008 年国际金融危机的洗礼验证了目标监管模式具有其独到之处。在后危机时

① Paul Slattery, "Square Pegs in a Round Hole: SEC Regulation of Online Peer-to-Peer Lending and the CFPB Alternative", *Yale J. on Reg*, 2013, 30(1), p. 233.

② [荷]乔安妮·凯勒曼、雅各布·德汉、费姆克·德弗里斯:《21 世纪金融监管》,张晓朴译,中信出版社 2016 年版,第 24 页。

代,金融监管呈现出的趋势也在不断吸收目标监管模式的优点。互联网金融目标监管制度是基于目标监管模式的理念与精神、结合互联网金融创新与发展特质整合设计而成的,它具有提高监管效率、防范系统性风险、促进互联网金融有序健康发展的功效。结合理论与实践,本部分将从以下几个方面分析互联网金融目标监管制度的绩效。

(一)目标监管制度提高了互联网金融监管的效率

互联网金融经济绩效的实现须在互联网金融的安全与效率之间取得平衡。互联网金融目标监管制度通过设计独立的行为监管和宏观审慎监管规则,既能实现保护金融消费者权益的目标,又能防范互联网金融所带来的系统性风险,进而促进了互联网金融行业的蓬勃发展。其绩效主要体现在以下两个方面:

1. 前瞻性的行为监管制度设计,更有利于金融消费者的产权保护

互联网金融行为监管的对象主要是互联网金融机构经营业务的服务行为、金融消费者在购买或使用互联网金融产品与服务过程中的消费行为。行为监管更加关注金融机构与金融消费者的关系,即金融机构以怎样的经营行为与金融消费者进行交易。它主要通过建立金融机构在市场诚信和信息披露方面的行为规则来保护金融消费者的利益,具体包括信息披露规则,金融产品和服务的设计、宣传、销售规则,纠纷的处理以及金融消费者权益的救济规则等。[①] 互联网金融消费者权益主要体现为财产权、公平交易权、信息知情权、自主选择权、获得尊重权、个人信息隐私权等各项合法权益。互联网金融行为监管体现出了保护金融消费者产权的有效制度安排,因为产权是对资源的排他性占用和使用。产权界定与否、如何界定产权会直接影响人们的成本与收益,进而影响到效率。

何谓产权?产权,广义上讲就是受制度保护的利益。"在零交易费用的情况下,资源配置不受法律规定影响的观点也表明:在正交易费用的情况下,法律在决定资源如何利用方面起着极为重要的作用"。[②] 以科斯为代表

---

① 雍冀慧:《银行业行为监管研究:基于英国 FCA 政策实践的分析》,中国金融出版社 2015 年版,第 21 页。

② [美]罗纳德·科斯:《关于"社会成本问题"的注释》,张乃根译、盛洪主编:《现代制度经济学》(第 2 版·上卷),中国发展出版社 2009 年版,第 15~49 页。

的新制度经济学重点考察经济运行背后的产权关系，即经济运行的制度基础。通过分析产权关系，从而合理地界定、变更和调整产权结构，以降低或者尽可能消除经济运行中的交易成本，提高经济运行效率并改善资源配置。科斯定理揭示了产权、效率、制度之间的关系。“科斯定理的第一律是：如果交易成本为零，不管怎样选择法律规则、配置权利，有效率的结果都会出现。换句话说，当交易成本为零并且个人合作行动时，法律权利的任何分配都是有效率的。科斯定理的第二律（亦称科斯反定理）是：如果存在现实的交易成本，有效率的结果就不可能在每个法律规则、每种权利配置方式下发生。换句话说，在交易成本为正的情况下，不同的权利界定和分配，则会带来不同效率的资源配置。”①“科斯第三定理是：通过政府来较为准确地界定初始权利，将优于私人之间通过交易来纠正权利的初始配置。”②因此，考特与托马斯·尤伦在 1988 年合写的《法和经济学》中将规范的科斯定理表述为：制定法律以消除私人协议的障碍。③ 换句话来说，通过制定法律以减少私人交易带来的损失。新制度经济学派认为，交易成本的存在会使制度影响资源配置。历史上经济增长的源泉是有效率的制度安排。虽然市场失败是存在的，但解决这一问题的关键在于制度安排。④

互联网金融行为监管制度，作为一项保护金融消费者产权的法律制度安排，从以下几个方面体现了其有效性：

第一，设置独立的金融消费者保护目标，形成更有效的金融消费者产权保护制度。现实金融世界中不存在理想的交易成本为零的情形。因此，在金融交易中，如果交易成本为正，则不同的权利界定和分配会带来不同效率的资源配置。2008 年金融危机之前，如果不存在目标监管模式下的制度安排，金融消费者的权益保护就仅被置于宏观审慎监管目标之下。那么，金融机构为了片面追求利益而过度的杠杆化就会侵害消费者的利益，再加之金

① 钱弘道：《法律经济学的理论基础》，载《法学研究》2002 年第 4 期。

② ［美］约瑟夫·费尔德：《科斯定理 1－2－3》，李政军译，载《经济社会体制比较》2002 年第 5 期。

③ 费方域：《产权、谈判、法律和效率——科斯定理评析》，载《外国经济与管理》1995 年第 8 期。

④ ［美］罗纳德·科斯：《关于“社会成本问题”的注释》，张乃根译、盛洪主编：《现代制度经济学》（第 2 版·上卷），中国发展出版社 2009 年版，第 15～49 页。

融消费者自身的无知,或许2008年金融危机造成的消极后果会更加严重。金融危机的教训告诉各国监管机构:片面注重金融机构的利益而忽视对金融消费者的保护,势必会破坏金融业的发展基础、打击消费者对金融市场的信心、影响金融体系的稳定性。因此,必须要重新审视并正确设置金融消费者保护制度。而目标监管模式下的监管制度,经过金融危机的考验,显现出良好的绩效。互联网金融目标监管制度,把金融消费者保护放在了与审慎监管的并驾齐驱的位置,这就意味着目标监管制度下会有一个更好、更高层次的消费者产权保护机制。相对独立的行为监管可以对互联网金融消费者实施倾斜性保护,真正地实现金融消费者与互联网金融机构事实上的平等,进而消除由信息不对称、话语权不对称等问题引起的金融消费者弱势的现象。相比其他监管制度,目标监管可以更好地实现金融消费者产权保护。因此,在互联网金融交易费用为正的情形下,互联网金融行为监管制度一方面通过监管互联网金融机构的具体业务行为,在保障金融消费者的产权基础上促进了市场健康发展;另一方面通过对互联网金融机构的服务行为进行规范,保障了消费者产权受到保护而不偏离目标。

第二,从保护金融消费者这一具体目标的分解与规则架构上看,互联网金融目标监管是一种前瞻性、抓源头的监管法律制度,体现出更高的效率。有效的产权制度的基本标志之一是产权的交易规范能否法制化(法律制度化)。[①] 互联网金融行为监管制度围绕金融消费者保护形成系统的法律规则是一种更有效的产权制度。申言之,行为监管制度设置体现的是前瞻性、以判断为本的监管理念。互联网金融消费者保护目标体现在适度的消费者保护和促进有效竞争以及市场的诚信度这三个方面:

一是行为监管制度的设计必须围绕金融消费者保护目标,提前考虑诸多因素,如不同互联网金融业务的不同程度的风险状况、金融消费者自身的状况问题(不同的金融消费者的经验与专业知识差异性、获取准确信息与建议的需求、金融消费者投资应承担的适度责任、金融消费者的教育培训与纠纷解决)、互联网金融机构是否给予了金融消费者的适度关怀。比如,通过设置投资者适格和投资限额规则、客户资金保护规则、平台的信息披露规

① 卢现祥:《西方新制度经济学》,中国发展出版社1996年版,第198页。

则及风险提示制度、冷静期制度、纠纷解决机制与补偿制度、消费者教育制度等具体规则，既让金融消费者的理性投资承担相应的风险，又能让互联网金融机构通过采取保护金融消费者利益的经营行为与服务行为正当地获取利润。

二是从保护金融消费者的角度出发，综合考虑互联网金融消费者的获得金融服务的信息需求与难易程度、新机构进入行业的难易程度以及鼓励互联网金融创新等方面，促进互联网金融市场的有效竞争。比如，在准入环节要求互联网金融机构具备保护金融消费者与市场诚信的条件，从源头上防范有问题的机构进入互联网金融市场。

三是从互联网金融市场的有序运行、不滥用市场行为、价格机制的透明性、稳定性与灵活性等方面，提升金融消费者对互联网金融市场的信心。通过以上三个方面的综合考虑，制定行为监管的法律规则，力求使金融消费者能从互联网金融机构获得金融产品与服务，促使互联网金融机构以金融消费者利益为核心诚信经营实现有效竞争，共同形成稳定灵活、创新、价格信息透明的互联网金融市场。

总而言之，在交易成本为正的情况下，互联网金融行为监管规则主要围绕信息披露和经营行为提出规范性的要求，通过鼓励信息生产与缓解信息不对称来降低集体的非理性行为，从而实现保障互联网金融市场有效、公平、稳定的制度供给，实现资源更有效的配置。

在实践中，英国的互联网金融监管体现了目标监管制度的绩效。英国FCA制定《FCA众筹监管规则》的目标就在于适度保障消费者以及从消费者的利益出发促进有效竞争。申言之，FCA对P2P网贷监管的框架设计，体现并细化为如下目标[①]：为消费者提供额外的保护；推动P2P网贷行业内的有效竞争；在可控的范围内让行业健康增长；确保平台提供明确、无误导的信息，并有适当的程序处理客户资金；确保公司妥善处理遇到财政问题的客户和相关投诉；确保平台保持稳定的财务状况，并有应急方案以应对可能出现的问题。对P2P网贷监管而言，信息披露制度是其核心的监管规则。FCA行为监管对金融消费者的保护体现为制定出这些监管规则，并在所有

---

① 零壹研究院：《中国P2P借贷服务行业白皮书》(2015)，东方出版社2015年版，第28页。

的监管环节上始终将金融消费者保护置于核心地位。FCA 在建设有效竞争的金融市场方面采取以下措施[①]:整合内部资源,成立世界上第一个专司行为监管的新部门;全方位、全面地收集信息,对不同市场的竞争性进行深入分析和研究;动用所有可利用的权力和资源实现竞争性目标。

英国 P2P 网贷监管的绩效,通过成本与收益的分析来体现。FCA 对 P2P 网贷的监管规则所引发的成本主要包括:平台向 FCA 报告要求进行 IT 系统升级需要的资金,估算最多约 50 万英镑;处理界定为 CASS 大公司的平台客户资金监管候选人员面对面会谈的成本,估算为 320 英镑。其他监管规则对监管机构预期不会产生重大成本影响。对 P2P 网贷进行收益分析可知,FCA 的监管规则会增强市场信心,扩大行业规模,降低市场面临的错误定价、平台违约及欺诈风险,促进市场更为有效地竞争和增强市场信心;平台具有固定成本低和交易成本低的优势,出借人、借款人、众筹平台和社会经济将从监管中广泛获益。[②] 2012 年英国 P2P 中小企业网贷仅为 0.62 亿英镑,2013 年达到 1.93 亿英镑,2014 年高达 7.49 亿英镑;个人借贷的成交量在 2012 年为 1.27 亿英镑,2013 年为 2.87 亿英镑,2014 年则为 5.74 亿英镑,2012 ~ 2014 年,中小企业与个人网贷的平均增长率分别为 250%、108%。[③] 2014 年,英国的 P2P 网贷行业发展势头良好,P2P 网贷市场的业务多样化、自由而规范,竞争激烈导致创新不断,重视投资人保护,违约率(贷款违约率只有 0.19%,相比 2013 年的 0.44% 下降了 57%)和坏账率极低,这均得益于目标监管模式下及时、到位和灵活的政府监管政策。[④] 剑桥大学替代金融中心等发布的《2015 年英国替代性金融报告》显示:2015 年英国替代性金融总额达到了 32 亿英镑,比 2014 年增长了 84%。其中,英国 P2P 网贷的规模(包括房地产网贷项目)达到 23.99 亿英镑。股

① 黄震、邓建鹏等:《英美 P2P 监管体系比较与我国 P2P 监管思路研究》,载《金融监管研究》2014 年第 10 期。

② 王钢、钱皓、张晓东:《英国借贷类众筹监管规则及对我国 P2P 监管的启示》,载《金融时报》2014 年 6 月 16 日,第 12 版。

③ Peter Baeck, Liam Collins, Bryan Zhang, "Understanding Alternative Finance: The UK Alternative Finance Industry Report 2014", http://www.nesta.org.uk/sites/default/files/understanding-alternative-finance-2014.pdf, Jun. 6, 2015.

④ 零壹研究院:《中国 P2P 借贷服务行业白皮书》(2015),东方出版社 2015 年版,第 38 页。

权众筹成为增长最快的模式之一，总规模达到3.32亿英镑（包括房地产众筹），增幅达到295%。此外，有90.57%的受访平台认为目前FCA对P2P网贷和众筹的监管规则是足够的、非常恰当的。[①] 总之，英国FCA创造了一个以消费者保护为核心的平衡监管成本与效益以及业务创新的框架，极大地推动了英国互联网金融行业的发展。

综上所述，以金融消费者产权保护为核心的行为监管法律制度，是一种从源头上对互联网金融市场进行前瞻性监管的制度。它保护了金融消费者产权，降低了交易成本，促进了市场有效竞争，合理配置了金融资源，是一种有效的产权保护制度。

2. 审慎监管制度设置使防范和化解系统性风险更有效率

世界上不存在唯一、最优的监管模式。但是，目标监管模式试图以一种有效的方法将金融消费者保护目标和审慎监管目标结合起来，其优势在于实践中可能获得潜在的协同效应，避免了由利益冲突产生的下行风险。2008年金融危机已经部分证实了上述观点。[②] 互联网金融目标监管制度正是以目标监管模式为基础，融合互联网金融的特点和审慎监管理念而成的，可以更好地防范和化解系统性风险。

第一，互联网金融宏观审慎监管是独立的。金融危机给世人的一个重要的教训就是监管应更多关注金融体系的稳健性，即稳健的金融机构是稳健的金融体系的必要条件而非充分条件。这就意味着，宏观审慎监管应成为一个独立的专门领域。[③] 互联网金融监管也不例外，首先要做的就是防范系统性风险。因此，应独立地设置宏观审慎监管制度，及时关注互联网金融的业务特点和风险传染及传播的方式，把互联网金融纳入宏观审慎监管制度的框架内。如此，防范系统性风险和保护金融消费者的目标相互独立，各自发挥作用并获得协同效应，共同为互联网金融的发展奠定良好的基础。

第二，具体的制度内容与架构凸显了其监管优势。互联网金融的审慎

---

① Cambridge Centre for Alternative Finance, *Nesta*, *Pushing Boundaries*: *The* 2015 *UK Aternativ Finance Industry Report*, 2016, pp. 1 – 47.

② ［荷］乔安妮·凯勒曼、雅各布·德汉、费姆克·德弗里斯：《21世纪金融监管》，张晓朴译，中信出版社2016年版，第204～206页。

③ 同上。

监管制度遵循监管与创新平衡的原则,构筑了适应互联网金融本质和特殊性的动态监管制度。首先,在对系统脆弱性指标进行测量的基础上,针对互联网金融设置相应、适当、简单易行的风险测量指标,通过前瞻性的方法衡量互联网金融现在与未来的风险。其次,设立宏观监管的数据库,实行大数据的动态监管并设立及时预警制度。这符合互联网金融的特点和宏观审慎监管的规律,因为防范和化解系统性风险的重要前提是要对足够的互联网金融风险信息进行反馈、累积和分析。在互联网大数据时代,运用大数据的技术与思维,通过互联网金融各个业务部门信息的链接、协同和汇集,形成一个覆盖全面的监管数据库,实行动态监管,发现重大问题并及时预警。运用现代化的技术与思维,防范和处理互联网金融累积的风险,极大地提高了宏观监管的效率与处理问题的能力。再次,监管具有系统重要性的互联网金融机构,及时重点关注和处理对金融安全有重要影响的问题。通过事前的监管措施因地制宜地监管,建立危机前、中、后每个阶段的处置制度,通过监管合作和信息共享处理影响金融安全的问题,防范并合理地处置互联网金融重大机构的风险问题。最后,逆周期监管制度的设计,提前设置了预防互联网金融风险的关阀。逆周期的风险问题在互联网金融中也有所显现,因为互联网金融的本质涉及支付、借贷、投资等方面的金融活动。在一般情形下,经济周期内互联网金融机构和金融消费者个体的理性选择,并不能掩盖金融风险的隐患。更何况互联网金融消费者还存在非理性的行为,这些非理性行为通过互联网造成的风险影响更大。因此,防御机制的互联网金融逆向调节机制能有效地防控并降低过度顺周期的风险问题。

在监管实践中,如果一国对 P2P 网贷的监管采取目标监管模式下的监管制度,则会由一个部门负责审慎监管,另一个部门负责行为监管,两个监管机构通常在自己的监管职责范围内共担对 P2P 网贷的监管责任。在荷兰,审慎监管部门和行为监管部门联合发表了对众筹的解释(包括 P2P 网贷在内),开发了一个实用的、分步的计划以评价帮助评估活动是否属于金融部门监管的范围。同样,在英国,FCA 对 P2P(个人对个人借贷或个人对企业借贷)网贷进行行为监管和审慎监管,宏观审慎监管由金融政策委员会负责。[1] 这种监管制度的设置，能更好地防范和化解互联网金融的系统性风险。

（二）目标的协调与冲突一定程度上影响了目标监管制度的绩效

互联网金融目标监管制度，通过消费者保护和审慎监管目标的独立设置，试图实现更有效率的监管。互联网金融的系统性风险防范，需要审慎监管部门和行为监管部门的通力协作，并及时共享取得的信息，这个过程势必会增加相应的成本。此外，对互联网金融目标监管制度的设计，虽然两种监管目标彼此独立，但是在目标的优先性上主观性太强。如果暴露太多互联网金融风险，实践操作中为了整个金融体系的安全与稳健，监管当局往往会更强调金融系统的安全与稳健，即偏向于审慎监管。因此，当互联网金融的审慎监管和行为监管发生冲突时，无法同时兼顾金融消费者保护目标和审慎监管目标。这在一定程度上，会影响目标监管制度的绩效。

小　结

在一个充满风险和不确定性的世界里，没有人能够完全知道如何解决人们面临的所有问题，但是制度确定和限制了人们的选择集合[2]。互联网金融监管制度旨在通过合理的制度安排和交易过程中的激励结构来减少不确定性和风险。

互联网金融监管，既要面对其对传统金融监管制度的路径依赖，又要面临寻求更高效益的制度变迁目标。因此，各国自愿或非自愿地适时改变传统的金融监管制度，构造适应互联网金融内在要求的新的监管制度。互联网金融监管制度的设计、构建与完善，就是希望试图通过一系列有效的监管规则，搭建一个合理的互联网交易结构，界定人们在互联网金融交易过程中选择的合法与非法、有序与无序、有效率与无效率的空间。因此，基于制度

---

① IOSCO, *Crowdfunding 2015 Survey Responses Report*, 2015, p. 3.

② ［美］道格拉斯·C. 诺思：《制度、制度变迁与经济绩效》，刘守英译，上海三联出版社1994年版，第4页。

变迁与成本的考量、公平正义和风险的权衡,本章首先阐述了在功能监管和目标监管两种模式下,互联网金融监管制度的具体架构,即如何通过具体的制度安排来减少互联网金融的风险与不确定性、保护产权、促进互联网金融的合理发展、服务于实体经济。

当存在现实交易成本时,如果互联网金融监管法律制度能够实现交易成本的最小化,那么就是最适当的法律制度。互联网金融监管制度势必会对金融体系的经济绩效产生影响。本章阐述了互联网金融的功能监管制度和目标监管制度的绩效评估。“如果仅仅从绩效的角度出发,最优的监管体系规模和结构是在其功能与成本之间加以权衡的结果。”[①]因此,围绕着监管制度对互联网金融资源的分配和利用,以效率和安全为主要标准,本章对两种模式的监管制度绩效作出了分析,以期寻求互联网金融监管的有效性。

---

① 李扬、胡滨主编:《金融危机背景下的全球金融监管改革》,社会科学文献出版社2010年版,第225页。

第五章　我国互联网金融监管的完善构想

互联网金融创新在不断提升金融服务效率的同时也不断地挑战着金融监管，这也推动着金融监管的转型。相比发达国家而言，我国互联网金融在法律制度供给不足、存在监管空白和监管模式不匹配的背景下逆势生长，带来了一系列的监管问题。因此，本章立足于我国互联网金融监管的现状，梳理、分析出存在的问题，基于此，再对我国互联网金融监管进行价值定位，并提出监管的模式和基本原则。最后，从完善相关的法律法规、基础性的制度和各个具体业务类型监管制度三个层面，提出我国互联网金融监管制度的转型和完善之路径。

第一节　我国互联网金融的监管现状与存在的问题

一、我国互联网金融监管的现状

2013 年被称为互联网金融元年，2013 年之后，互联网金融迅速进入野蛮生长期。互联网金融在现有的法律法规框架下,亦正亦邪的生长着。同时,金融监管部门也在逐步摸索如何监管互联网金融:在2014 年 1 月,国务院办公厅发布《关于加强影子银行监管有关问题的通知》,将互联网金融纳入到影子银行范围中,按照“分业经营,分业监管”原则提出加强监管;2014 年 3 月中国人民银行发函,叫停支付宝、腾讯虚拟信用卡业务和线下条码(二维码)支付;2014 年 12 月保监会发布《互联网保险监管意见稿》;2014 年 12 月证券业协会发布《私募股权意见稿》。

2015 年被称为互联网金融监管年。中国人民银行等十部委对外发布《互联网金融意见》,在这个纲领性的监管文件中提出:“依法监管、适度监管、分类监管、协同监管、创新监管”的原则,确立了互联网金融主要业态的监管职责分工,清晰了业务边界,并落实监管责任。之后,保监会出台《互联网保险业务监管暂行办法》(以下简称《互联网保险监管办法》),自 2015 年 10 月 1 日起实施。2015 年 12 月 28 日,中国人民银行发布《非银行支付机构网络支付业务管理办法》(以下简称《非银网络支付管理办法》),并于 2016 年 7 月 1 日起施行。2015 年 12 月 28 日,国务院法制办发布“银监会会同工业和信息化部、公安部、国家互联网信息办公室等部门研究起草了《网络借贷信息中介机构业务活动管理暂行办法(征求意见稿)》(以下简称《网贷管理办法(意见稿)》)的通知”,向社会公众公开征求意见。2016 年,中国人民银行、银监会等各监管部门先后出台互联网金融细分领域的监管办法。2016 年 4 月 14 日,国务院印发《互联网金融风险专项整治工作实施方案》,接着金融监管部门根据监管分工又出台了细分行业专项整治方案,各省市亦随之出台地区性整治方案。2017 年合规步伐进一步加快。综上所述,我国互联网金融监管主体多、涉及面广。互联网金融多样化的创新与发展,对监管部门风险控制的要求更高。①

我国互联网金融蕴含的风险较传统金融更大。尽管我国监管机构逐步出台了一些相关的监管办法,但是由于法律法规相对滞后,故我国互联网金

① 此内容最初成文于 2016 年年初,2016 年及以后的内容当时尚未涉及。此次出版已把 2016 年、2017 年和 2018 年涉及互联网金融监管的相关内容补齐。

融监管体系还存在一定的缺位①。具体来说,P2P 网贷、众筹等互联网金融业务的监管现状分别如下:

（一）P2P 网贷的监管现状

中国人民银行等十部委制定的《互联网金融意见》明确了 P2P 网贷由银监会负责监管。2011 年 8 月 23 日,银监会发布了《中国银监会办公厅关于人人贷有关风险提示的通知》,针对 P2P 网贷提出了风险警示:影响宏观调控效果;容易演变为非法金融机构;业务风险难以控制;不实宣传影响银行体系整体信誉;监管职责不清、法律性质不明;贷款质量低劣,远不如普通银行金融机构;人人贷公司的房地产二次抵押业务存在风险隐患。因此,银监会根据其现有的职责,通过建立与人人贷中介公司之间的防火墙、加强银行从业人员管理、加强与工商管理部门的沟通这三个方面的措施,防范和控制风险。② 2013 年 11 月 25 日,由银监会牵头的九部委处置非法集资部际联席会议提出要求,禁止 P2P 网贷平台提供担保,不得归集资金建立资金池,禁止非法吸收公众存款,更不能实施集资诈骗。中国人民银行将 P2P 网贷非法集资行为明确划分为三类情况:资金池模式、庞氏骗局和不合格借款人导致的非法集资风险。2015 年 12 月 28 日,银监会会同公安部、工信部和国家互联网办公室等部门起草了《网贷管理办法(意见稿)》。2016 年 8 月 24 日,银监会等部门正式公布了《网贷管理办法》。2016 年 10 月 28 日,银监会联合工信部、工商总局颁布《网络借贷信息中介机构备案登记管理指引》(以下简称《网贷备案登记指引》)。接着,银监会分别在 2017 年 2 月 22 日和 8 月 23 日颁布了《网络借贷资金存管业务指引》(以下简称《网贷资金存管指引》)和《网络借贷信息中介机构业务活动信息披露指引》(以下简称《网贷信息披露指引》)。至此,网贷行业监管制度框架基本搭建完成。目前 P2P 网贷监管主体主要为银监会、地方金融监管部门、工商管理部门、工信部门等部门。

之前,我国的 P2P 网贷公司一般以两种身份注册:一是网络技术类的电子商务公司,二是投资咨询公司。注册为网络技术公司的 P2P 公司更重

---

① 杨涛主编:《互联网金融理论与实践》,经济管理出版社 2015 年版,第 256 页。

② 《中国银监会办公厅关于人人贷有关风险提示的通知》(银监办发〔2011〕254 号)。

视线上业务,一般将自身定位于提供金融信息服务的互联网公司;注册为投资咨询公司的P2P网贷公司则偏重线下业务,着重从理财服务的角度来开展自身业务。但对此类P2P网贷投资咨询公司,工商行政管理部门并未设定特殊的条件和门槛,只按照一般的投资咨询类有限责任公司进行设立登记,如果超出经营范围开展业务,工商管理部门将依照职权予以查处。工信部门对P2P网贷监管也只是设置了准入条件的要求,只要P2P网贷公司申领了工商行政部门颁发的营业执照,就可以向工信部门申请《电信与信息服务业务经营许可证》,既宽松又不完善。取得此证之后再向工商部门申请增加"互联网信息服务"的经营范围,向当地工商部门办理经营性网站备案后,就可以进行网络经营。工信部门对P2P网贷公司经营具体业务不监管,只偏重于对非法内容的屏蔽。① 现阶段,央行的征信系统没有跟P2P网贷公司对接,不直接参与监管。

目前,根据《网贷管理办法》的规定,对P2P网贷按照"双负责"原则进行监管,银监会及其派出机构作为中央金融监管部门负责对网贷机构实施行为监管,地方金融监管部门负责对本辖区内的网贷机构实施机构监管,具体包括对本辖区网贷机构进行规范引导、备案管理和风险防范及处置。工信部的主要职责是对网贷机构具体业务中涉及的电信业务进行监管;公安部的主要职责是牵头对网贷机构业务活动进行互联网安全监管,打击网络借贷涉及的金融犯罪;国家互联网信息办公室的主要职责是对金融信息服务、互联网信息内容等业务进行监管。

我国对P2P网贷监管采取事中和事后监管,主要体现在以下几个方面:在准入上没有设置门槛,即对P2P网贷平台的注册资金、风险准备金等没有硬性要求,实行备案制,P2P网贷平台在领取营业执照后向工商登记注册地的地方金融监管部门进行备案登记;规定了P2P网贷平台的义务与禁止行为,规定P2P网贷平台应回归借贷信息中介服务功能,禁止从事发售银行理财、券商资管、基金、保险或信托产品、股权众筹、实物众筹等业务;规定了P2P网贷平台的客户信息保护、信息披露规则;规定了借款人和出借人的保护制度,如客户资金银行存管、风险揭示及评估、客户信息保护、

① 吕祚成:《P2P行业监管立法的国际经验》,载《金融监管研究》2013年第9期。

纠纷解决等制度;实行中央与地方分工协作监管、风险信息报送、自律监管等内容。

针对现金贷平台有资金来源于 P2P 平台的问题,2017 年 12 月 1 日互联网金融风险专项整治工作领导小组办公室和 P2P 网贷风险专项整治工作领导小组办公室联合下发了《关于规范整顿"现金贷"业务的通知》,要求对网络借贷信息中介机构开展"现金贷"业务进行清理整顿。2017 年 12 月 13 日,P2P 网贷风险专项整治工作领导小组下发了《关于做好 P2P 网络借贷风险专项整治整改验收工作的通知》,要求在 2018 年 6 月底前完成辖内 P2P 机构的备案登记工作,禁止继续提取、新增风险备付金。2017 年 5 月 27 日,银监会、教育部和人社部还联合发布了《关于进一步加强校园贷规范管理工作的通知》,暂停网贷机构开展校园贷业务。

此外,我国 P2P 网贷还受到以下法律法规的规制:《民法总则》《合同法》《公司法》《担保法》《最高人民法院关于适用〈中华人民共和国担保法〉若干问题的解释》(法释〔2000〕44 号)、《最高人民法院关于依法妥善处理民间借贷纠纷案件促进经济发展维护社会稳定的通知》(法〔2011〕336 号)、《境内机构对外担保管理办法》(中国人民银行令〔1996〕第 3 号)、《中小企业融资担保机构风险管理暂行办法》(财金〔2001〕77 号)、《征信业管理条例》(国务院令第 631 号)、《征信机构管理办法》(中国人民银行令〔2013〕第 1 号)、《个人信用信息基础数据库管理暂行办法》(中国人民银行令〔2005〕第 3 号)、《关于办理非法集资刑事案件适用法律若干问题的意见》(2014 年 3 月 25 日最高人民法院、最高人民检察院、公安部联合发布)、《中国银监会办公厅关于人人贷有关风险提示的通知》(银监办发〔2011〕第 254 号)、《关于促进互联网金融健康发展的指导意见》《最高人民法院关于审理民间借贷案件适用法律若干问题的规定》(法释〔2015〕18 号)等。

(二)股权众筹的监管现状

股权众筹已经在我国显现出巨大的潜力。我国对股权众筹的监管也在积极地进行探索。中国证券业协会于 2014 年 12 月 18 日公布了《私募股权意见稿》,十部委制定的《互联网金融意见》中也明确了股权众筹由证监会负责监管。由于股权众筹监管相关法规未能及时跟进,目前我国股权众筹监管仍然处于空白状态。

实践操作中,股权众筹逐步形成了以“领投 + 跟投”为主的商业模式,但是其同样面临着现行《公司法》《证券法》《刑法》《合伙企业法》等相关法律法规的限制。具体来说,股权众筹没有被囊括在我国《证券法》第 2 条所规定的证券概念之内。股权众筹受制于公司股东人数的限制,即有限责任公司股东不超过 50 人,股份有限公司发起人数为 2 ~ 200 人。有限合伙企业的人数应在 2 ~ 50 人。股权众筹不能违背股票公开发行的要求。此外,股权众筹还容易涉及非法吸收公众存款罪,集资诈骗罪,擅自发行股票、公司和企业债券罪等刑法问题。因此,一些股权众筹平台为了在项目融资过程中避免违法,会采取有限合伙方式成立壳公司或者通过股权代持方式入股,如此设计虽然在一定程度上能规避上述的法律风险,但并未消除法律风险,仍然存在隐患。① 因为这存在变相公开发行之嫌。

《私募股权众筹融资管理办法(试行)(征求意见稿)》是首部正在制定的监管部门规章,但其尚未生效。它对股权众筹的监管思路是把股权众筹限定在私募的范围内,即私募股权众筹融资是指融资者通过股权众筹融资在互联网平台以非公开发行方式进行的股权融资活动,由证券业协会对私募股权众筹进行行业自律监管。该意见稿对平台设定的要求主要集中在平台的定性、备案登记、准入条件、职责、禁止行为等几个方面,如要求融资者必须实名制,规定了融资者的范围(中小微企业或其发行人)及职责、发行方式(不能公开或者采用变相公开的方式)及范围(股东人数不得超过 200 人)、禁止行为等。对投资者要求实名制,并认定合格投资者为符合条件的单位或个人。此外,还有信息报送等要求。该意见稿总共二十九条。由于意见稿遵循于传统的证券法理念,把股权众筹界定为证券的私募行为,禁止公开劝募,且有合格投资者和人数的限定,这已经脱离了股权众筹的本质,所以争议较大,正式版并未落地。后来,十部委制定的《互联网金融意见》进一步明确了股权众筹由证监会监管,并把股权众筹限定为通过互联网形式进行的公开小额股权融资的活动,突出其公开、小额、大众的特点,这也意味着非公开股权融资或私募股权投资基金募集不属于股权众筹范畴。2016 年 4 月 14 日,证监会等 15 个部门根据《互联网金融意见》和《互联网

---

① 中国人民银行金融研究所:《新金融时代》,中信出版社 2015 年版,第 54 页。

金融风险专项整治工作实施方案》联合公布了《股权众筹风险专项整治工作实施方案》，重点整治以下几个方面：一是互联网股权融资平台以"股权众筹"等名义从事股权融资业务；二是平台以"股权众筹"的名义募集私募股权投资基金；三是平台上的融资者未经批准，擅自公开或者变相公开发行股票；四是平台通过虚构或夸大平台实力、融资项目信息和回报等方法，进行虚假宣传，误导投资者；五是平台上的融资者欺诈发行股票等金融产品；六是平台及其工作人员挪用或占用投资者资金；七是平台和房地产开发企业、房地产中介机构以"股权众筹"名义从事非法集资活动；八是证券公司、基金公司和期货公司等持牌金融机构与互联网企业合作，违法违规开展业务。①

目前，股权众筹的运营与监管在现有的法律框架下涉及的法律法规主要有：《证券法》《公司法》《最高人民法院关于适用〈公司法〉若干问题的规定（一）（二）》（法释〔2014〕2 号）、《最高人民法院关于审理非法集资刑事案件具体应用法律若干问题的解释》（法释〔2010〕18 号）、《证券投资基金法》《私募投资基金监督管埋暂行办法》《基金会管理条例》（国务院令 400 号）、《国务院办公厅关于严厉打击非法发行股票和非法经营证券业务有关问题的通知》（国办发〔2006〕99 号）等。到目前为止，正式的股权众筹监管规则还没有出台。

总之，股权众筹在我国存在着监管上的不确定性，有的股权众筹业务还处于灰色地带。除明显的涉嫌欺诈等违规外，监管部门并未对股权众筹采取实质性的监管。

（三）网络小贷的监管现状

根据十部委制定的《互联网金融意见》，网络小额贷款由银监会负责监管。但是，目前还没有专门针对网络小额贷款的监管规定，银监会拟在下一步专门另行规定。因此，网络小额贷款遵守的现有小额贷款公司监管规定主要是银监会、中国人民银行在 2008 年出台《关于小额贷款公司试点的指导意见》，该意见中规定了小额贷款公司"只贷不存"的公司性质、公司设立、资金来源与运用、公司终止等方面的内容。实践中，全国各地的监管机

① 参见《股权众筹风险专项整治工作实施方案》（证监发〔2016〕29 号）。

构基本都制定了相应的小额贷款公司的管理办法，但内容与政策优惠等差异较大。2014 年，银监会、中国人民银行下发《小额贷款公司管理办法(征求意见稿)》，拟在融资限制、业务范围、征信系统的查询、监管细则等方面的内容实现实质性的突破。例如取消"从银行业金融机构获得融入资金的余额不得超过资本净额的 50%""同一借款人的贷款余额不得超过小额贷款公司资本净额的 5%"等。目前，《小额贷款公司管理办法》并未正式出台。因此，网络小额贷款的专业化监管缺失，会影响到大数据网络贷款的经济效应和网络小贷行业的良性发展。在此背景下，现金贷从 2015 年开始在中国开始强势崛起。目前从事现金贷业务的平台有两千多家，但拥有网络小贷牌照的公司只有 200 多家，因此绝大部分现金贷公司属"无牌经营"。现金贷使一些不具备偿还能力的人陷入债务陷阱，本质上有"次贷"特征。与此同时，由于现金贷还有资产证券化的操作，再不加强监管，就有可能酿成金融风险。①

2017 年 11 月 21 日，互联网金融风险专项整治工作领导小组办公室发布《关于立即暂停批设网络小额贷款公司的通知》，要求即日起，各级小额贷款公司监管部门一律不得新批设网络(互联网)小额贷款公司，禁止新增批小额贷款公司跨省(区、市)开展小额贷款业务。2017 年 12 月 1 日，互联网金融风险专项整治工作领导小组办公室和 P2P 网贷风险专项整治工作领导小组办公室联合下发了《关于规范整顿"现金贷"业务的通知》，严格规范网络小额贷款业务管理，要求暂停发放无特定场景依托、无指定用途的网络小额贷款，逐步压缩存量业务，限期完成整改；采取有效措施防范借款人"以贷养贷""多头借贷"等行为；禁止发放"校园贷"和"首付贷"；禁止发放贷款用于股票、期货等投机经营；地方金融监管部门应建立持续有效的监管安排，中央金融监管部门将加强督导。②

① 沈艳：《解读〈关于立即暂停批设网络小额贷款公司的通知〉》，载搜狐网：http://www.sohu.com/a/205917904_330810，2017 年 11 月 27 日最后访问。

② 现金贷，是小额现金贷款业务的简称。具有无场景依托、无指定用途、无客户群体限定、无抵押等特征的"现金贷"业务快速发展，在满足部分群体正常消费信贷需求方面发挥了一定作用，但过度借贷、重复授信、不当催收、畸高利率、侵犯个人隐私等问题十分突出，存在较大的金融风险和社会风险隐患。参见《关于规范整顿"现金贷"业务的通知》。

网络小贷的运营与监管，在现有的法律框架下涉及的法律法规主要有：《中华人民共和国银行业监督管理法》《中华人民共和国商业银行法》《非法金融机构和非法金融业务活动取缔办法》《关于小额贷款公司试点的指导意见》《互联网金融风险专项整治工作实施方案》《P2P 网络借贷风险专项整治工作实施方案》《通过互联网开展资产管理及跨界从事金融业务风险专项整治工作实施方案》《网络借贷信息中介机构业务活动管理暂行办法》等。

（四）第三方支付的监管现状

相对于其他互联网金融业务而言，第三方支付监管框架在国内已经建立起来，但还有待于进一步完善。我国第三方支付由中国人民银行负责监管，其监管的标志是 2010 年 6 月中国人民银行颁布的《非金融机构支付服务管理办法》（以下简称《非金支付管理办法》），从此第三方支付被正式纳入中国人民银行的监管范围之内，结束了第三方支付行业没有具体规范的状态。在这之前，没有专门的法规规范第三方支付行业，只有《电子签名法》《反洗钱法》《电子支付指引》等相关的法律法规。

《非金支付管理办法》颁布之后，中国人民银行又颁布了《非金融机构支付服务管理办法实施细则》，这两个法规首先明确了我国第三方支付机构的性质和服务的内容，即第三方支付是提供网络支付、预付卡的发行与受理、银行卡收单以及中国人民银行确定的其他支付服务的非金融机构的中介服务；接着，规定了第三方支付机构的准入条件，即必须取得支付业务许可证，准入条件具体包括：机构的性质、注册资本、高管人员任职条件、反洗钱措施、业务设施、内部治理的制度等内容；再以客户备付金为核心，明确监管即客户备付金不属于支付机构的自有财产，支付机构只能根据客户发起的支付指令转移备付金，严格禁止支付机构以任何形式挪用客户备付金。

除此之外，中国人民银行出台了一系列的管理办法，进一步对第三方支付进行全面的监管。从 2010 年到 2014 年出台的管理办法主要有：《关于规范商业预付卡管理的意见》《支付机构互联网支付业务办法》《支付机构反洗钱和反恐怖融资管理办法》《支付机构预付卡业务管理办法》《支付机构客户备付金存管办法》《银行卡收单业务管理办法》等。

2015 年，十部委颁布的《互联网金融意见》中明确了互联网支付的性质、宗旨、监管办法,即互联网支付应始终是一种小额、快捷、便民的小微支付服务,互联网支付业务由中国人民银行负责监管。2015 年 12 月 28 日,中国人民银行颁布了《非银网络支付管理办法》这一配套制度,该办法主要从以下几个方面规范第三方支付业务:一是从支付机构的定位与业务方面进行规范。明确支付机构小额、快捷、便民的小微支付服务的宗旨。从审慎监管的角度出发,禁止为金融机构以及从事信贷、融资、理财、担保、信托、货币兑换等金融业务的其他机构开立支付账户;支付机构不得经营或者变相经营证券、保险、信贷、融资、理财、担保、信托、货币兑换、现金存取等业务,有效隔离跨市场的风险。对支付机构及其相关业务实行分类监管。二是从消费者权益保护方面进行规范。在保护客户资金的安全上,将个人支付账户分为三类,三类账户都可以用于消费和转账。Ⅰ类账户主要适用于客户小额、临时支付,身份验证简单快捷。余额付款交易自账户开立起累计不超过 1000 元。Ⅰ类账户满足身份验证,可以升为Ⅱ、Ⅲ类账户。Ⅱ类和Ⅲ类账户的客户实名验证强度相对较高,仅有Ⅲ类账户可以购买投资理财等金融类产品。Ⅱ类、Ⅲ类账户交易年累计限额分别为 10 万元、20 万元。此外,还有 1000 元、5000 元的单日累计限额。要求建立健全风险准备金和客户损失赔付机制,从支付机构提示客户重大利害关系的事项、理解相关权利与义务及责任、信息的披露等方面的规定来保障客户的知情权,保障客户的自主选择权和个人信息安全。三是实行支付账户实名制,建立交易风险管理制度和交易监测系统,防范欺诈、套现、洗钱、恐怖等非法融资活动。

2016 年 4 月 13 日,根据国务院公布的《互联网金融风险专项整治工作实施方案》(国办发〔2016〕21 号),中国人民银行会同 13 部委制定并印发了《非银行支付机构风险专项整治工作实施方案》,要求开展支付机构客户备付金风险和跨机构清算业务整治,开展无证经营支付业务整治。其中,非银行支付机构不得挪用、占用客户备付金,客户备付金账户应开立在人民银行或符合要求的商业银行。人民银行或商业银行不向非银行支付机构备付金账户计付利息,防止支付机构以"吃利差"为主要盈利模式,理顺支付机构业务发展激励机制,引导非银行支付机构回归提供小额、快捷、便民小微支付服务的宗旨。支付机构开展跨行支付业务必须通过人民银行跨行清算系统或者具有合法资质的清算机构进行,实现资金清算的透明化、集中化运作,加强对社会资金流向的实时监测。为此,《中国人民银行办公厅关于实施支付机构客户备付金集中存管有关事项的通知》(银办发〔2017〕10号)和《关于调整支付机构客户备付金集中交存比例的通知》(银办发〔2017〕248号)对备付金做出了规定:自2017年4月17日起,支付机构应将客户备付金按照一定比例交存至指定机构专用存款账户,该账户资金暂不计付利息,并对支付机构客户备付金集中交存比例进行调整。2017年12月25日,中国人民银行对时下应用广泛的条码支付颁布了监管文件,即《条码支付业务规范(试行)》,并配套印发《条码支付安全技术规范(试行)》和《条码支付受理终端技术规范(试行)》(银办发〔2017〕242号)。2018年1月19日,中国人民银行营业管理部(支付结算处)下发《关于开展为非法虚拟货币交易提供支付服务自查整改工作的通知》,严禁支付机构为虚拟货币交易提供服务。

综上所述,我国第三方支付监管正在逐步完善之中,在创新与监管、效率与安全、肯定与质疑之中寻求良性的发展。

(五)虚拟货币的监管现状

以比特币为典型代表的虚拟货币,在创新与发展中挑战着一国的监管制度。目前,我国还没有专门的法律法规监管虚拟货币,主要是对网络游戏虚拟货币和比特币通过部门的规定进行粗线式的监管,管控严格。

我国对网络游戏虚拟货币主要通过两个部委通知和一个批复进行监管。2007年2月15日,文化部、中国人民银行等十四部委在其发布的《关于进一步加强网吧及网络游戏管理工作的通知》中,首次明确了由中国人民银行负责网络游戏虚拟货币的监管。通知主要通过限制发行虚拟货币的总量和单个网络游戏消费者的购买额,禁止用于购买实物产品,严禁倒卖、等额赎回法定币等措施规范和管理网络游戏虚拟货币。2009年6月4日,文化部、商务部在其发布的《关于加强网络游戏虚拟货币管理工作的通知》中进一步规范了网络游戏虚拟货币,以防止虚拟货币冲击现实的金融秩序。2008年10月29日,国家地税局对北京市地税局《关于个人通过网络销售虚拟货币所取得的收入计征个人所得税问题的请示》的批复中规定:通过收购再加价出售网络游戏虚拟货币所取得的个人收入,应缴纳个人所得税。

我国对比特币的监管主要依据2013年12月5日中国人民银行等五部

委印发的《关于防范比特币风险的通知》进行。该通知认为比特币仅仅是一种虚拟商品,不能在市场上流通,不承认比特币的货币地位,但认为比特币是一种特定的虚拟商品,在自担风险的前提下,普通民众在互联网上可以自由交易。出于防范风险的考虑,该通知禁止金融机构处理比特币交易,即各金融机构和支付机构不得以比特币为产品或服务定价,不得买卖或作为中央对手买卖比特币,不得承保与比特币相关的保险业务或将比特币纳入保险责任范围,不得直接或间接为客户提供其他与比特币相关的服务。此外,还对比特币互联网站提出了风险控制和反洗钱的要求。近年来,随着国内通过发行代币的形式包括首次代币发行(ICO)进行融资的活动大量涌现,投机炒作盛行,涉嫌从事非法金融活动。2017 年 9 月 4 日,中国人民银行等七部委发布的《关于防范代币发行融资风险的公告》对代币进行了定性,认为代币发行融资是指融资主体通过代币的违规发售、流通,向投资者筹集比特币、以太币等所谓"虚拟货币",本质上是一种未经批准非法公开融资的行为,涉嫌非法发售代币票券、非法发行证券以及非法集资、金融诈骗、传销等违法犯罪活动。代币发行融资中使用的代币或"虚拟货币"不由货币当局发行,不具有法偿性与强制性等货币属性,不具有与货币等同的法律地位,不能也不应作为货币在市场上流通使用,严禁任何组织和个人非法从事代币发行融资活动。代币融资交易平台不得从事法定货币与代币、"虚拟货币"相互之间的兑换业务,不得买卖或作为中央对手方买卖代币或"虚拟货币",不得为代币或"虚拟货币"提供定价、信息中介等服务。各金融机构和非银行支付机构不得开展与代币发行融资交易相关的业务。

目前,虚拟货币的运营与监管在现有法律框架下涉及的法律法规主要有:《中华人民共和国人民银行法》《中华人民共和国商业银行法》《中华人民共和国证券法》《中华人民共和国网络安全法》《中华人民共和国电信条例》《非法金融机构和非法金融业务活动取缔办法》等法律法规。

(六)金融网销的监管现状

根据 2015 年十部委制定的《互联网金融意见》,互联网保险业务由保监会负责监管,互联网基金销售业务由证监会负责监管。

互联网保险发展较快,但对其的监管相对进展缓慢。2011 年到 2014 年,我国陆续发布《互联网保险业务监管规定(征求意见稿)》《保险代理、经纪公司互联网保险业务监管办法(试行)》《关于专业网络保险公司开业验收有关问题的通知》《关于规范人身保险公司经营互联网保险有关问题的通知(征求意见稿)》《互联网保险监管意见稿》,但大多数都不是正式的监管规则。《互联网金融意见》发布之后,保监会才在 2015 年 7 月 22 日出台了配套的《互联网保险监管办法》,该办法成为互联网保险的主要监管规则,它主要从以下几个方面进行规范:规范互联网保险业务的经营条件与区域;把第三方平台纳入到监管,即第三方网络平台经营保险业务的(保险的销售、承保、理赔、退保、投诉及客服等),应取得保险业务经营资格,保险机构通过第三方网络平台开展互联网保险业务的,应具备相应的条件;明确产品的信息披露制度;明确经营规则,即规定相关机构的职责定位、产品管理、保费收取、交易记录、客户服务、信息安全、异常处理、反洗钱及相关费用结算与支付方面的具体要求;规定保险机构、第三方网络平台的禁止性行为及退出管理要求。2016 年 4 月 14 日,中国保监会等十四个部门印发《互联网保险风险专项整治工作实施方案》(保监发〔2016〕31 号),重点治理三方面的业务,一是互联网高现金价值业务,重点查处和纠正保险公司通过互联网销售保险产品,进行不实描述、片面或夸大宣传过往业绩、违规承诺收益或者承担损失等误导性描述。二是保险机构依托互联网跨界开展业务,重点查处和纠正保险公司与不具备经营资质的第三方网络平台合作开展互联网保险业务的行为;保险公司与存在提供增信服务、设立资金池、非法集资等行为的互联网信贷平台合作,使风险向保险领域传递;保险公司在经营互联网信贷平台融资性保证保险业务过程中,存在风控手段不完善、内控管理不到位等情况。三是非法经营互联网保险业务,重点查处非持牌机构违规开展互联网保险业务,互联网企业未取得业务资质,依托互联网以互助等名义变相开展保险业务等问题;不法机构和不法人员通过互联网利用保险公司名义或假借保险公司信用进行非法集资。

十部委的《互联网金融意见》颁布之前,我国对互联网基金销售并无专门规定。虽然证监会在 2013 年 3 月 15 日发布了《证券投资基金销售机构通过第三方电子商务平台开展业务暂行规定》,但仅对第三方电子商务平台的资质条件和业务边界作了规定。《互联网金融意见》首次正式提出对互联网基金销售的监管框架:证监会负责互联网基金销售;基金销售的主体即基金销售机构与其他机构要履行风险披露义务,禁止以承诺收益的方式吸引客户;基金管理人履行防范资产配置中的期限错配和流动性风险的义务;基金销售主体对涉及收益构成、先决条件、使用情形等进行全面、准确、真实的表述与展示;第三方支付机构从事该业务,应遵守客户备付金和基金销售结算资金的监管要求。第三方支付机构的客户备付金仅限于办理客户委托的支付业务,不得挪作他用,包括赎回其他理财产品、垫付基金等。《互联网金融风险专项整治工作实施方案》(国办发〔2016〕21 号)规定,未经相关部门批准,不得将私募发行的多类金融产品通过打包、拆分等形式向公众销售。采取"穿透式"监管方法,根据业务本质属性执行相应的监管规定。销售金融产品应严格执行投资者适当性制度标准,披露信息和提示风险,不得将产品销售给与风险承受能力不相匹配的客户。总之,对互联网基金销售的监管还有待于监管规则的出台。

二、我国互联网金融监管存在的问题

基于我国互联网金融的监管现状分析,本部分主要从现行监管模式匹配与否、监管理念是否适宜、法律法规不完善的适用障碍和监管制度供给不足、征信系统不完善的制约四个方面分析我国互联网金融监管存在的问题:

(一)现行监管模式与互联网金融发展不匹配,抑制创新

我国现行的金融监管模式是分业监管,按照银行、证券、保险三大机构实行监管。我国目前对互联网金融的监管也是如此,沿袭了分业管理的思路。在新出台的《互联网金融意见》这个纲领性文件中,我国明确规定对互联网金融实行分类监管,即 P2P 网贷和小额贷款由银监会负责,股权众筹和互联网基金销售由证监会负责,第三方支付业务由中国人民银行负责,保监会负责互联网保险业务。随着我国金融机构的改革,今后 P2P 网贷、小额贷款和互联网保险将都由中国银行保险监督管理委员会负责。尽管金融监管机构改革向前迈出了一步,但还是没有完全摆脱机构监管模式,我国分业监管模式还是滞后于互联网金融的发展。虽然这种模式在短时期内对互联网金融发展有促进作用,但是从长远来看会抑制互联网金融的创新,容易

造成监管效率不佳。①

互联网金融通过互联网技术和互联网精神塑形于金融要素，实现了金融功能的优化，体现出跨行业、跨市场、跨时空的特质。中言之，互联网金融借助于互联网技术，作用于多个金融要素层面，在优化金融的资金配置、风险管理、支付清算、信息管理等功能的同时，也促进了金融和实体企业之间、金融子行业之间的融合。② 一方面，从业务创新层面来看，互联网金融带来的变化使得传统金融行业的边界变得日趋模糊。比如，第三方支付通过互联网平台，运用大数据技术，不断地向货币基金、保险销售、结算服务等金融领域延伸，不断衍生出新的金融产品。典型的如余额宝，就涉及中国人民银行、银保会和证监会等多个部门。此外，第三方支付＋存贷款既能创造货币，又能创造信用，这如何监管？还有与第三方支付密切相关的电子货币问题，对电子货币又如何监管？③ 尽管目前我国的监管制度暂不允许开展上述业务，但这并不能阻止第三方支付创新的步伐。再如，P2P 网贷的创新发展从国外的发展状况来看，各国的 P2P 网贷行业从小额信贷开始，逐步向小企业贷款、票据融资和抵押贷款发展，这说明资产多元化是 P2P 网贷的走向。④ 正因如此，很多国家的监管部门摒弃了分业监管模式。另一方面，从互联网金融综合经营实践来看，已经突破分业经营模式，实现了混业经营，并带来了监管的挑战。互联网金融综合经营是指金融机构、互联网企业等机构直接或者通过子公司等组织形式，同时经营互联网支付、网络借贷、股权众筹融资、互联网基金销售、互联网保险等互联网金融业务中的至少两类业务。⑤ 这实质上主要体现了混业经营和风险特质问题，尤其是互联网金融综合经营存在异于传统金融业综合经营的风险特质。实践中，典

---

① 2018 年 3 月 13 日，国务委员王勇在《关于国务院机构改革方案的说明》中：将中国银行业监督管理委员会和中国保险监督管理委员会的职责整合，组建中国银行保险监督管理委员会，作为国务院直属事业单位。其主要职责是，依照法律法规统一监督管理银行业和保险业，维护银行业和保险业合法、稳健运行，防范和化解金融风险，保护金融消费者合法权益，维护金融稳定。今后，P2P 网贷、小额贷款和互联网保险将都由中国银行保险监督管理委员会负责。

② 杨涛：《辩证看待互联网金融新监管时代》，载《金融时报》2015 年 7 月 22 日，第 4 版。

③ 中国人民银行金融研究所：《新金融时代》，中信出版社 2015 年版，第 122 页。

④ 零壹研究院：《中国 P2P 借贷服务行业白皮书》（2015），东方出版社 2015 年版，第 43 页。

⑤ 中国人民银行金融研究所：《新金融时代》，中信出版社 2015 年版，第 206 页。

型的如蚂蚁金服集团、京东金融集团等，通过收购、控股、参股等方式，形成了综合化的互联网金融业务，提供一站式的金融服务。以蚂蚁金服集团为例，以第三方支付账户为纽带，旗下汇聚支付宝、支付宝钱包、蚂蚁小贷、余额宝、招财宝、芝麻信用、网商银行、蚂蚁达客等品牌，形成了涵盖第三方支付、网络借贷、互联网理财、互联网征信、互联网银行、股权众筹互联网金融业态。这种综合化经营的组织形式，在提高了互联网金融效率的同时，也存在巨大的风险隐患。互联网金融综合化的经营模式更容易引起风险的传染与交叉，产生关联风险、道德风险，尤其是有些机构已经具备系统重要性时，如果监管不当，就更容易引发系统性风险。

目前，我国对互联网金融综合经营机构只是按机构监管模式分工实施监管，即使协调监管也是效果欠佳，更无明确的整体监管部门。在传统监管模式与运行方法占主导的情况下，仍然存在监管重叠和监管真空，再加之地方政府金融监管部门缺乏实质性的监管权力，这些都将影响到互联网金融的发展与创新。综上所述，互联网金融的业务创新发展与经营综合化要求体现了混业经营发展的趋势。我国现有的分业监管模式缺乏全局性、贯通式的风险监控机制，存在分业式圈地的弊端，已经不能适应互联网金融的内在需求，容易出现监管缺位或越位的问题，在某种程度上会抑制互联网金融的创新和发展，也会放任其风险的积累。

（二）监管理念保守，影响监管效果

监管的理念，决定了互联网金融监管的制度框架和监管效果。一般而言，有效的监管既要纠正市场失灵，又不能阻碍市场创新。只有用前瞻性的理念设计监管制度，才能维护金融的安全与稳健。我国互联网金融在监管制度设计中，显现出监管者的理念保守的缺点，未能处理好监管与创新之间的关系。

具体而言，我国互联网金融监管理念的保守主要体现在以下两个方面：

一是未能转变传统的监管理念。目前，我国对互联网金融监管的理念依然是传统的机构监管理念。十部委制定的《互联网金融意见》把互联网金融划分为固定的类型，将其逐一纳入分业监管框架之中。但是，互联网金融的内涵与类型随着自身的发展、融合与创新处在动态与延展的过程中，监管者依靠传统金融产业边界的理念很难准确划分互联网金融业务类型的边

界，因为在信息化时代，互联网金融具有跨行业、跨市场、跨时空的特性，模糊了传统产业的边界。“谁家孩子，谁抱走”的分业监管理念对互联网金融而言，是一种金融压抑式的监管理念。目前在“政府中心规制”模式下，运用“重典治乱”的监管逻辑虽然在一定程度上可以整治违法行为，但是仅着眼于“中心监管”，反而可能激发行为者的监管套利和规避法律的动机。[①]分业监管的理念并不适合互联网金融。因此，走在前沿的国家基于对互联网金融的前瞻性认识，有两种监管理念，一种是功能监管理念，互联网金融的本质属性是金融，其金融功能是相对稳定的，从金融功能的角度切入，采用功能监管的理念，能合理地应对互联网金融的风险和功能拓展问题；另外一种是金融消费者保护的理念，因为互联网金融市场的基石是长尾大众金融消费者，从金融消费者保护的角度出发，合理地规范互联网金融机构的业务经营和服务行为，促进有效竞争。反观我国，依然固守传统的机构监管理念，并以此去界定互联网金融类型，除此之外，在对互联网金融的类型进行划定时也仅仅局限于文件中的几种类型，并没有前瞻性地把以比特币为代表的虚拟货币纳入监管范畴之内。世界各国在面对虚拟货币对金融体系的影响之时，大多都适时地予以引导，无论是通过政策抑或法律形式。

二是未能处理好创新与监管的关系。鼓励互联网金融创新，并不意味着要放弃监管或者放松监管，而是进行适当监管即适应性、前瞻性的监管，这种态度既容纳创新又能防范风险。我国对互联网金融的监管就未能处理好创新与监管的关系。例如，在 P2P 网贷的准入条件上，《网贷管理办法》没有对平台设置准入条件，即无注册资本金的要求。虽然从市场开放的角度来讲，这种规定是一大进步，但风险的控制又成问题。大量的 P2P 网贷平台只需要在地方备案即可运营，那么没有准入门槛的要求，如何更好地从事前去防控风险？这种区分机构监管和行为监管的金融监管分工安排，在实践中如何运行，如何避免监管重复和监管真空，能否实现有效监管，还有待实践检验。例如，如果某地方的 P2P 平台违规提供了担保，或者从事了其他违法业务，这属于行为监管的范围还是机构监管的范围？地方银监局

① 潘静：《从政府中心规制到社会共治：互联网金融治理的新视野》，载《法律科学》2018 年第 1 期。

和地方金融办,谁来负责查处?看起来办法第40条将处罚权交给了地方金融监管部门,但如何体现银监会的行为监管?地方银监局是否可以在地方金融监管部门基于地方保护主义不作为的时候积极介入或者构成后补的监管力量?① 可以说,目前P2P网贷的乱象与缺乏一定准入门槛不无关系,因此,在P2P网贷的创新与监管上要有平衡。又如,P2P网贷的禁止条件方面,明确禁止了P2P平台发售银行理财、券商资管、基金、保险或信托产品;除法律法规和网络借贷有关监管规定允许外,禁止与其他机构投资、代理销售、推介、经纪等业务进行任何形式的混合、捆绑、代理;禁止向借款用途为投资股票市场的融资提供信息中介服务;禁止从事股权众筹、实物众筹等业务。从机构监管理念来看,适应分业监管的框架在一定程度上能减少机构之间的监管矛盾并防止金融风险。但是长远来看,这种纯粹的机构监管理念不符合金融创新发展的要求。申言之,对互联网金融而言,创新的基因决定了其混业发展的趋势,对其实施行为监管和混业监管已是大势所趋。按目前的规定进行监管会扼杀互联网跨界资源整合、长尾与边际效应明显的优势,是一种保守的监管思维。② 再如,要求P2P网贷客户资金只有银行才能存管,这人为地降低了第三方支付的业务创新性和便利性。此外,P2P网贷的监管办法没有设立应对平台跑路的风险保障金制度和投资者保护金制度。从立法逻辑和理论来看,要实现小额分散的监管目标,仅仅对借款人的金融进行限制是不够的,还应当有对出借人的金额限制。③

总之,如果能在前瞻性理念的塑造下形成良好的风控制度,就能平衡好互联网金融的监管与创新,而不用固守传统的监管理念、机械地条条分割互联网金融的监管权力。

(三)法律法规不完善,监管制度供给不足

法律是金融市场的制度根基。真正自由与繁荣的金融市场,需要有规则,需要有人裁决。LLSV(Fafael La Porta、Florencio Lopez-de-Silance、Andrei

---

① 彭冰:《投资型众筹的法律逻辑》,北京大学出版社2017年版,第277页。

② 杨涛:《辩证看待互联网金融新监管时代》,载《金融时报》2015年7月22日,第4版。

③ 彭冰:《投资型众筹的法律逻辑》,北京大学出版社2017年版,第275页。

Shleifer 等人简称 LLSV）在《法和金融》[①]一文中通过实证研究证明了，从长远来看，法律对投资者的保护程度与一国金融的发展水平呈正相关。如果没有法律的制度根基，就无法真正建立、发展一个完善的金融市场。互联网金融的创新与发展，同样离不开完善的法律法规。当下，我国互联网金融监管面临的最大问题就是法律法规的不完善和监管制度的供给不足，这对互联网金融的发展造成了极大的障碍。

1. 法律法规的不完善，带来适用上的障碍

互联网金融是互联网时代的新生事物，它给一国现有的法律法规体系和监管制度带来了巨大的挑战。在互联网金融监管方面，我国现有的法律法规不完善，即存在一定的法律空白、有的法规效力覆盖范围有限、有的法规滞后，这既不能适应互联网金融发展的需求，也不能实现对互联网金融的有效监管。总之，我国无论互联网金融的基础性法律法规、配套的技术环节与标准，还是整个宏观互联网金融的立法方面都不完善。当下，最为突出的几个方面的问题在于：

第一，现有的《证券法》《公司法》等法律法规，制约着股权众筹的发展。股权众筹的本质在于小额、大众、公开。而现行《证券法》对证券的界定、证券的公开发行、发行机构等规定的都非常严格，《公司法》《合伙企业法》对公司的人数又有限制。首先，对证券的定义较为狭窄。《证券法》第 2 条规定："在中华人民共和国境内，股票、公司债券和国务院依法认定的其他证券的发行和交易，适用本法"。股权众筹这种新型的融资形式，没有被囊括在之内。其次，《证券法》公开发行的规定、《公司法》和《合伙企业法》对人数的限制都与众筹的"大众、公开"存在冲突。《证券法》第 10 条对公开发行的要求是："公开发行证券，必须符合法律、行政法规规定的条件，并依法报经国务院证券监督管理机构或者国务院授权的部门核准；未经依法核准，任何单位和个人不得公开发行证券。有下列情形之一的，为公开发行：（一）向不特定对象发行证券的；（二）向特定对象发行证券累计超过二百人的；（三）法律、行政法规规定的其他发行行为。非公开发行证券，不得采用

---

① Fafael La Porta, Florencio Lopez-De-Silance, Andrei Shleifer, Law and Finance, *Journal of Political Economy*, 1998, 106(6), pp. 1113 – 1155.

广告、公开劝诱和变相公开方式”。《公司法》第 24 条规定,有限责任公司股东不超过 50 人;第 78 条规定,股份有限公司发起人数为 2 人到 200 人。《合伙企业法》第 61 条规定,有限合伙企业的人数限制在 2 人到 50 人。股权众筹通过网络平台融资时,无论是向不特定对象还是特定对象募集资金都必然要突破 200 人。股权众筹通过网络平台进行还涉及公开劝诱问题。在现实中,股权众筹在《证券法》《公司法》等法律法规的夹缝中生存,游走于法律的灰白地带,采用有限合伙方式成立壳公司或者通过股权代持方式入股等变通方式,仍然不能解决其业务发展的需求和面临的法律风险问题。最后,众筹平台的法律地位不能确立。众筹平台并不符合《证券法》对证券交易所的规定。因此,我国股权众筹发展受到制约,相对缓慢,规模与数量都有限。截至 2015 年 12 月 31 日,全国共有正常运营的众筹平台 283 家(不含测试上线平台)。2013 年及之前全国众筹行业仅成功筹资 3.35 亿元,2014 年成功融资 21.58 亿元,到了 2015 年成功筹资 114.24 亿元,才首次全年破百亿元。① 截至 2017 年 12 月底,全国正常运营众筹平台共有 209 家,与 2016 年年底全国正常运营众筹平台数量 427 家相比,跌幅达 51.05%。2017 全年全国众筹行业虽然新增 113 家众筹平台,但问题及转型平台数量高达 331 家,其中有 270 家众筹平台倒闭。由于众筹行业投资环境缺乏法律规范,监管政策不明确,业务运作不规范等,盲目追求速度和规模的时候就会陷入非理性发展的旋涡。在非公开股权融资方面,行业监管尚未明晰,互联网巨头旗下的非公开股权融资平台均暂停业务。② 总之,亟待完善现有的法律法规或者制定专门的法规,给予股权众筹合法的地位,使其能够快速地发展。

第二,保护金融消费者的法规不完善。互联网金融的发展离不开数量众多的“长尾”金融消费者,故其重要性不言而喻,但是我国现有的《消费者权益保护法》不足以有效地保护金融消费者。目前,保护金融消费者的法规不完善主要表现在如下几个方面:一是未出台专门的法规或者变通修改

---

① 网贷之家、盈灿咨询:《2015 年中国众筹行业年报》(完整版),载网贷之家:http://www.wdzj.com/news/baogao/25661.html,2016 年 1 月 18 日最后访问。

② 盈灿咨询:《2017 年众筹行业年报》,载盈灿咨询网:http://osscdn.wdzj.com/upload/2017zhongchounianbao.pdf,2018 年 2 月 28 日最后访问。

现有的法规,专门化的规范金融消费者保护问题。传统的《消费者权益保护法》已经不能完全保障互联网金融消费者的权益,其他诸如《民法》等法律法规存在着保护的局限。网络信息技术的创新与应用,使得互联网金融消费领域出现了一些的新问题,比如金融消费者的行为认定、交易的虚拟化、互联网金融机构与金融消费者信息不对称、金融消费者的隐私信息保护、传统的线下纷解方式的不足、网络取证等。互联网金融创新引发的金融消费者保护问题,挑战着传统的消费保护理念与保护方式。二是现有的法规缺少对合格投资者的界定和投资额度的限定,尤其是诸如股权众筹和P2P网贷,合格投资者的标准是什么?投资额度合理的范围是多少?如何才能回归互联网金融的大众、小额、便利的本质?这些都缺乏明确的规定。三是现有的法规缺少纠纷解决机制,即独立的作为诉讼前置程序的第三方小额金融纠纷解决机制。例如,根据《网贷管理办法》,纠纷解决的方式有自行和解、请求行业自律组织调解、向仲裁部门申请仲裁、向人民法院提起诉讼。按照此规定,P2P网贷平台仅仅是信息中介平台,纠纷的双方是分散全国各地的投资者和借款者,一旦借款者违约,无论是诉讼、仲裁、和解还是调解,可行性、可操作性都极低,纠纷解决就会因此陷入僵局。假设诉讼的程序可行,大量的小额P2P网络借贷走诉讼程序,其成本和收益也不成比例。这种纠纷解决方式依然是传统思维方式下的产物,并不能真正地解决互联网金融的纠纷。四是现有的法规未能规范网络平台退出问题。网络平台上聚拢了大量的金融消费者,如果没有事先的退出保护规范,一旦出现平台跑路、倒闭等问题,就会产生金融风险和社会秩序问题。五是缺少金融消费者教育的规定。大量的金融消费者通过互联网平台参与互联网金融交易,但其自身的金融知识参差不齐,需要正确引导。

第三,客户的备付金利息规定不明确。在实践中,第三方支付平台基本上以格式条款的形式排除了客户对备付金利息的所有权。《支付机构客户备付金存管办法》第29条规定,支付机构按应当季计提风险准备金,存放在备付金存管银行或其授权分支机构开立的风险准备金专用存款账户中。风险准备金按照所有备付金银行账户利息总额的一定比例计提。支付机构开立备付金收付账户的合作银行少于4家(含)时,计提比例为10%。支付机构增加开立备付金收付账户的合作银行的,计提比例动态提高。但是,这一规定并未指出剩余利息的用途,对此缺少法律明确的规定。①

2. 监管制度供给不足,监管不到位

互联网金融的发展远远快于法律法规的制定与完善,因为法律存在不完备性。② 也正是因如此,在现有的法律法规还未能及时跟上之际,监管部门的监管制度尤为关键。"监管者往往面对的是对整个经济有重大作用、引起重大后果、变化又非常大、非常复杂的世界。因此监管者制定的法规同正式的立法有许多差别,可以适用的时间比较短,可以面对比较专门化的民众,范围可以比较窄,不是普通法律,因此是在不完备的法律和复杂的现实之间找到的一个折衷方案。"③对一些互联网金融业务运行中产生的问题进行先行规制,对已经不适应产业发展需求的规则进行调整,待经过实践证实对其中符合产业发展方向的规定,可考虑用位阶较高的法律进行肯定。④但是,我国现行的监管制度无法满足互联网金融发展和监管的需求。同时,我国监管部门未能及时地制定适宜的互联网金融监管制度。除第三方支付监管部门制定监管规则较早外,直到 2015 年 7 月十部委出台《互联网金融意见》,我国才初步建立起互联网金融监管制度框架。随后,陆续才有少数相关互联网金融具体业务监管的制度出台,但目前的监管规定仍然不完善。

互联网金融监管制度的供给不足、监管不到位,产生了大量的问题,最为突出的就是 P2P 网贷领域。网贷之家的数据显示:截至 2015 年 12 月底,网贷行业运营平台达到了 2595 家,网贷行业总体贷款余额已经达到了 4394.61 亿元,增长幅度为 324%。2015 年全年问题平台达到 896 家,其中

---

① 目前,根据《互联网金融风险专项整治工作实施方案》(国办发〔2016〕21 号)和《中国人民银行办公厅关于实施支付机构客户备付金集中存管有关事项的通知》(银办发〔2017〕10 号)的规定,自 2014 年 4 月 17 日起,支付机构应将客户备付金按照一定比例交存至指定机构专用存款账户,该账户资金暂不计付利息。央行解释称,客户备付金的所有权属于支付机构客户,但不同于客户本人的银行存款,不受《存款保险条例》保护,也不以客户本人名义存放在银行,而是以支付机构名义存放在银行,并且由支付机构向银行发起资金调拨指令。

② 许成钢:《法律、执法与金融监管——介绍"法律的不完备性"理论》,载《经济社会体制比较》2010 年第 5 期。Katharina PistorI, Chenggang Xu, Incomplete Law—A Conceptual and Analytical Framework and its Application to the Evolution of Financial Market Regulation, *Journal of International Law and Politics*, 2003, 35(34), pp. 931 - 1014.

③ 许成钢:《法律、执法与金融监管——介绍"法律的不完备性"理论》,载《经济社会体制比较》2010 年第 5 期。

④ 罗明雄、唐颖、刘勇:《互联网金融》,中国财政经济出版社 2013 年版,第 357 页。

跑路占55%,提现困难占29%,停业占15%,经侦介入占1%。2015年的问题平台是2014年的3.26倍。行业的迅速增长与监管的不到位同行。集中爆发的例子就是2015年的e租宝事件。截至2015年12月8日,e租宝总成交量达745.68亿元,总投资人数90.95万人。① 从2014年7月开始,短短的一年半时间内,e租宝非法吸收资金500多亿元,受害投资人遍布全国31个省市区。抛开其他因素不说,仅就其监管问题来看,监管制度供给不足,旧有的监管制度与模式不适宜,造成了监管漏洞。e租宝以高额利息为诱饵,虚构融资租赁项目,持续采用借新还旧、自我担保等方式非法吸收公众资金,这是网贷监管部门的监管缺失所在。

(四)征信系统不完善,缺乏支撑

信用缺失造成了金融市场上各种各样的金融欺诈、市场失范,乃至金融危机。征信体系具有降低信息不对称和规制信用风险的作用,它是金融市场的基础设施。互联网金融的发展和监管离不开完善、统一的征信体系。对诸如P2P网贷和股权众筹等互联网金融业务进行监管关键之处就在于,通过完善征信体系获取征信服务和信用评估,进而让投资者在信息充分披露的基础上自主决策。国外完善的征信体系有助于互联网金融的健康发展,因为征信机构可以为金融消费者提供信用评估、检测、防欺诈等服务。

尽管我国征信体系建设成效显著,但是相比欧美发达国家以及互联网金融的发展需求而言仍然较为滞后。最典型的体现是央行征信体系数据覆盖不全,市场化的征信机构还处在相对割裂和分散的状态,互联网金融平台之间没有实现征信数据共享。具体而言,虽然《征信业管理条例》将征信系统明确确定为由国家建立的金融信用信息基础数据库,并在《社会信用体系建设规划纲要(2014~2020年)》中明确提出,到2020年以信用信息资源共享为基础的覆盖全社会的征信系统基本建成,但是互联网金融在征信方面仍然存在以下问题:第一,中国人民银行的征信体系覆盖不全,对现有的互联网金融机构并不完全适用。《中国金融稳定报告》(2015)的数据显示,

---

① 网贷之家、盈灿咨询:《2015年中国网络借贷行业年报》(完整版),载网贷之家:http://www.wdzj.com/news/baogao/25661.html,2016年1月18日最后访问。

截至2014年年末,金融信用信息基础数据库分别收录8.57亿自然人和1969万户企业及其他组织的信用信息,累计补充完善小微企业信息近250.6万户,累计40.5万户小微企业获得银行贷款,贷款余额8.9万亿元。[①] 但是,仍然有相当一部分的个人和小微企业在中国人民银行没有征信记录。央行的征信数据主要是银行信贷数据,小微企业较少。而互联网金融所面向的对象主要就是小微企业和新兴的网络金融消费者即"长尾"大众,这些主体一般缺乏有效的银行信贷记录。此外,目前央行的征信系统除对银行开放之外,还实现了小额贷款公司和融资性担保公司互联网接入,[②]这意味着央行的征信系统并未覆盖到P2P网贷和众筹等领域。第二,市场化的征信机构还处在相对割裂和分散的状态。无论是独立的第三方专业征信机构,还是互联网金融机构自身从事征信业务,都没有完全整合起来,呈现碎片化的现状。例如央行征信中心下属的上海资信有限公司建成的网络金融征信系统(NFCS)显示,截至2014年12月末,系统共接入网贷机构370家,收录客户52.4万人。但是其数据库不够强大,未来条件成熟后NFCS的数据才有望进入中国人民银行的征信系统,那时才能将借款人线上线下完整的债务历史整合起来。第三,平台之间风险信息未能完全实现共享。P2P网贷和众筹等融资平台成败的关键就在于在享有客户信用基础数据基础上的信用评估能力。但是,目前诸如P2P网贷等平台无法接入央行征信系统,而平台之间的风险数据又无法完全实现共享。互联网金融平台在开展业务时,无法准确全面地判断客户的信用状况,这就会造成不良借款人失信成本低、不良信用记录无法进入央行征信系统,最终会制约P2P网贷和众筹等互联网金融的发展。

---

① 中国人民银行金融稳定分析小组编:《中国金融稳定报告》(2015),中国金融出版社2015年版,第106页。

② 同上。

第二节　我国互联网金融监管的价值取向、模式选择与基本原则界定

系统的改变是通过事件、过程和机构的改变而逐步深入的。混乱或危机是系统出现的紧急状态，标志着从一种秩序向另一种秩序转变。[①] 鉴于我国互联网金融存在监管真空或者不到位、小微企业和个体内在的金融需求以及金融危机之后监管的新启示，我国互联网金融监管体系的设计不能生搬硬套、墨守成规。我国互联网金融监管的价值定位、模式选择及基本原则等所体现出的监管体系既要有前瞻性，又要有适应性。

一、我国互联网金融监管的价值取向

我国互联网金融的监管，既要考量互联网金融发展水平、结构变化和风险动态演进，又要考虑个体、小微企业的投融资需求，所以应把其价值定位于以下几个方面：

（一）鼓励创新，服务实体经济

2008 年发生的金融危机中断了世界经济持续 30 多年的黄金增长期。金融体系的去杠杆和实体经济的下行形成具有放大效应的负反馈循环，导致世界经济陷入长时期的深度衰退。[②] 在互联网信息时代，互联网金融的兴起在一定程度上解决了小微企业及个体融资难的问题，因为互联网金融是一种能适应网络信息技术的发展和个体、小微企业资金需求的金融创新。目前，我国现有金融体系存在的垄断与惰性，制约着小微企业及个体融资需求的满足，影响着实体经济的发展。而小微企业、个体的融资需求与互联网金融的供给实现了良好的匹配，弥补了传统金融的不足，有利于打破现有金融体系的垄断，提升资源配置效率，增强金融的普惠性与民主性。

---

① ［荷］乔安妮·凯勒曼、雅各布·德汉、费姆克·德弗里斯：《21 世纪金融监管》，张晓朴译，中信出版社 2016 年版，第 20 页。

② 同上书，第 11 页。

因此,我国的互联网金融监管应定位于鼓励创新,以便更好地服务实体经济。这意味着既要鼓励互联网金融机构进行业务创新,又要促使监管主体自身进行监管创新,在创新的基础上,使得互联网金融更好地服务实体经济。进言之,一方面监管主体应在适度监管的法律框架内,鼓励并保护互联网金融机构不断地进行业务创新,因为实施监管不是限制互联网金融的发展,而是通过鼓励互联网金融创新。通过创新,既能打破传统的金融垄断与僵化、提高资金的配置效率、解决小微企业与个体的资金需求,同时又能倒逼传统金融体制进行改革。互联网金融创新既能够提高每个企业各自的利润水平,促进互联网金融行业的良性竞争,又能客观上促进整个资本市场与货币市场的资金配置效率,使得资金流向最有价值的地方,为整个社会实现潜在的剩余收益,实现帕累托改进,增进社会的福利水平。① 鉴于此,中国人民银行等十部委出台的《互联网金融意见》中也明确地指出要鼓励互联网金融平台、产品和服务创新,并提出一系列相应的政策措施。另一方面,监管主体面对日新月异的互联网金融,应在监管理念、技术和方式上进行适宜的创新。互联网金融是一个不断创新和发展变化的行业。监管主体要实现良好的监管就必须不断地去适应此种变化,通过监管理念、技术和方式上的创新,快速识别互联网金融的新产品、新业务中潜在的风险,并采取有效的措施监控与处理风险。如此,方能使得监管与互联网金融的创新发展协调一致,更好地规范互联网金融发展,促进互联网金融不断地进行创新。

(二)以金融消费者保护为核心,促进市场有效竞争

通过互联网金融平台聚合起来的“长尾”大众金融消费者,是整个互联网金融市场乃至金融市场的基石。对 2008 年金融危机反思的结果之一就是应该通过金融监管,加强和深化保护金融消费者的力度,着力提高金融消费者识别风险和自我管理风险的能力。因为侵犯金融消费者权益将强化不同类型风险的自我叠加效应,从而引发甚至放大区域性、系统性风险。②

互联网金融旨在通过降低融资供需双方的成本,提供多样化、满足需求

---

① 欧阳日辉主编:《互联网金融监管:自律、包容与创新》,经济科学出版社 2015 年版,第 88 页。

② 罗敬媛、籍磊:《互联网金融对消费者保护的影响分析和制度设计》,载《中国发展观察》2015 年第 1 期。

的产品，促成公平定价，以实现普惠金融和民主金融。互联网金融监管的追求就是以互联网金融消费者保护为核心，设计监管制度并实施良好监管。监管主体通过规范、引导、干预等各种方式，在保护金融消费者权益的基础上促进互联网金融市场的有效竞争。

我国互联网金融发展过程中出现的问题包括，互联网金融消费者权益的保护力度不足，现有的法律法规具有很大的局限，而专业的监管法规缺失；互联网金融业因监管的缺失，在某种程度上来说处于一种无序发展的状态，如P2P网贷行业乱象丛生，屡屡出现侵害金融消费者权益的“跑路”事件，典型的“e租宝”“快乐e贷”“通达财富”“钱宝网”等事件导致大量投资者血本无归。因此，我国互联网金融要实现良性发展和行业的有效竞争，就必须保护金融消费者权益。综上所述，我国互联网金融监管的价值定位应该以金融消费者保护为核心，以此来促进行业的有效竞争和有序发展。

（三）前瞻性监管，防范系统性风险

互联网金融依然是金融，此外，互联网金融还具有网络属性。互联网的网络聚集性、传染性和金融风险属性容易使互联网金融风险集中，甚至可能形成系统性风险。互联网金融监管的重要目标是维护金融稳定，防范互联网金融系统性风险。目前，我国互联网金融在监管不到位的境况下，逐渐暴露出一系列问题，典型的如P2P网贷平台的涉及的平台倒闭、非法集资、经营者携款“跑路”、数量众多的金融消费者权益保护诉求得不到满足等。互联网金融要发展、有效竞争，就必须进行有针对性的监管，防范系统性风险。

互联网金融毕竟是信息科技时代金融创新的产物，是根植于金融市场的新型金融供给。对互联网金融的监管，不能生搬硬套传统的方式，因为前瞻性风险管理是金融监管的生命所在。从某种意义上来说，监管必须是内生反周期性的，特别是在繁荣时期，金融监管在不受重视时最有价值。[①] 因而，我国互联网金融监管的价值定位应采用前瞻性监管，防范系统性风险，即在我国互联网金融发展的过程中，监管应始终以防范系统性风险为底线，

---

① ［荷］乔安妮·凯勒曼、雅各布·德汉、费姆克·德弗里斯：《21世纪金融监管》，张晓朴译，中信出版社2016年版，第13页。

要运用大数据全面地监测与分析互联网金融,尤其要在顺周期尽早识别出潜在的风险、威胁及警示,及时作出预判,采取适宜的措施防范系统性风险的产生,避免更大的损失。

二、我国互联网金融监管的模式选择

在互联网技术与金融深度融合的过程中,互联网金融对现有的监管提出了挑战。选择互联网金融监管模式,对我国互联网金融的健康发展和实现普惠金融具有重要的影响。一个良好的互联网金融监管模式,应当具备相当的包容性和开放性,这种包容性既能够允许互联网金融模式的持续创新,又能够为互联网金融持续创新的模式前瞻性地提供规范。[①] 换言之,在宏观方面,它具有弹性和灵活性来容纳互联网金融的创新与发展,同时能防控系统性风险;在微观方面,它能够给予参与互联网金融交易各方平等的保护,防止欺诈与不公正。本书认为,应在综合我国现行监管模式不足、互联网金融创新发展的趋势及汲取2008年金融危机教训的基础上,按照时间的进阶,采取如下模式:以目标监管模式为最终监管模式,中短期的功能监管、协调监管、金融消费者保护三位一体和现阶段的法律法规的修订与完善。

(一)对互联网金融适宜实行目标监管模式[②]

从长远来看,适宜对互联网金融监管实行目标监管模式。

1. 现有的分业监管模式抑制互联网金融创新与发展

目前,中国人民银行等十部委在《互联网金融意见》中按照“分类监管”的原则,遵循分业监管模式,确立了互联网金融主要业态的监管职责分工,不同的互联网金融业态在金融行业内部分属不同的子行业。在分业监管的格局下,上述监管分工有值得肯定的方面。但是,现有的分业监管模式抑制了互联网金融的创新与发展。

---

① 欧阳日辉主编:《互联网金融监管:自律、包容与创新》,经济科学出版社2015年版,第103页。

② 目标监管即金融“双峰”监管。笔者在载于《暨南学报》(哲学社会科学版)2016年第1期的《论我国互联网金融监管的法律路径》论文中提出了此观点,之前鲜有学者提倡此观点。今后我国金融改革的发展趋势也是朝着“双峰”监管(目标监管)模式逐渐推进。

一方面,互联网金融发展的趋势和内在的需求是混业经营。目前,互联网金融虽然处于发展初期,但是金融与互联网技术深度融合的互联网金融在本质上是混业经营,代表了未来发展的方向,体现了大融合、大混业、大金融的趋势。

另一方面,分业监管模式抑制了互联网金融的创新与发展。对互联网金融而言,在分业监管模式下进行分类监管,存在以下问题:第一,严格的分业监管会抑制互联网金融创新发展。分业监管模式最大的弊端就在于阻碍和限制了不同金融机构的业务相互交叉融合和创新发展,阻碍了混业经营的发展。严格执行分业监管会抑制互联网金融的创新发展,因为分业监管抵消了互联网金融通过互联网技术对金融业务交叉与融合创新的正面价值,从而阻碍互联网金融的持续创新与不断发展。第二,分业监管与互联网金融的动态发展不匹配。如果把互联网金融的发展当成一个静态的存在,那么分类监管的权限归属基本成立并且能够促进互联网金融在监管框架限定的模式下进一步发展。但是,互联网金融的创新发展是一个动态的过程,分业监管模式并未考虑到互联网金融本身在未来的创新可能超出金融子行业的传统区分,即分业监管只能在互联网金融创新并经过对其性质充分界定之后,才能确定其监管部门之归属。①

目前,我国现有的互联网金融监管注重机构监管,缺乏功能监管思维;现有监管框架注重行业监管,缺乏系统思维;现有框架注重存量消化,缺乏增量思维。② 总之,互联网金融的创新与发展带来了融合交叉及混业经营的需求,挑战着分业监管模式。

2. 从微观方面来看,目标监管模式契合互联网金融的创新发展

我国互联网金融的创新发展不断地打破行业界限,体现出混业趋势,而且随着其自身的创新风险、技术风险、长尾风险、金融系统风险等问题的涌现,互联网金融对监管提出了新的更高要求。现行的分业监管模式已无法解决互联网金融混业经营的问题,如无人监管或者监管过度、监管

---

① 欧阳日辉主编:《互联网金融监管:自律、包容与创新》,经济科学出版社 2015 年版,第 102 ~ 103 页。

② 胡滨主编:《中国金融监管报告》(2017),社会科学文献出版社 2017 年版,第 20 页。

的标准不一致、监管协调成本高,更难以有效地防范互联网金融所带来的系统性风险问题。对功能监管模式而言,依然存在不能有效地防范系统性风险的问题。

互联网金融目标监管模式可以前瞻性地规范与引导互联网金融的创新与发展。互联网金融目标监管模式独特的优势就在于:首先,它能覆盖互联网金融市场的整个风险并缓解审慎监管与消费者保护之间的矛盾,能从宏观、逆周期和跨市场的视角评估和防范互联网金融系统性风险;其次,它能更好地保护"长尾"大众的金融消费者;最后,它平衡了监管与创新,有利于互联网金融创新。因此,在互联网金融混业、跨界、创新发展的情况下,目标监管模式可以前瞻性地界定互联网金融创新发展模式所归属的监管部门,从而及时地提供监管,更能契合互联网金融发展内在的需要。此外,英国FCA对P2P网贷和股权众筹的监管实践也证明了互联网金融目标监管的有效性。

3. 从宏观方面来看,互联网金融的目标监管内嵌于大金融的监管模式

长远来看,我国金融业混业发展的趋势不可逆转。目前,我国金融业组织形式的现状是分业监管下的混业发展趋势,即过时的分业与不成熟的混业。在国际金融市场一体化发展和互联网技术的发展使得金融产品进入的壁垒大大降低的背景下,结合我国金融业改革的终极目标,我国金融业混业发展的趋势不可逆转。① 这挑战着我国传统的分业监管模式,我国金融监管模式需要转变。

从国际实践和国内发展的需求来看,目标监管模式适宜我国金融监管的需求。在2008年金融危机中,目标监管模式经过考验并证明了其有效性。因而世界各国在对金融监管理念、模式和监管法律制度进行反思和修正的过程中,吸取或采用目标监管理念,重塑本国的监管模式与制度。对我国而言,中央在十三五规划建议中提出要加强金融宏观审慎管理制度建设,加强统筹协调,改革并完善适应现代金融市场发展的金融监管框架,健全符合我国国情和国际标准的监管规则,实现金融风险监管全

① 陈雨露、马勇:《现代金融体系下的中国混业经营:路径、风险和监管体系》,中国人民大学出版社2015年版,第130~140页。

覆盖。因此,我国金融监管的目标,即宏观审慎监管与市场行为监管将指引未来监管模式改革的方向,因而一个本土化的“双峰”监管模式应是现实的选择。[①] 央行货币政策司司长李波的观点亦是如此。李波在2016年2月撰文认为现行的分业监管模式不符合现代宏观审慎政策框架的要求,也不符合国际最佳实践,主张实行目标监管模式。[②] 2016年6月,胡滨、尹振涛、郑联盛提出“三层 + 双峰”监管模式,“三层”即是指顶层为国家金融稳定委员会,中间层为具体的金融监管机构,底层为相应的地方监管部门;“双峰”则是指在中间层内部,将具体的监管职能分为审慎监管机构和行为监管机构。[③]

因此,在此大背景下,应统筹考虑并搭建能适应互联网金融属性的监管模式。互联网金融通过互联网把银行、证券、保险、投资理财等业务全都整合起来,体现了混业经营的趋势。互联网的目标监管模式既能满足互联网金融的内在发展要求,又能符合我国金融业发展的历史潮流,融入并顺应其中,实现蓬勃发展。互联网金融的目标监管模式不失为一种好的选择。

4. 互联网金融的目标监管模式的设计

我国现有的互联网金融分业监管模式按照目标监管模式进行重构,可以具体设计为:在国务院直接领导下,设置三个监管机构,即宏观审慎监管机构、微观审慎监管机构和行为监管机构。

宏观审慎监管机构以中国人民银行为主体,涵盖财政部及相关监管机

---

① 于永宁:《后危机时代的金融监管变革之道》,法律出版社2013年版,第190~191页。

② 李波:《以宏观审慎为核心推进金融监管改革》,载搜狐网:http://business.sohu.com/20160204/n436944822.shtml,2016年2月18日最后访问。

③ 此模式采取更加保守和循序渐进的方式推进监管框架的调整,动作不宜过大。参见胡滨、尹振涛、郑联盛:《中国金融监管报告》(2016),社会科学文献出版社2016年版,第38页。

构，成立金融稳定委员会①，负责审慎监管。该机构负责宏观审慎政策的制定和执行，对具有系统重要性金融机构、金融控股公司、重要的金融基础设施等实施监管。对互联网金融而言，金融稳定委员会实施宏观审慎监管，即对互联网金融进行宏观的监管和监测，将互联网金融的融资总额纳入整个金融行业的社会融资总额，对危及金融稳定和安全的系统性风险，委员会有权要求互联网金融平台报送指定的有关数据报表，运用大数据等技术，从宏观、逆周期和跨市场的视角评估、防范、应对互联网金融系统性风险。微观审慎监管机构整合银监会、证监会、保监会，合并成立审慎监管局，专门负责微观审慎监管，负责互联网金融机构的稳健经营。成立独立的行为监管局，由原来的中国人民银行、银监会、证监会、保监会投资者保护和消费者权益保护部门的力量组建而成，负责对互联网金融市场行为的监管，即负责监管各类互联网金融机构的业务行为和服务行为，以促进金融市场公平、合理的竞争，维护金融消费者的权益。如此一来，行为监管局通过监督检查规范互联网金融市场行为，制定金融消费者保护措施，确保互联网金融市场的透明度和引导市场的有效竞争；金融稳定委员会可从宏观审慎角度对审慎

---

① 2017 年 11 月 8 日，国务院金融稳定发展委员会成立，作为国务院统筹协调金融稳定和改革发展重大问题的议事协调机构，其职责有五项：一是落实党中央、国务院关于金融工作的决策部署；二是审议金融业改革发展重大规划；三是统筹金融改革发展与监管，协调货币政策与金融监管相关事项，统筹协调金融监管重大事项，协调金融政策与相关财政政策、产业政策等；四是分析研判国际国内金融形势，做好国际金融风险应对，研究系统性金融风险防范处置和维护金融稳定重大政策；五是指导地方金融改革发展与监管，对金融管理部门和地方政府进行业务监督和履职问责等。将银监会和保监会拟定银行业、保险业重要法律法规草案和审慎监管基本制度的职责划入央行。接着 2018 年 3 月 13 日，组建中国银行保险监督管理委员会。主要职责是，依照法律法规统一监督管理银行业和保险业，维护银行业和保险业合法、稳健运行，防范和化解金融风险，保护金融消费者合法权益，维护金融稳定。将中国银行业监督管理委员会和中国保险监督管理委员会拟订银行业、保险业重要法律法规草案和审慎监管基本制度的职责划入中国人民银行。今后，我国金融监管模式为：一委 + 一行两会 + 地方金融监管局。可以看出，此次改革金融监管从原来的机构监管转向了功能监管、行为监管和审慎监管，并加强对于金融消费者的保护，这也是双峰监管/目标监管的应有之义。在此次改革的框架下，国务院金融稳定发展委员会将统筹金融监管框架改革，协调各监管机构之间的职能分工与具体的监管工作。人民银行除承担货币政策职能外，更多的担负起宏观审慎管理、系统重要性机构、金融基础设施建设、基础法律法规制定及全口径统计分析和预警等工作。新成立的银保会和原有的证监会则更加突出微观审慎监管和行为监管职能。各地金融监管局则在金稳会和各监管机构的统一指导下，维护地区内金融稳定。此次改革的模式与本文的观点有相同之处即朝着双峰（目标）监管模式迈进，但在承担宏观审慎监管机构设置与行为监管的架构上还是有所不同。

监管局和行为监管局提出建议和要求；金融审慎监管局和金融行为监管局对金融稳定委员会负责，并由金融稳定委员会协调二者监管。

总之，互联网金融目标监管模式，通过监管部门之间合理和明晰的分工，能降低监管成本，前瞻性、创新性的监管能适应互联网金融创新发展的需求。

（二）中短期的功能监管、协调监管、金融消费者保护三位一体的模式

在理想的状况下，互联网金融监管模式的选择是公共选择的结果。但在现实的制度与条件下，互联网金融监管模式的选择既有其制度路径依赖的制约，又有相关利益团体博弈的约束。基于此，对我国互联网金融监管的改革也不是能一步到位的，而是一个渐进的、逐步推进的过程。因此，从中短期来看，我国互联网金融的监管模式可选择功能监管、协调监管和金融消费者保护三位一体的模式。

当互联网金融创新发展使得其法律属性的界定成为难题的时候，机构监管无力，就该以功能监管为主，即对互联网金融的监管以金融功能为标准，按照经营业务的性质来划分监管对象，相同或相近的互联网金融业务接受相同的监管，从而确定相应的专业化、分工的监管机构，而不是一味地强调机构监管。功能监管的优点在于前瞻性地界定了互联网金融未来的创新模式所归属的监管部门，可以专业、公平、及时地提供监管，适合互联网金融的混业发展。但是互联网金融功能监管，不利于审慎监管目标的实现，缺少对系统性风险的有效监管，容易导致风险的扩散，这就需要在功能监管的基础上突出协调监管。此外，互联网金融交叉性的产品不是很容易明确监管归属时，也需要协调监管。因此，协调监管可行的路径是由中国人民银行牵头，银监会、证监会、保监会三大金融监管机构有效配合，建立互联网金融监管协调机制。既要加强不同行业的监管部门的横向监管协调，又要强化全国与地方的纵向的监管协调，针对互联网金融运行的特点，实现互联网金融监管的无缝对接。互联网金融功能监管和协调监管的基本宗旨离不开保护金融消费者权益。在互联网金融时代，金融消费者权利保护是互联网创新的出发点和落脚点，金融监管者的主要任务就是平衡互联网金融经营

者和消费者的权利与义务。[①] 因此,我国的互联网金融监管需要突破机构监管的传统思维,防止监管的不到位和权力的滥用,应始终围绕金融消费者权益保护的核心作出详细的制度安排,即对互联网金融机构在经营实务中的服务行为和金融消费者的消费行为实施动态监管,这有助于互联网金融市场的有效竞争,强化了信息透明,并体现出主动干预和前瞻性监管思维。

综上所述,一个国家采取何种金融监管结构模式,主要取决于该国的法律传统、文化传统和政治、经济基础等。[②] 基于我国的现状,在中短期内可实行功能监管、协调监管、金融消费者保护三位一体的模式。换言之,以金融消费者保护为核心,加强功能监管、协调监管并注重行为监管。

三、我国互联网金融监管基本原则的界定

本书认为,我国互联网金融监管应遵循以下几项原则:依法监管原则、金融消费者保护和教育原则、监测和预防系统性风险原则、包容性监管原则、监管一致性原则、创新监管原则、监管协同原则、行业自律原则。其中依法监管原则是前提,金融消费者保护原则是核心,监测和预防系统性风险原则是根本,包容性监管原则是基础。

(一)依法监管原则

从互联网金融的实践来看,世界各国都强调依法监管并不断完善相关的法律制度,依法监管的重要性不言而喻。依法监管对我国互联网金融的健康发展至关重要。互联网金融的金融本质必然蕴含着风险。目前,我国互联网金融游离在法律法规的边缘,其在发展过程中出现的"无序""乱象",以及损害金融消费者利益的现象,进一步佐证了依法监管原则必要性。

对我国互联网金融监管而言,依法监管原则包含三个层面的含义:一是互联网金融的业务行为必须被纳入金融法律法规的规制范围之内,必须按相关的金融法律法规进行监管,通过现行或完善后的法律法规,明确互联网

---

① 焦瑾璞:《构建中国金融行为监管体系研究》,中国金融出版社2015年版,第155页。

② 李扬、胡滨主编:《金融危机背景下的全球金融监管改革》,社会科学文献出版社2010年版,第215页。

金融机构的性质、市场准入、业务范围、交易主体的权利与义务、违法违规承担的责任等；二是互联网金融监管机构要严格依法监管，保持监管的规范性、一贯性、强制性和权威性，进而规范和引导互联网金融行业的竞争与发展，积极预防与打击互联网金融违法犯罪行为，美国在贯彻依法监管原则方面堪称典范；三是依法严格规范监管机构的监管权力，防止公权力不当的干预侵害到互联网金融市场的自由自治领域，扼杀我国互联网金融的创新与发展。

（二）金融消费者保护和教育原则

在信息不对称和地位不对等的背景下，监管机构必须保障互联网金融消费者的合法权益并对消费者进行相应的教育。金融消费者是互联网金融市场的根基，保护金融消费者合法的权益有助于我国互联网金融的发展与创新，并能维护我国金融的稳定。因为消费者对金融产品的持续购买能力和日益增长的、多样化的金融消费者需求，是推动金融总量扩张和金融结构优化的不竭动力。完备的金融消费者保护措施是发达金融体系的共同特征，也是构成金融体系国际竞争力的重要因素。[①] 此外，通过加强对"长尾"大众的教育，提升金融消费者的风险意识、对金融产品特质的了解和对互联网金融的信心，有助于互联网金融市场的发展。无论是采用目标监管还是功能监管，对互联网金融消费者的保护和教育都是不可或缺的。因此，金融消费者的保护和教育是我国互联网金融监管的核心原则，也是监管的重点所在。

目前，我国互联网金融消费权益受侵害的现象时有发生。在信息化时代，互联网金融产品和服务日新月异地变化着，金融消费者和互联网金融机构信息不对称和地位不对等的矛盾也日益突出，例如存在销售方式的误导、风险信息不充分、交易的电子化、交易合同的格式化、交易的内容专业化等一系列问题。金融消费者由于诸多的自身条件限制，自己无力解决这些问题。因而，作为理想互联网金融监管原则的金融消费者保护原则，必然要求互联网金融监管当局将保护广大消费者的合法权益放在首位，由国家站在

① 李扬、胡滨主编：《金融危机背景下的全球金融监管改革》，社会科学文献出版社2010年版，第220页。

现实中具有弱势的消费者一边,从而使得消费者与企业之间的关系达到某种均衡态势。[①] 在互联网金融的交易和消费模式中,消费者在交易中容易面临黑客、钓鱼网站等的攻击,可能导致消费者资金被盗刷、数据被恶意篡改等情况。如 2015 年 P2P 平台芝麻金融遭遇黑客攻击,超过 8000 名用户的资料被泄露。[②] 加强对互联网金融消费者的教育,加强其对互联网金融产品与服务的理解,使其知悉存在的风险,提升自身风险意识,进而在面对互联网金融层出不穷的创新产品与服务时,减少个体的非理性与集体的非理性。

总之,坚持金融消费者保护和教育原则,就必须在监管过程中完善互联网金融交易信息充分的披露、机构的销售行为、保护规则的设置、教育培训机制等方面的规则。

(三)监测和预防系统性风险原则

2014 年我国政府工作报告明确指出要促进互联网金融健康发展,守住不发生系统性和区域性金融风险的底线。2015 年 7 月,中国人民银行等十部委出台的纲领性的《互联网金融意见》中再次强调了要防范互联网金融风险。我国互联网金融在发展过程中,屡次显现金融风险的问题。例如在 P2P 网贷发展的过程中,从 2014 年 10 月涉案金额 7000 余万元的四川铂利亚,到牵涉金额 2.8 亿元的浙江传奇投资,再到 2015 年涉嫌非法吸收资金 500 亿元的 e 租宝,这些典型的节点反映了 P2P 网贷行业风险的爆发与累积。互联网直销基金的第三方支付机构承担隔夜的市场风险和流动性风险,这与基金在网上交易没有时间限制产生了矛盾并埋下了隐患。互联网金融综合化经营模式强化了跨界的内在关联性,与传统金融机构之间因业务关联、声誉风险等引发风险传染[③]。互联网金融聚焦的是长尾市场,而这些人数众多的消费者风险抵御能力较弱、风险意识淡薄,但维权意识较高,

---

① 欧阳日辉主编:《互联网金融监管:自律、包容与创新》,经济科学出版社 2015 年版,第 96 页。

② 胡靖:《以法律保障互联网金融消费者权益》,载社会科学报网:http://www.shekebao.com.cn/shekebao/n440/n441/u1ai13139.html,2018 年 3 月 27 日最后访问。

③ 张晓朴:《互联网金融监管的原则:探索新金融监管范式》,载《金融监管研究》2014 年第 2 期。

这就决定了互联网金融的风险事件天然是系统性的,一旦发生必然会对经济社会稳定带来极大的冲击。① 根据网贷之家提供的数据可知,截至2018年1月,累计出现资金问题的互联网金融平台数量达到4110家,涉及资金超过千亿元。② 总而言之,互联网金融内在关联性和空间传染性很强,要严防互联网金融的风险引燃时间维度的系统性风险和(或)空间维度的传染性,③必须坚持监测和预防系统性风险原则。

我国互联网金融的监测和预防系统性风险原则有两个方面的要求:一是大数据监测原则。运用大数据技术与思想,通过实时、动态、互动的方式,建立监测、发现、计量及披露互联网金融系统性风险的机制,及时关注并预防互联网金融系统内潜在的系统性风险。鉴于此,中国人民银行在2015年11月已经将互联网金融纳入到金融统计体系。中国人民银行统计的重点是风险较大的网络借贷、股权众筹融资及客户资金第三方存管等,以便于进一步动态监测行业情况和风险状况,防止系统性金融风险的发生。④ 二是系统重要性机构原则。根据市场地位、社会影响设立标准,筛选出具有系统重要性的互联网金融机构,对其开展资本充足率监管,要求具有中介功能的机构缴纳法定存款准备金、控制杠杆率,并严格按照规定进行规范的市场信息披露。⑤ 具有全国性、系统性影响的互联网金融机构还应建立严格的恢复与处置计划。

(四)包容性监管原则

我国互联网金融监管存在创新与风险、成本与收益、过度与适度、原则性监管与规则性监管等问题。对此,应该坚持包容性监管原则,处理好我国互联网金融的创新、效率与风险的关系。

作为互联网金融监管理念的包容性监管原则具有两个含义:一是金融监管当局应当包容互联网金融领域的创新和问题,而不因为互联网金融创

---

① 李麟:《互联网金融生态》,中国金融出版社2015年版,第214页。

② 胡靖:《以法律保障互联网金融消费者权益》,载社会科学报网:http://www.shekebao.com.cn/shekebao/n440/n441/u1ai13139.html,2018年3月27日最后访问。

③ 胡滨主编:《中国金融监管报告》(2015),社会科学文献出版社2015年版,第30页。

④ 新金融通讯社:《互联网金融纳入央行统计体系 P2P网贷成统计重点》,载搜狐网:http://mt.sohu.com/20151130/n428938874.shtml,2015年12月12日最后访问。

⑤ 苗文龙:《互联网金融:模式与风险》,经济科学出版社2015年版,第136页。

新出现许多风险和问题就过分限制其发展，更不能实行过度监管；二是对于互联网金融监管当局在互联网金融发展初期不能及时提供有效的监管服务的缺位，应允许给金融当局一定的时间去形成监管制度。① 综上所述，我国包容性监管原则包含着两个方面的内容：原则性监管和适当监管。

在原则性监管模式下，监管当局基于监管的最终目标是否实现，对监管对象以引导为主，一般不对其做过多过细要求，也较少介入或者干预具体业务。② “促使原则导向监管兴起的一个重要观念是，监管规则无法捕捉到复杂的现实状况。”③原则导向监管对于复杂多变的互联网金融而言，是一种较好的监管方式。它一方面仅确立原则而并未做出规则上的限定，被监管互联网金融机构可以采用最合适的方法来遵守监管原则，这将提高监管效率、降低成本；另一方面，能包容与延展互联网金融的创新，即在明确互联网金融防范系统性风险和金融消费者保护目标的基础上，强调互联网金融的原则性监管，实现创新先行。

适度监管主要是指互联网金融监管适度与合理竞争的结合。对我国互联网金融而言，如果监管过度，就会抑制互联网金融的创新与发展，导致经济效率下降，影响实体经济的发展；如果监管不足或无监管，任凭互联网金融风险的产生与积聚甚至引发危机，则会破坏经济的增长。互联网金融监管必须要适度，这是由促进整体经济效率和社会福利最大化的终极要求决定的，适度的标准就是监管的社会收益减去社会成本之后净收益的最大化。监管适度的含义包括监管要及时到位和监管机构的干预要适度。④ 监管及时，才能适应并规范好互联网金融的发展；如果监管严重滞后，就会出现互联网金融风险爆发和社会秩序的紊乱。我国诸如 e 租宝等问题网贷平台就是例子。另外，不能过度地干预互联网金融的发展。过度监管，就会进一步

---

① 欧阳日辉主编：《互联网金融监管：自律、包容与创新》，经济科学出版社 2015 年版，第 84 页。

② 张晓朴：《互联网金融监管的原则：探索新金融监管范式》，载《金融监管研究》2014 年第 2 期。

③ [荷]乔安妮·凯勒曼、雅各布·德汉、费姆克·德弗里斯：《21 世纪金融监管》，张晓朴译，中信出版社 2016 年版，第 186 页。

④ 欧阳日辉主编：《互联网金融监管：自律、包容与创新》，经济科学出版社 2015 年版，第 92 ~ 94 页。

加剧我国的金融压抑,更难以发挥互联网金融的活力。总之,对互联网金融的监管要适度,要在防范互联网金融系统性风险和保护金融消费者的基础上,容纳互联网金融创新,权衡监管的成本与收益。

(五)监管一致性原则

互联网金融监管对同类业务的监管标准不一致,就会导致监管套利,就会危及到互联网金融市场的公平竞争和正常的市场秩序,进而导致监管的有效性下降乃至无效。

我国互联网金融的监管无论是采用目标监管还是功能监管,抑或是现阶段的分业监管,都必须对相同的互联网金融业务采取相同的监管标准,而不管从事互联网金融业务的机构是谁。进言之,从事同类互联网金融业务的不同运营主体将受到同样的监管规范的约束。这就意味着,在我国从事互联网金融业务的互联网企业和传统金融机构会受到一致性监管,同时,对互联网金融机构线上线下业务的监管也应是一致的。

(六)创新监管原则

互联网金融具有互联网的开放性、虚拟性、去中心化等特质,这使得诸如资本充足率等指标和现场监管等传统金融监管方式难以实现对互联网金融的有效监管。为此,要打破我国传统金融监管的思维,针对性的、创新化的实施互联网金融监管。

创新监管,是指我国互联网金融监管机构注重运用互联网思维,探索新型的、信息化的监管手段,实现互联网金融各个行业风险的全面监控与防范,充分利用网络平台实现金融消费者的保护与教育。因而,坚持创新监管原则意味着监管机构可以采用大数据的思维与运作的方式,根据实践总结并制定出相关监管的数据指标、统计要求等标准,实现对互联网金融跨产品、跨机构、跨市场地监管,而不是仅仅限于关注各行业内部的金融风险。同时,监管机构可以通过实时动态化预警与及时干预等方式解决风险问题。此外,监管机构还要探索如何通过网络平台来解决金融消费者的保护与教育问题。

(七)监管协同原则

在我国,互联网金融监管协调原则包含着各个监管部门的监管协同,从长远发展来看还包含国内外监管部门之间的协调。具体来讲,我国对互联网金融监管在短期内仍然实行分业监管，而互联网金融具有混业经营的特点，互联网金融的跨行业经营与分业监管之间存在矛盾，所以监管部门之间的沟通协调至关重要。因此，我国“一委两会”需要同包括工信部、公安部等在内的总计十部委以及地方政府进行监管协调。一方面，通过信息共享、协调监管，监测与防控系统性风险与区域性风险；另一方面，规范互联网金融行业的发展，消除互联网金融违法犯罪活动。从较为理想的状态出发，在目标监管模式下，互联网金融行为监管部门和审慎监管部门之间因职能和目标不同，需要协调二者之间的监管范围，尤其是二者目标产生矛盾之时；在功能监管模式下，各个业务监管部门之间因互联网金融的业务类型不同而划分权限，但当互联网金融创新产品出现无法明确其业务归属时，需要协调监管，而且对整个互联网金融系统性风险的防控，需要协同各个监管部门共同完成。

从长远来看，互联网金融的发展与创新会逐步显现其网络平台无国界的特点。因此，国内外互联网金融业务在各个国家交叉开展时，就需要国内外监管部门协调处理互联网金融的业务规范、金融风险的处置与反洗钱等一系列问题。2015 年 6 月 8 日，G7 会议提出对虚拟货币和其他新兴支付手段应该进行适当的规制。2015 年 6 月 26 日，FATF 在报告中提出，对从事虚拟货币与法定货币交换业务的交易平台，建议采取注册制或许可制进行管理，同时要求其采取反洗钱、反恐怖融资措施，如交易时本人确认、申报可疑交易等。日本金融厅在报告中指出，对虚拟货币进行立法有两个直接目标，第二个目标就是为了加强国际协同合作，应对洗钱和恐怖融资等犯罪行为，①通过国内监管部门与国外监管部门在监管上的协调与合作，共同防范金融风险，打击利用互联网金融进行的恐怖、洗钱等犯罪行为。

（八）行业自律原则

互联网金融发展的国际经验表明，行业自律对互联网金融的发展发挥着独特的作用。我国互联网金融的发展，也应该强化行业自律。

互联网金融行业自律是一种针对互联网业务的行内管理，它可以针对

---

① 杨东、陈哲立：《虚拟货币立法：日本经验与对中国的启示》，载《证券市场导报》2018 年第 2 期。

互联网金融行业的业务特点与风险特征进行针对性的管理，尤其是目前互联网金融处于创新的成长阶段，行业自律作用范围和空间更大、效果更明显、自觉性更强，它在一定程度上，弥补着政府监管的不足。例如，英国对P2P网贷和股权众筹监管采取的就是政府监管法律和协会自律准则相辅相成、互相补充的模式。随着P2P网贷的发展，英国于2011年8月15日成立了全球第一个P2P金融协会（Peer-to-Peer Finance Association，P2PFA）。P2PFA自律准则中最核心的内容是平台最低资本金要求、客户资金与自营资金隔离、高管的任职、平台信息披露、平台系统建设、纠纷解决、信用风险管理、破产安排、网络平台规则、反洗钱反欺诈等10项运营规则，其更加倾向从微观层面着眼，强调平台的运营规范，对行业的健康发展起到了至关重要的作用。而英国政府的监管，即FCA对P2P网贷的监管注重宏观层面和关注整个行业的发展。FCA从保护消费者和行业整体的有效竞争方面提出规则，认为行业自律起到了很好的作用，是对宏观层面的政府监管法律的有效补充。随后，2012年英国众筹行业协会（UK Crowd Funding Association，UKCFA）成立，其宗旨就是促进众筹业发展，代表众筹行业的声音，制定行业规则。协会主要从资金存管、平台的信息披露、平台停运后的处置、平台人员资质、IT流程等方面作出自律规则。总之，英国FCA和P2PFA、UKCFA密切合作，政府监管和行业自律监管协调一致，相得益彰，共同促进了P2P网贷和股权众筹业在英国的蓬勃发展。又如，日本在已经生效的有关虚拟货币的修正案中，规定了虚拟货币交易平台的行业协会在符合法定条件、得到当局认可后可以成为法定的自律监管组织，承担法定的自律监管义务并获得相应的权利，包括与当局进行定期的意见交换和密切合作，处理用户的投诉，对从业者进行业务改善指导，制定自律监管规则等。[①]

今后互联网金融行业的自律程度高与低、行业发展的有序或无序，在很大程度上影响着当局监管的态度和强度，从而也影响着整个互联网金融行

---

① 杨东、陈哲立：《虚拟货币立法：日本经验与对中国的启示》，载《证券市场导报》2018年第2期。

业未来的前景。[①] 应该加强我国互联网金融的行业自律监管，发挥互联网金融行业协会或者各个具体业务类型协会的自律作用，制定行业标准、推动同业监督、规范引导并协同政府监管，共同促进互联网金融行业的发展。

第三节 我国互联网金融监管的制度完善

我国落后的分业监管模式已经不适应混业经营和金融创新的互联网金融。面对传统的监管模式与理念落后、法律法规不完善、监管制度供给不足等一系列问题，如何完善我国互联网金融监管制度是一项现实而又紧迫、具有挑战性的工作。基于目标监管和功能监管的理念，本文试图从完善相关的法律制度、完善征信等基础制度以及各业务类型监管制度的完善等方面，提出完善我国互联网金融监管制度的建议。

一、互联网金融监管的基础性法律法规的完善建议

法律法规是国家实施金融监管、保障金融安全的根本依据。美国、英国、法国、意大利、日本等国在互联网金融监管的实践中，都强调完善相关法律制度并以此作为监管的制度依据。建立健全互联网金融法律法规是依法监管互联网金融的基础。目前，我国互联网金融监管法律法规存在非体系化的问题。因此，围绕金融消费者保护和系统性风险防范，应对我国相关的法律法规进行完善，以形成体系化的互联网金融法律法规，进而全面覆盖并解决互联网金融存在的问题。

（一）基础法律的完善建议

我国当前的互联网金融监管规则都是以现行的基础法律为准则，但已不能适应互联网金融的快速发展。因此，应对互联网金融相关的基础性法律予以完善，以明确互联网金融机构的法律地位、权利、义务、责任，修改的主要内容应体现在以下几个方面：

---

① 张晓朴：《互联网金融监管的原则：探索新金融监管范式》，载《金融监管研究》2014 年第 2 期。

1. 修改《证券法》《公司法》等基础法律，容纳股权众筹

股权众筹的本质是小额、大众化的直接融资。股权众筹与其他传统模式的区别在于其融资过程，即创业者通过众筹平台提出公开募集资金要约，投资者基于相关信息做出决策，众筹平台则通过提供标准化的投资合同和相应的支付服务来促成交易的达成。股权众筹的融资门槛较低，人数众多。这与我国现行《证券法》中关于证券的定义、公开发行条件等方面规定相冲突。

首先，应当扩大《证券法》中证券的定义与范围，使其囊括股权众筹。我国现行的证券仅限于股票和公司债券，范围过于狭窄。我们可以借鉴美国的做法。对于证券的定义，美国在其八十多年的历史中，进行了三十多次的修改。其修改总趋势是证券的定义在外延上越来越宽泛，除详细列举了具体证券品种外，还以非常弹性的“投资合同”兜底，除明确列举的少数品种被豁免外，都需要适用证券法的规范。① 美国通过 Howey 案例总结了归属于证券定义的投资合同的四要素标准：投资合同指符合以下标准的合同、交易或计划，某人将其金钱投资于一个共同企业，仅来自发起人或第三方之努力，被诱导预期利润。② 如果一项资产符合这四个要素，那就是证券。美国通过演绎和归纳的方法基本将所有具有融资性质的合同都在法律上界定为证券。宽泛的证券概念界定，使它能容纳 P2P 网贷和股权众筹这些新生事物。

其次，应突破人数与公开发行的限制。修改《证券法》公开向特定对象发行证券累计不超过 200 人的规定，允许向超过 200 人的不特定对象或者特定对象公开发行证券。对股权众筹的公开发行作出例外规定，因为股权众筹股东可能会突破《公司法》股东人数的规定，应对《公司法》予以修改或作出例外规定并与其他制度相衔接。此外，修改《刑法》相应的规定，取消对股权众筹人数的限制。

2. 修改《消费者权益保护法》或者制定《金融消费者保护法》

目前，我国现有的消费者权益保护法律法规不足以保护互联网金融消

---

① 肖钢：《证券法的法理与逻辑》，载中国证监会网：http://www.csrc.gov.cn/pub/newsite/tzzbh1/tbgzdt/tbgzyw/201312/t20131218_240026.html，2015 年 3 月 28 日最后访问。

② [美]路易斯·罗思、乔尔·塞里格曼：《美国证券监管法基础》，张路等译，法律出版社 2008 年版，第 203 页。

费者的权益。反观域外发达国家,其依赖自身完善的消费者保护法律法规,可以有效地保护互联网金融消费者权益。因而,需要革新我国现有的消费者权益保护法律制度。

一种可行的方式是,修改现有的《消费者权益保护法》。具体而言,其一,修改消费者的定义,使其能涵盖互联网金融消费者,即改变"为生活消费需要购买、使用商品或者接受服务"的界定。因为互联网金融消费者不单单是为了生活,还可以涉及投资融资获利的目的。其二,对互联网金融消费者权益保护作出特殊的规定,包括互联网金融消费者的权利和义务、互联网金融机构的权利和义务以及承担侵权的责任、互联网金融消费者线上线下纠纷解决机制等。其三,建立独立的金融消费者保护和教育机构以及第三方纠纷解决机制。

另一种方式是专门制定《金融消费者保护法》,即对包括互联网金融消费者在内的金融消费者从法律层面作出专门的规定,以便我国监管部门从互联网金融的特点出发,制定相适应的消费者权益保护规则。例如,以强力教授为主持人的课题组,首次公开提出了《金融消费者保护法(草案)》。该草案主要从以下几个方面提出了立法建议:一是金融消费者、金融机构和金融争议的界定,国家设立金融消费者保护机构;二是金融商品和服务的概念;三是金融消费者的权利,即财产安全权、知悉真情权、自主选择权、公平交易权、个人信息保密权、结社权;四是设立独立的金融消费者保护委员会,其主要负责金融消费者保护规则的起草、沟通和协调工作,设立投诉热线,进行金融消费者辅导,委员会下设金融消费者个人信息保护机构和金融消费争议处理机构;五是金融消费争议的解决程序,即金融服务机构优先处理争议、争议受理、处理程序等;六是金融机构应当承担的法律责任,包括未履行说明时的责任、妨碍自主选择权时的责任、歧视消费者的责任、违反保密义务的责任等。①

综上所述,不管采取哪种方式,重点在于制定出适应互联网金融创新下金融消费者保护要求的法律制度,即突出以下几个方面的重点内容:独立的

---

① 强力、杨为乔:《〈金融消费者保护法草案〉(建议稿)及说明》,载郭锋:《金融服务法评论》(第3卷),法律出版社2012年版,第505~524页。

金融消费者保护机构、强化互联网金融机构的信息披露和风险提示责任、设置完整的金融消费者的权利(尤其是强化对网络平台上格式合同的规范)、创新型的线上线下纠纷解决机制、加大对金融消费者权益侵害的惩处力度等。

此外,互联网金融的创新与发展往往会涉及传统法律法规的规定,可以与传统法规存在一定的矛盾。因此,应对《商业银行法》《保险法》《公司法》《刑法》等法律进行相应的修订与完善,使互联网金融的创新与发展与基本的法律法规相适应。

(二)完善专业的监管法规

虽然中国人民银行、银监会、证监会、保监会等监管部门出台了相应的规则、通知或者联合指导意见以规范互联网金融的发展。但是,互联网金融领域现有的规范、规则立法层级不高,多为部门规章、指导意见等,有些规范性文件可否作为法院审判的依据尚存在争议,而且通知等规范性文件缺少稳定性,不能给互联网金融机构有效的预期。[①] 典型的如中国人民银行等十部委出台了《互联网金融意见》,并在其中构建了互联网金融监管的相关框架,但是却缺少相应的系统化监管法规,监管模式与理念也较为落后。

因而,在统一立法宗旨和协调创新与监管关系的基础上,应系统化的制定与完善互联金融监管法规,可考虑制定专业的互联网金融监管法规。针对互联网金融的创新与发展趋势,基于金融消费者保护与防范系统性风险并重的目标,可从互联网金融的类型与法律性质、监管目标和方式、市场的准入规定、市场的运营规定、市场的退出规定、金融消费者的保护、各方权利义务关系及责任等方面做出总体、原则性的设计,从而建立起互联网金融监管法律法规体系的顶层设计。遵循互联网金融监管法规,根据互联网金融的具体业务类型,制定、完善相应的监管条例,例如制定《众筹监管条例》《比特币监管条例》等,依法进行有效的互联网金融监管。

二、征信与网络安全方面的基础性制度的完善建议

互联网金融监管离不开征信制度和网络交易安全制度的支撑。完善征

---

① 何松琦、周天林、石峰主编:《互联网金融中国实践的法律透视》,上海远东出版社2015年版,第46页。

信和网络安全基础性制度是互联网金融监管的基础。

（一）完善征信制度

美英等发达国家拥有完善、规范、市场化的征信体系，这为互联网金融的发展提供了基础性的保障。具有公信力的信用评估报告、信用评级等制度实现了互联网金融机构与客户之间的信用信息对称。中国人民银行等十部委在《互联网金融意见》中也明确提出要推动信用基础设施建设，培育互联网金融配套服务体系；支持大数据存储、网络与信息安全维护等技术领域的基础设施建设；鼓励从业机构依法建立信用信息共享平台；推动符合条件的相关从业机构接入金融信用信息基础数据库；允许有条件的从业机构依法申请征信业务许可；支持具备资质的信用中介组织开展互联网金融企业信用评级，增强市场信息透明度。鉴于此，可考虑从以下两个层面完善我国征信制度：

1. 完善征信法律法规，从顶层设计征信制度

我国于2013年出台了《征信业管理条例》和《征信机构管理办法》，初步建立起我国征信法律法规框架。但是，这些法规是基于传统数据模式制定的，已经无法满足目前互联网金融发展所需要的征信标尾。因此，从长远发展来看，应推动《征信法》《信息披露条例》等法律法规的出台，从顶层上设计征信制度，即从数据采集的标准、使用范围的界定、信息披露规范、个人信用数据的合理使用与隐私保护、征信主体（纳入互联网金融形态下新的征信机构）的权利义务、信息主体的权利义务等方面予以明确的规定。[①] 目前可考虑在《征信业管理条例》及其配套制度框架下，将互联网金融征信行为纳入到尚未出台的《个人征信业务管理办法》《企业征信业务管理办法》《个人征信信息保护暂行规定》等法规中。[②]

2. 征信制度的具体架构

第一，依托现行征信法律法规框架，形成中国人民银行的征信系统以及企业和个人征信机构等商业化征信机构的共同发展，弥补独立的第三方商

---

① 李真：《互联网金融征信模式：经济分析、应用研判与完善框架》，载《宁夏社会科学》2015年第1期。

② 陈小林、杜若华、刘永锋：《我国互联网金融征信体系建设路径思考》，载《征信》2015年第1期。

业征信市场发展不足的缺憾并解决央行征信系统覆盖不足、封闭的问题。

第二,按照《征信业管理条例》第29条的规定,把商业化征信机构的数据和互联网金融机构的征信数据全面接入、整合到央行征信系统。基于此,在互联网金融机构和央行征信系统之间形成信用数据的交换与补充机制,实现数据共享,即互联网金融机构之间可以共享有诚信问题的借贷者,避免恶意骗贷和过度负债问题的产生。

第三,在上述理想的状态未实现前,互联网金融机构之间以自律协会或联盟的形式先行建立征信黑名单共享平台。

(二)完善网络交易安全制度

尽管大数据、云计算等互联网技术推动着互联网金融的创新与发展,但是互联网金融的安全问题不容忽视。我国现有的监管模式难以有效地应对个人隐私保护和交易安全的问题,因此,防范互联网金融领域内的各类风险,必须建立可靠的网络交易安全制度。网络交易安全制度主要涉及数据安全、账号安全、资金安全、投资人个人隐私信息保密等内容。① 一方面,基于我国互联网金融发展的现状,应该推进制定统一的互联网金融技术标准和服务标准;另一方面,在此基础上,制定互联网金融信息安全规范,对第三方支付、P2P网贷、众筹、征信等互联网金融平台的网络安全、应用安全、主机安全、数据安全、运维安全、业务连续性等进行规范,指导其安全建设和安全运维管理,提高互联网金融业务平台信息安全整体防范能力。②

三、互联网金融各业务类型监管制度的完善建议

互联网技术和金融的融合与创新不断地挑战着互联网金融监管,并推动着互联网金融监管的转型。基于互联网金融监管模式的选择与原则的指导,本部分主要围绕诸如P2P网贷、股权众筹、网络小贷、第三方支付、虚拟货币、金融网销等典型的互联网金融业务类型,因地制宜地提出完善其监管制度的建议。

---

① 芮晓武、刘烈宏主编:《中国互联网金融发展报告》(2013),社会科学文献出版社2014年版,第196页。

② 同上书,第211页。

（一）P2P 网贷监管制度的完善

今后，我国对 P2P 网贷的监管将沿着《网贷管理办法》所确定的思路进行，即基于分业监管的模式，由银监会主导业务监管并与工信部、公安部、网信办、地方金融办分工协作监管；将 P2P 网贷定位于信息中介，从备案管理、业务规则与风险管理、出借人与借款人保护、信息披露、监管管理、法律责任这六个方面实行监管。从长远来看，P2P 网贷监管制度还应从理念与具体的规则等方面内容进行完善：

第一，打破传统的分业监管模式与思维，前瞻性地设计 P2P 网贷监管规则。从长远来看，应按照目标监管或者功能监管理念去设计监管规则。面对 P2P 网贷业务创新和混业经营的时候，依据是否产生系统性风险、是否保障金融消费者权益、是否体现网贷直接融资的功能，针对性地设计监管规则，使监管规则既能促进 P2P 网贷行业的创新与发展，又能解决监管无效的问题。即使出现混业经营或者打破信用中介的界限，只要有相应的每一个层次的监管标准，就依然会有序而有效率的监管。

第二，应该完善 P2P 网贷监管的市场准入制度。按照《网贷管理办法》的思路，对 P2P 网贷实行无进入门槛的备案制。需要说明的是市场准入制度与创新并不矛盾，坚持事前监管，并不等于能真正地能促进创新。创新要在合理的规则之下，有序有效地进行。我国 P2P 网贷监管的缺位，导致行业鱼龙混杂、风险问题不断，影响恶劣。在市场准入制度的设计方面，应对资本金有最低的要求，这主要是为了过滤一部分投机者和一部分风险，避免网贷平台借贷规模过度膨胀，确保其在遇到风险时能以自有资本进行应对。尤其是目前我国还没有建立起行业风险保障金制度和平台退出保护制度，冒然放开准入制度，为时过早。因此，有专家从实证和理论的角度提出了具体的建议规则，即网贷企业备案应当符合下列条件：属于在中华人民共和国境内依法设立的公司或者合伙企业；具有与业务规模相适应的自有资本，实缴资本不低于人民币五千万元。① 虽然这一建议对经营 P2P 网贷平台的实缴资本有要求过高之嫌，但是其设置准入监管的思路值得借鉴。因为设置

---

① 吴韬、郭华、李永状等：《个体网络借贷（P2P）监督管理办法（学者建议稿）及论证》，法律出版社 2016 年版，第 95 页。

注册资本要求符合 P2P 网贷平台的发展趋势,有利于抵御金融风险、保护金融消费者和维护金融稳定。

第三,明确各部门监管的具体职责,建立信息共享制度,解决分工协作问题,同时,强化网络借贷的行业自律监管。《网贷管理办法》强调要以市场自律为主,行政监管为辅,但是,其在规则设定中过于突出地方金融办的权限,相对弱化了行业自律的内容。在放弃准入门槛限制的条件下,地方金融办的监管能力因授权过多,其监管能力受到挑战。在分业监管模式下,银监会、工信部、公安部、网信办和地方金融办分工合作监管。但是如何解决多部门监管协调与信息共享问题,降低监管成本,向来是监管的难题。因此,银监会作为行为监管部门,应该制定统一的规范监督管理制度,并建立分工协作信息共享机制。在明确各自监管职责和边界的基础上,通过高效的沟通协调机制,实现信息共享和预警机制。按照网贷市场自律的规律,强化市场自律,进一步明确行业的规范与标准作为对政府监管的有益补充。

第四,建立风险准备金制度。《网贷管理办法》最大的缺陷在于缺少风险准备金方面的规定,因为如果没有风险准备金,一旦平台跑路,投资者的权益就无法得到保障。如何处理投资者受损的问题,《网贷管理办法》又没有提及。在互联网金融的语境中,风险准备金制度是指互联网金融平台通过建立一个独立的资金账户交由银行托管,当互联网金融平台的借贷或投资出现逾期或违约时,金融平台则会通过风险准备金账户里的资金先行偿还投资者的资金,从而达到保护投资者的目的。① 对 P2P 网络借贷而言,可以从网贷平台的管理费、投资者的收益以及自有资金中抽取一定的比例,建立风险准备金。另外,还应对风险准备金的计提比例、使用用途、防止挪用等方面作出明确的规范,合理保障投资者的权益。

第五,完善资金存管制度。《网贷管理办法》已经要求客户资金跟网贷平台资金隔离,实行存管制度。但是,对“存管”和“托管”都没有明确的界定。②

---

① 何松琦、周天林、石峰主编:《互联网金融中国实践的法律透视》,上海远东出版社 2015 年版,第 74 页。

② 中央财经大学《个体网络借贷(P2P)监管办法(学者建议稿)》专家组:《个体网络借贷(P2P)监管立法例及解读》,载《财经法学》2016 年第 1 期。

反观,我国现存的通道型模式、风险备付金存管模式、托管型账户模式①,分别对应的是无存管、部分存管、接近存管。因此,也不难理解多起卷款跑路事件的发生。所以,应该进一步完善客户资金存管制度,把平台的自有资金和客户资金完全隔离开来。具体而言,明确规定客户资金必须托管于银行,由银行单独实施资金清算,为投资人和借款人设置虚拟二级账户,实现点对点的资金流动监控,从而把网络借贷平台的自有资金和客户资金进行有效的隔离;明确记录每一位投资者和借款人的资金和交易信息;在此基础上,强化利益相关者的查询机制、托管机构的报告机制和实时信息披露机制。②

第六,设置平台破产退出制度。网贷市场正常的平台退出是市场良性发展的需要,但要合理设置平台破产退出制度,妥善处理投资者的利益。目前,监管思路中还缺少平台破产退出的制度设计。对此,可以借鉴英国的经验,制定有关管理未到期贷款、向出借人分配偿还资金、追踪延迟支付或违约支付的规则。

第七,创新纠纷解决机制。《网贷管理办法》依然采用传统的纠纷解决方式,这不符合 P2P 网贷纠纷解决的实际需求。因此,应该创新纠纷解决机制,即明确规定,当投资者遇到纠纷时,可先向网贷平台投诉处理,平台在接到投诉之后,在规定的合理期内尽职调查,及时处理并反馈给投资者。如果投资者对结果不满意,可以向独立的第三方独立处理机构投诉。得到处理结果之后,如果还不满意,投资者方可提起诉讼。这样会更适应网贷纠纷解决的现实需要,既专业、公平合理,又能节省社会资源和成本。

第八,出借人的出借限额制。从立法逻辑和理论来看,要实现小额分散的监管目标,仅仅有对借款人的金融限制是不够的,还应当有对出借人的金额限制。③

(二)股权众筹监管制度的设计

股权众筹通过网络平台把公众分散的资金募集起来,解决了我国传统融资体系解决不了的小微企业或初创企业融资困难的问题。股权众筹监管

① 尹丽:《P2P 网络借贷平台资金托管问题研究》,载《当代经济管理》2016 年第 1 期。

② 中央财经大学《个体网络借贷(P2P)监管办法(学者建议稿)》专家组:《个体网络借贷(P2P)监管立法例及解读》,载《财经法学》2016 年第 1 期。

③ 彭冰:《投资型众筹的法律逻辑》,北京大学出版社 2017 年版,第 275 页。

实质上是一个平衡的问题，即融资者融资的效率与投资者保护之间的平衡。它既要降低融资者的成本，又要适当的保护好投资者。目前，我国股权众筹监管制度供给不足，影响了股权众筹的发展。总结发达国家股权监管的实践经验，各个国家都是基于本国的实体经济的需求状况、监管的模式、资本市场的情况等因素，以解决小微企业或者初创企业的资金需求为诉求点，在保护投资者和融资效率及市场发展上寻求平衡。因而，我国股权众筹监管制度应从以下几个方面构建与完善：

1. 股权众筹监管的框架

股权众筹把小额信贷和众包运用互联网技术与思维融合在一起，不断地创新发展。面对我国小微企业和初创企业旺盛的资金需求，在我国资本市场改革和法律法规制度亟待完善的背景下，股权众筹的监管框架的建立应考虑以下几个方面的问题：

首先，在整体思路上，既要有效地防范系统性风险，又要避免过度监管影响股权众筹的发展。因此，应当兼顾审慎性和包容性，坚持适度监管原则，鼓励创新与防范风险并举。①

其次，明确股权众筹的法律地位。我国股权众筹发展缓慢的原因就在于现行的法律法规未能明确其法律地位，因此，应通过修改《证券法》等上位法来明确股权众筹的法律地位。

最后，单独制定股权众筹监管法规。目前，美国、意大利、法国等国制定的新法律均把股权众筹作为独立的金融服务项目并出台了相应的监管规则。英国制定了众筹监管规则，但是它并未对股权众筹创设新的服务类别，对股权众筹仍然按原有的金融注册类别进行适配。例如股权众筹平台往往需要获取金融服务、支付服务或投资基金等类别的执照，从而需要进行多种注册。从发展前景和运行结果看，出台独立的监管法案的效果较好。观之我国的现状，对股权众筹监管采取制定单独监管法规的效率会更好一些。因为股权众筹涉及证券法、公司法、刑法等多部门的法律，如果采取修改的模式来监管股权众筹，会耗时耗力，增加成本。而且即使采取修改模式，也

① 胡吉祥：《众筹的本土化发展探索》，载《证券市场导报》2014年第9期。

还是无法及时调整并适应股权众筹的创新与发展。① 总之，单独制定股权众筹监管法规，更有利于股权众筹的发展。

2. 股权众筹监管制度设计与完善

由于欧美发达国家各自市场环境与制度背景具有差异，故各国对股权众筹监管制度的设计各有侧重：美国采用公开发行豁免的监管框架，英国采用私募发行的监管框架。在众筹监管的重点上，意大利侧重于融资主体资格的限定，法国侧重于对众筹中介机构的监管，英国侧重投资者适当性，美国侧重投融资的限额。但是，它们的监管制度都有共性的东西，即在投资者、集资门户、信息披露等方面的规则都是相通的。基于我国的现状，应建立股权众筹公开发行豁免制度和私募股权众筹公开宣传制度。申言之，股权众筹豁免制度即"股权众筹小公募"，是指准许符合条件的小微企业（初创期、规模小）通过股权众筹平台公开发行一定金额以下的证券，并予以核准或注册豁免，其本质在于融资金额的限制和发行条件的简化。小公募股权众筹就是要体现小额、大众、公开的特点，必然要突破 200 人数的限制。私募股权众筹即"股权众筹大私募"，是指通过降低现有私募合格投资者的准入标准，扩大合格投资者范围，②并允许向合格投资者（众筹中介平台注册的用户与潜在的合格投资者）公开宣传融资信息。因此，从私募股权众筹和小公募股权众筹两个层面出发，在投资者、众筹平台、发行人与信息披露等方面设计我国股权众筹的监管制度。

其一，投资者制度的设计与完善。我国对股权众筹融资投资者的保护应主要从投资者适当性、投资者冷静期制度、纠纷解决机制等方面进行完善与构建。首先，界定合格投资者的适当性标准。对私募股权的合格投资者进行界定时，在剔除影响投资者的基本生活保障的资产后，主要以收入水平作为主要衡量标准，辅以净资产、投资目标、风险承受能力等。比如，在私募股权众筹中，《私募股权意见稿》中对自然人合格投资者以年收入 50 万元为标准，显然过高。因此，中国人民银行金融研究所提出以年收入不低于三

---

① 楼建波：《股权众筹监管探究》，载《社会科学》2015 年第 9 期。

② 中国人民银行金融研究所互联网金融研究小组：《从众筹发展看〈证券法〉修改》，载《第一财经日报》2015 年 5 月 5 日，第 A5 版。

十万元、金融资产不少于一百万元、具有二年以上证券、期货投资经验的自然人可以参与私募股权众筹投资。[①] 也有学者提出以年收入 12 万元到 50 万元按比例分类计算确定。具体的年收入数额标准，还有待于进一步的实证调研确定。对股权众筹小公募的合格投资者，以年收入或者资产的净值比例为标准，[②]辅以投资目标、风险承受能力等。此外，应对股权众筹的融资总额作出限制。比如，在 12 个月内公开发行的募集资金总额不超过 500 万元。[③] 总之，要保证投资者在无碍生活和无妨社会秩序的条件下参与股权众筹融资，在融资的便利性和投资者保护之间取得平衡。其次，设置冷静期制度。在信息不对称的情形下，通过赋予投资者撤回权，给予其一次补救的机会，进而弥补其弱势地位。可考虑给予投资者 7 天的冷静期。最后，健全纠纷解决机制。可考虑引入独立第三方纠纷解决机制、建立和解金赔偿制度、侵权行为人主动补偿制度以及证券侵权民事赔偿制度等。[④]

其二，股权众筹平台制度。在众筹平台法律制度的建构过程中，应保持均衡兼顾各方主体利益的立法理念。在具体制度的安排中，合理设定集资门户的经营范围和法定职责。[⑤] 首先，对股权众筹平台，我国可考虑设置独立的集资门户牌照，但其标准要大大低于金融业务牌照的要求。众筹平台必须向监管部门申请，但豁免注册。同时，对众筹平台设置一定的条件。比如，考虑我国的现实情况，在众筹平台的准入上设置较低的资本金要求。将集资门户牌照的业务范围限于股权众筹业务的信息中介，禁止从事证券承销、经纪、咨询、资产保管等业务，如果需要开展此类业务，必须取得相应的牌照。严格禁止提供投资、担保、借贷、融资、增信等服务，不能设立资金池。其次，审查义务、信息提供与披露义务。众筹平台应对股权众筹的项

---

① 中国人民银行金融研究所互联网金融研究小组：《从众筹发展看〈证券法〉修改》，载《第一财经日报》2015 年 5 月 5 日，第 A5 版。

② 樊云慧：《股权众筹平台监管的国际比较》，载《中国法学》2015 年第 4 期。

③ 杨东、刘磊：《论我国股权众筹监管的困局与出路——以〈证券法〉修改为背景》，载《中国政法大学学报》2015 年第 3 期。

④ 刘明：《美国〈众筹法案〉中集资门户法律制度的构建及其启示》，载《现代法学》2015 年第 1 期。

⑤ 中国人民银行金融研究所互联网金融研究小组：《从众筹发展看〈证券法〉修改》，载《第一财经日报》2015 年 5 月 5 日，第 A5 版。

目、发行人及相关的董事、高管人员等相关情况按一般注意义务的标准进行必要的、合理的审查。平台作为投融资双方的中介服务提供者，必须及时、准确地传递有效信息并按监管法规的要求，准确地披露股权交易行为的信息。再次，防范利益冲突制度。禁止中介机构实施以下行为：向众筹投资者提供证券投资建议；直接或者委托他人间接宣传、推销中介机构网站平台上销售的证券；持有、管理、处置投资者资金或证券，私设资金池、资产池；中介机构在网站平台上为自己、控股股东、实际控制人、关联方及其高管人员提供股权众筹服务；为众筹发行人提供担保、增信、借款等融资服务；其他存在利益冲突的行为。① 最后，投资者适当性测试与教育制度。对投资者的适当性进行测试，及时提示风险并进行教育。此外，对众筹平台的资金与投资人的资金实行隔离，建立第三方存管制度。

其三，发行人及信息披露制度。我国股权众筹的发行人可按《关于印发中小企业划型标准规定的通知》规定的标准，限定于中小微型企业。基于中小微企业融资的便利性与信息披露的成本之间的平衡，对于发行人的披露要求综合考虑两个方面的因素：一是不同类型的企业采用不同的信息披露标准；对于封闭性、人合性较强的有限责任公司、合伙企业等可采用较为宽松的信息披露标准；而对于股份有限公司，应采用较为严格的信息披露标准。② 二是融资数额。根据企业融资额度不同，确定不同的信息披露要求，以降低企业融资成本，减少企业商业机密泄露的风险。融资额度在300万元以下的种子板块的股权众筹，对企业信息披露的要求较低。比如不要求提供财务报表、不要求企业提供稳定的经营现金流，以降低企业金融众筹市场融资的门槛，同时也降低企业为满足信息披露要求而增加的融资成本开支。融资额度在300万元到500万元的天使股权众筹板块，要求企业披露有限的经营信息内容，但应确保企业在众筹融资时信息成本不至于大幅度增加。融资额度在500万元到1000万元的成长股权众筹板块，企业应该提供相对完善的经营信息，甚至需要经过独立第三方的审计，以提高众筹融

① 刘瑜恒：《美国股权众筹立法发展及其借鉴意义》，载《证券法苑》2015年第1期。

② 盛学军、刘志伟：《证券式众筹：监管趋势与法律进路》，载《北方法学》2015年第4期。

资的项目质量,保护投资者的合法权益。①

(三)网络小贷监管制度的完善

目前,银监会正在拟制网络小额贷款监管规则。在这之前,网络小额贷款的监管主要是遵守现有的小额贷款监管的规定,即银监会、中国人民银行在2008年出台的《关于小额贷款公司试点的指导意见》。鉴于此,网络小额贷款监管制度应该从以下几个方面进行完善:

1.明确网络小贷公司的法律性质

网络小额贷款公司在《互联网金融意见中》被定义为互联网企业通过其控制的小额贷款公司利用互联网向客户提供的小额贷款,其实质是互联网上的小额贷款公司。但在《小额贷款公司管理办法(征求意见稿)》中,仍然将小额贷款公司作为一般性工商企业对待,而且经营地域限制也未放开,这种监管的思维,违背了网络小额贷款大数据金融的本质。因此,可考虑在监管规则中,把网络小额贷款公司拟定为互联网金融类别下的准金融机构,按照"只贷不存"的要求,拓展其经营区域,使其符合互联网金融发展的本质。在此性质下,进一步探索形成网络小额贷款公司的退出与破产规则等。

2.扩大网络小贷公司的资金来源

小额贷款公司的放贷规模受到现行监管规则下资本金的严格约束,即小额贷款公司的主要资金来源于股东缴纳的资本金、捐赠资金,以及不超过两个银行业金融机构的融入资金,网络小额贷款公司也不例外。应该针对网络小额贷款公司的特性,扩大其资金来源,比如说允许来自网络银行、不限制金融机构的数量等,而不仅仅局限于现行的资本金约束。

3.强化行业自律,形成行业的规范

缺乏针对性的监管规则之时,网络小额贷款必须通过行业协会进行自律监管,促进本行业的良性发展。因此,网络小额贷款公司协会通过制定行业标准、业务规范、风险防范、统一的统计报送制度、评级制度违法行为、奖惩记录、行业纪律等,形成统一的行业规范标准,加强市场自律,促进行业的良性发展。

① 中国人民银行金融研究所:《新金融时代》,中信出版社2015年版,第66~67页。

4.统一征信数据标准,防范系统性风险

网络小额贷款的征信数据存在着系统性风险和模型参数设定问题。比如说阿里模式的核心是通过大数据模型进行量化放贷,但其数据没有经历过完整的经济周期,模型参数的稳健性存疑,因而其抵御系统性风险的能力无法衡量。[①] 实现央行征信系统与小额贷款公司互联网接入之后,应该统一网络小额贷款公司的征信数据标准,实现与央行征信系统的双向输入与输出,由央行对网络小额贷款公司的利率、资金流向进行跟踪监测并及时预警。小额网络贷款公司可以在统一征信数据标准下,运用大数据进行风险防范。

(四)第三方支付监管制度的完善

目前,在依托《合同法》《电子签名法》《反洗钱法》等法律的基础上,我国第三方支付主要依据中国人民银行规章层面的规范进行监管,形成了较为有效的监管制度。尤其是中国人民银行颁布的《非银网络支付管理办法》,是我国第三方支付市场在改革过渡期内平衡支付创新与安全的合理选择。[②] 但从长远来看,我国第三方支付监管制度可考虑从以下几个方面进行完善:

第一,考虑从上位法的研究与制定方面推进第三方支付监管制度的完善。我国对第三方支付监管的法律法规大多集中于部门规章,在内容上更重主体立法而轻业务立法、重行政管理而轻民事调整、重实体规范而轻程序规范,整个内容体系上存在失衡,[③]而且有的内容与理念滞后。鉴于支付行业监管在整个金融监管体系中的特殊性,即需要多个监管部门的协调与配合以及包容第三方支付发展的创新业态,应该考虑从上位法层面前瞻性、包容性地完善第三方支付的监管模式与方向,即从长远来看,打破分业凌乱的监管模式,全面整合支付监管职能,防止支付的混乱与低效。基于系统性风险防范与金融消费者保护的理念,容纳创新,制定前瞻性的监管规范。

① 陈一稀、魏博文:《传统银行与互联网金融小微融资的比较研究》,载《新金融》2015年第2期。

② 杨涛:《网络支付新规的效应》,载《中国金融》2016年第2期。

③ 何松琦、周天林、石峰主编:《互联网金融中国实践的法律透视》,上海远东出版社2015年版,第353页。

第二,在现有的监管框架上,完善对系统重要性支付机构的监管标准。目前,《非银网络支付管理办法》为代表的监管规则所体现的是奖优惩劣的监管思路即对所有的第三方支付机构实施无差异化的日常监管,但对一些行业领先的、创新能力强的第三方支付机构而言,随着其进一步的发展与壮大,当其具备了系统重要性时,则应对此类机构适用差异化的监管规则,防止系统性风险的产生。因此,应该完善系统重要性监管的规则与标准。

第三,对第三方支付创新性的业务类型,应给予包容性的监管与规范。第三方支付的创新往往走到监管的前面,因此,在制定监管规则和实施监管的时候,要先行考虑包容性与原则性的监管。之前,手机在线下的条码支付和 HCE(Host-Based Cardemulation)等需要付款人电子设备与受理设备进行交换的业务,未能纳入《非银网络支付管理办法》办法中。[①] 监管的遗漏,往往会导致风险的发生。用户资金被盗刷、手机扫码中毒、部分不法分子甚至与小微商户勾结套现大额信用卡资金等乱象时有发生。直到 2017 年 12 月 25 日,中国人民银行对时下应用广泛的条码支付颁布了监管文件,即《条码支付业务规范(试行)》(自 2018 年 4 月 1 日起实施),并配套印发《条码支付安全技术规范(试行)》和《条码支付受理终端技术规范(试行)》(银办发〔2017〕242 号发布)。这些规范,有利于确立条码支付业务的准入门槛、增强风险防范能力、促进普惠金融发展。今后,对创新性第三方支付的监管规则,应采用能延展和包容后续创新的方式。

第四,明确备付金利息归属问题,完善备付金的监管制度。《非金支付管理办法》第 24 条规定:支付机构接受的客户备付金不属于支付机构的自有财产,支付机构只能根据客户发起的支付指令转移备付金,禁止支付机构以任何形式挪用客户备付金。据此,备付金的所有权归客户所有。《支付机构客户备付金存管办法》进而形成了备付金的监管基本框架:备付金由第三方支付机构占用、存放在商业银行的专用存款账户,两者共同负责资金的安全,承担可能的风险和责任。中国人民银行作为主管部门负责第三方支付行业的行政管理工作。但是,备付金的利息归属除了计提风险准备金的比例外,其余部分的使用规则在法律上还是没有明确。《中国人民银行

① 杨涛:《网络支付新规的效应》,载《中国金融》2016 年第 2 期。

办公厅关于实施支付机构客户备付金集中存管有关事项的通知》规定，自2017年4月17日起，支付机构应将客户备付金按照一定比例交存至指定机构专用存款账户，该账户资金暂不计付利息。但是，这一规定并未从长远和根本上解决问题。我国于2015年5月1日正式实施了《存款保险条例》。因此，备付金的监管制度应该进一步完善：首先，明确备付金的利息归客户所有，除了计提风险准备金的部分外，其余利息收入用于购买存款保险，以保障银行机构倒闭时支付机构客户的利益；其次，建立实时、点对点的备付金监管系统，实现备付金实时监管，防止挪用备付金；最后，强化备付金银行责任的规范，督促银行承担起对备付金的相应监管责任。

此外，应该尽快制定支付机构的风险准备金计提和使用管理办法，真正保障消费者的权益。

（五）虚拟货币的监管完善

以比特币为代表的虚拟货币的发展是不可阻挡的潮流，把比特币纳入监管已经成为国际趋势。我国以往的保守监管态度，只会影响新技术对金融和经济的积极贡献，反而会导致乱象重生、暗流涌动。因此，我国应在借鉴各国先行实践经验的基础上，因势利导，重点对比特币监管制度进行设计与完善。

第一，明确比特币的法律地位。日本于2016年3月向国会提交了《资金结算法》和其他相关法律的修正案（以下简称修正案），修正案于同年5月25日正式通过，于2017年4月1日正式实施。修正案对虚拟货币采取了适度监管、鼓励创新的态度，明确了虚拟货币及其交易平台的合法地位。具体而言，虚拟货币被日本法定义为通过电子信息系统处理、可以在不特定主体之间用于清偿债务、既非法定货币也不以法定货币计价的财产性价值。该定义没有把虚拟货币与区块链技术相绑定，可谓是技术中立的定义。而“财产性价值”这一用语的含义非常广泛，不需要在民法上形成物权或债权，也不需要发行者，只需要社会大众认可有财产性价值即可。这一定义包含了目前流行的比特币、以太币等虚拟货币，也为将来涵盖新类型的虚拟货币留下了可能性。① 目前，我国在《关于防范比特币风险的通知》中认为比

① 杨东、陈哲立：《虚拟货币立法：日本经验与对中国的启示》，载《证券市场导报》2018年第2期。

特币不是真正意义上的货币。2017年9月4日，中国人民银行等七部委发布《关于防范代币发行融资风险的公告》，对代币进行了定性代币发行融资是指融资主体通过代币的违规发售、流通，向投资者筹集比特币、以太币等所谓"虚拟货币"，本质上是一种未经批准非法公开融资的行为，涉嫌非法发售代币票券、非法发行证券以及非法集资、金融诈骗、传销等违法犯罪活动。我国对虚拟货币严格的管制型做法，尽管有利于规范金融市场风险和保护金融消费者，但是也会扼杀虚拟货币的创新。从今后比特币等虚拟货币的发展和前景来看，我国应该明确比特币为代表的虚拟货币的法律地位。同时，鉴于比特币发展与成熟的过程，可先制定短期的监管规则，暂先明确将比特币界定为一种支付方式或者转账手段，①并明确比特币等虚拟货币不是法定货币。因为这样可以发挥其快捷、便利、低成本的优点。等其发展和各项条件成熟，再制定虚拟货币法律法规，确定其货币的法律地位。

第二，在适度监管原则下，设计监管框架。具体而言，首先，明确比特币经营主体的准入资格，实行比特币经营许可证制度。确定比特币的监管部门，规定比特币经营主体的资本要求、高管人员的要求、财务报告等，符合条件才可以获得经营比特币的资格。日本和美国的做法可资借鉴。日本修正案在承认虚拟货币交易平台合法性的同时，还规定了注册制的准入门槛，即株式会社或外国虚拟货币交易平台可以向监管当局申请注册登记，申请时，需要向监管当局提交一系列的文件资料，包括计划运营的虚拟货币的名称和简介，换言之平台可以经营的虚拟货币种类也要受到当局监管和限制。修正案和配套法令规定的拒绝注册登记事由包括不满足审慎性条件，具体要求为资本金不低于1000万日元且净资产额不为负，其他还包括提交的资料形式不适当，主体资格不适当，内部体制不足以实现合规等。监管当局需要对申请人是否符合法定条件进行实质审查，明显区别于只做形式审查的备案制。美国纽约州的虚拟货币监管法案规定，未经州政府颁发许可证，任何人不得经营虚拟货币商业活动。两国的立法均与FATF在报告中提出的

① 樊云慧、栗耀鑫：《以比特币为例探讨数字货币的法律监管》，载《法律适用》2014年第7期。

对交易平台采取注册制或许可制准入门槛的建议相一致。① 其次,规范业务标准。明确比特币的业务规则、安全支付的标准、网络业务安全计划、统计标准、退出规则等。再次,设置消费者保护规则。通过设置比特币经营主体有损消费者利益的禁止规则和赔偿规则、披露交易信息规则、提供交易凭证规则、经营主体自有资产与客户资产分割规则、投诉纠纷解决规则等,有效地保护比特币的消费者。例如,日本法案要求虚拟货币交易平台必须进行金融消费者教育,向用户说明虚拟货币和法定货币的区别,避免用户发生误认。② 最后,规定反洗钱规则。基于比特币的匿名特性,在现有法律规定下,细化其经营主体的反洗钱规则。日本把虚拟货币交易平台列为《犯罪收益转移防止法》中的特定事业者,纳入现有的成熟反洗钱、反恐怖融资规制体系,使其承担该法中规定由特定事业者承担的相应义务,包括交易时的确认义务、制作并保存确认记录和交易记录的义务、向当局申报可疑交易的义务、完善内控制度的义务等。③

第三,在防范风险的原则下,设立比特币风险监测与预警机制。在明确统一的统计标准之后,明确规定比特币交易主体交易的信息报送制度。监管部门监测比特币交易过程和交易总量,对于交易的异常重点关注,及时进行预警与处置。

(六)金融网销的监管制度完善

金融网销的监管主要集中在互联网保险和互联网基金销售这两个业务层面。应基于消费者保护和防范风险的目标,进一步完善互联网保险和互联网基金销售监管制度。

---

① 杨东、陈哲立:《虚拟货币立法:日本经验与对中国的启示》,载《证券市场导报》2018 年第 2 期。

② 日本修正案要求虚拟货币交易平台应事先向用户通过书面或者其他适当的方法,以明示的方式进行信息说明。说明的内容应当包括:(1)对该平台业务所涉及的虚拟货币的介绍;(2)虚拟货币既不是法定货币也不是外国货币;(3)该虚拟货币不存在特定主体保证其价值或在有价值保证者的情况下说明保证人的姓名、商号、名称以及保证内容;(4)其他能够影响使用者判断的必要信息。参见杨东、陈哲立:《虚拟货币立法:日本经验与对中国的启示》,载《证券市场导报》2018 年第 2 期。

③ 杨东、陈哲立:《虚拟货币立法:日本经验与对中国的启示》,载《证券市场导报》2018 年第 2 期。

1. 互联网保险监管制度的完善

第一，适时修改《保险法》，增加互联网保险的规定。从2015年10月1日起开始实施的《互联网保险监管办法》有效期仅仅为3年。这对互联网保险发展来说有两个方面的影响：一方面是不利于互联网保险的产品开发与销售，制约着互联网保险产品的创新，尤其是对于时间较长的人身保险来说，3年有效期时间所带来的不确定性更为显著；另一方面是《互联网保险监管办法》的法律位阶较低，仅仅是规范性文件。互联网保险体现出跨界的特点，对其进行监管需要综合多个部门。《互联网保险监管办法》在实施上存在一定的障碍，既不能突破过时的法律规定，也不能突破相应的部门规章，[①]更不能形成各个监管部门的协同效应。因此，应该修改《保险法》，增加互联网保险的规定，明确综合监管的主体部门，以便解决互联网保险监管规范时间效力、监管效率不足和监管分割的问题。

第二，完善金融消费者保护制度。一方面，完善互联网保险消费者适格制度。作为适格互联网保险的消费者要完全能理解保险合同并进行适当性测试，尤其是对高风险的保险产品，例如投资连结型的保险产品，除了应该对消费者风险能力进行测试外，还应该要求具有一定的经济实力，能够承受风险。[②] 另一方面，完善客户身份识别制度。应该明确地列举保险公司进行身份识别的方式。

第三，完善互联网保险产品的备案审查制。鉴于互联网保险的特点与实践中出现的问题，对保险产品的备案审查制进行明确分类：对于一般的、常规性的互联网保险产品，实行产品、条款的备案制；对于具有互联网基因且依赖互联网才能生存的创新型互联网保险产品，实行产品、条款的审批制，由保监会审核批准。[③]

2. 互联网基金销售监管制度的完善

基金销售机构与其他机构通过互联网合作销售基金等理财产品，在金融创新中提高普通大众理财的便利性的同时，也暴露出我国互联网金融销

---

① 姚军、李方：《关于完善互联网保险监管体系的再思考》，载《中国保险报》2015年9月30日，第4版。

② 同上。

③ 同上。

售监管法律法规不完善的问题,我国互联网基金销售监管制度亟待完善。根据目前的状况,应以投资者保护为核心,从以下几个方面完善互联网基金销售的监管制度:

第一,完善监管协调制度。互联网基金销售涉及跨机构、跨功能监管的问题,但我国现阶段仍是分业监管的模式,这势必会存在着监管真空,余额宝就是典型的例子。支付宝是第三方支付机构,由中国人民银行监管;天弘增利宝基金是货币基金,由证监会监管;而金融创新后余额宝的资金投向银行协议存款,由银监会监管。尽管《互联网金融意见》中提出,第三方支付机构在开展基金互联网销售支付服务的过程中,应当遵守中国人民银行、证监会关于客户备付金及基金销售结算资金的相关监管要求。第三方支付机构的客户备付金只能用于办理客户委托的支付业务,不得用于垫付基金和其他理财产品的资金赎回。但这属于纲领性的规划,我国互联网基金销售仍然缺少具体的监管制度架构。因此,应该形成各个监管部门协同监管的机制和具体的实施制度,以便消除因互联网基金销售的创新而带来的真空。

第二,投资人适当性制度。在互联网基金销售过程中,应该按照产品的实质性风险,建立投资人适当制度,即设置投资者合适的进入标准,确定高风险产品认购的最高限额。[①] 据此,可以实现根据投资者的风险承受能力的差别销售不同风险等级的产品,把合适的产品卖给合适的投资者,从而避免投资者风险承受能力与产品风险不匹配产生的损失问题。

第三,信息披露和风险提示制度。虽然创新的互联网基金销售便于投资者在网络平台搜索、比较和选择投资产品,但是仍然存在产品本身的风险披露、提示不够,投资者不能真正了解到风险。因此,应设置信息披露和风险提示制度,即及时、充分地披露产品的信息,包括产品的存续期间;不得虚假宣传、隐瞒产品风险,及时提示风险;制定违规披露信息和风险提示不到位的惩罚制度。通过这些制度,真正给予投资者相对称的风险信息,使投资者能在知情的前提下做出正确的决策。

第四,投资者教育制度。由于投资者的金融知识、投资水平和风险意识

---

① 李耀东、奚玉莉、李晓静:《互联网理财发展及其监管》,载《金融博览》2016年第3期。

欠缺,在面对互联网基金销售平台眼花缭乱的产品时,部分投资者难以分辨宣传的真实性从而无法做出正确的选择。因此,应该形成合理的投资者教育制度,可考虑从两方面入手:一方面,可以让网络平台进行基金等理财产品基本知识的普及,包括产品的界定、结构、风险、收益等,在网络平台的页面上,给投资者提供模拟投资的训练;另一方面,行业协会应该定期或不定期地通过各种形式进行投资者教育与培训活动。

总而言之,互联网金融各业务类型监管制度的完善,必须基于前瞻性的理念、模式、原则,完善法律法规,并在此基础上进一步细化成监管规则。单靠目前的监管方式与理念,以及现阶段的互联网金融风险专项整治措施,只能应一时之急,而互联网金融法治化之路才是长远与有效之举。

小　结

我国互联网金融发展方兴未艾、潜力巨大,极大地提高了金融效率。互联网金融在重塑金融生态系统和重构金融风险的过程中,对互联网金融监管提出了新的挑战。研究发达国家互联网金融监管的实践经验可知:应当在一个利率相对市场化、征信制度较为完善的环境中开展监管;完善相关的法律制度,并以此作为互联网金融监管的制度依据;探索互联网金融监管的新模式,注重金融消费者保护和系统性风险防范。[①] 我国在利率市场化的过程中,互联网金融监管处于监管模式不匹配、监管理念落后、相关法律制度不完善的环境,存在法律制度供给不足、监管不到位等问题。

基于我国互联网金融监管存在的不足,笔者借鉴发达国家的相关立法与实践经验,提出我国互联网金融监管的价值定位:鼓励创新,服务实体经济;以金融消费者保护为核心促进市场有效竞争;前瞻性监管,防范系统性风险。笔者进而建议将目标监管模式作为最终监管模式,而将功能监管、协调监管、金融消费者保护三种形式作为中短期模式。在依法监管原则、金融消费者保护和教育原则、监测和预防系统性风险原则、包容性监管原则、监

---

① 阎庆民、杨爽:《互联网+银行变革与监管》,中信出版社2015年版,第121页。

管一致性原则、创新监管原则、监管协同原则、行业自律原则等监管原则的指导下，针对性地从互联网金融相关的法律法规、征信和网络安全基础性的制度、互联网金融各业务类型监管制度这三个层面，进行现阶段的监管制度的完善与形塑。

结　论

后金融危机时代，出现了两种局面：一方面，传统的金融机构慎贷甚至惜贷，大大削减了对中小微企业及个体信贷的支持。而这些群体恰恰是实体经济中最需要资金的。毋庸置疑，实体经济发展必然受到影响。另一方面，互联网技术高歌猛进，诸如移动支付、社交网络、搜索引擎、云计算、大数据和区块链等技术突飞猛进、层出不穷，重塑着生产要素。因此，当被抑制的金融需求与互联网技术、思想融合时，就会出现一种革新，即互联网以其特有的精神与金融功能融合，在金融领域里对生产要素与互联网技术重新聚合与建构，从而形成区别于传统金融的互联网金融。对以银行为主导的传统金融体制而言，这种新金融形态是以"脱媒"和"民主"为主的金融革新。互联网金融业务拒绝传统的金融媒介，而是秉承典型的民主化和非媒介化的金融服务理念。互联网金融弥补了传统金融机构的不足，有助于实现普惠金融和民主金融，促进实体经济的发展。对我国来说，互联网金融是在创新与监管套利的共同作用下迅速发展起来的，它能满足中小微企业和普通大众的金融需求，也将成为破除我国金融垄断、推动金融改革的催化剂。

但是,互联网金融的本质依然是金融,其必然蕴含着金融风险。同时,它也携带着技术与创新的风险。在实践中,互联网金融的风险暴露无遗。在风险社会中如何通过制度的安排构建一个合理的互联网金融监管框架,来降低风险、减少不确定性,是互联网金融给世界各国带来的监管挑战,更是一个世界性的难题。目前,发达国家纷纷出台新的法律或监管规则,自愿或非自愿地适时改变其金融监管体制,回应着互联网金融监管的挑战。反观我国互联网金融现状,风险事故频发,监管缺位。如何完善我国互联网金融监管,进而更好地发挥互联网金融的功能与价值,是我国亟待解决的问题。正是基于此,本书围绕着互联网金融监管这一核心问题,以 P2P 网贷和股权众筹为分析主线,展开了深入细致的研究,以期对我国互联网金融监管的完善有所裨益。

当前,我国互联网金融监管在面对机遇的同时,也面临着巨大的挑战:在利率市场化的进程中,分业监管的模式与互联网金融混业经营的要求相冲突;落后的监管理念,无法适应互联网金融创新的业务形态;不完善的法律法规,成为互联网金融的枷锁;监管制度供给不足、不到位,存在监管空白与短板。互联网金融在无序与有序、违法与合法之间逆势生长,与风险相伴而行。在互联网金融监管实践中,各个国家都根据自身的制度背景和法律框架对互联网金融进行监管。世界并无统一的监管模式或可直接套用的监管制度。因此,要完善我国互联网金融监管,须以一个宽角度、多层面的制度框架为视角,探寻发达国家监管的规律并将其融合到我国的监管实践之中,最终实现革新。

由此,本书在总结各国实践经验的基础上,对互联网金融监管的基础理论进行了梳理、分析,即对其监管的原则、模式及制度的绩效作出总结,并为我国互联网金融监管提供借鉴。目标监管和功能监管模式及其制度能前瞻性地界定互联网金融在未来的创新模式,并及时提供有效的监管。从长远来看,混业监管、行为监管和功能监管是大势趋势。因此,应从监管的理念、监管的模式选择、监管制度的设计与完善等方面,来完善我国互联网金融监管。鉴于此,本书提出了以目标监管模式为最终监管模式,以功能监管、协调监管、金融消费者保护三位一体的模式作为中短期的监管模式,以及现阶段具体的制度架构,即从完善相关的法律法规、征信和网络安全基础性的制度、互联网金融各业务类型监管制度的三个层面进行塑形。申言之，在目标监管模式下，由我国金融稳定委员会实施宏观审慎监管，将互联网金融的融资总额纳入到整个金融行业的社会融资总额，运用大数据等技术手段从宏观、逆周期和跨市场的视角评估、防范、应对互联网金融系统性风险。由审慎监管局负责微观审慎监管，即负责监管互联网金融机构（具有系统重要性）的稳健经营。由行为监管局从互联网金融产品监管、产品的销售过程监管、平台的监管、纠纷解决机制等方面实施行为监管。中短期的功能监管、协调监管、金融消费者保护三位一体的模式，是发挥功能监管的优势即适应互联网金融混业与创新的要求，同时通过协调监管矫正其系统性风险监管不足，并结合金融消费者保护，在防范系统性风险与消费者权益保护的宗旨下，最大限度地实现监管的有效性。基于目标监管和功能监管的理念，针对我国互联网金融监管的现状，本书试图从相关的法律法规、征信与网络安全基础性的制度以及各业务类型监管制度等方面，提出完善我国互联网金融监管制度的建议。

诚然，互联网金融监管制度并无统一、万能的模板，各个国家都是根据自身的制度背景，在法律框架中寻求互联网金融监管的最佳路径。各个国家都在适时、因地制宜地改变其互联网金融监管制度。它是一种内生性制度的安排与调整。我国互联网金融监管的路径选择和制度完善，也将是一个持续发展的过程，有待进一步探讨和研究。

参考文献

一、著作

(一)中文著作

[1]白洁、刘洪国:《互联网金融法律集》,世界知识出版社 2014 年版。

[2]陈雨露、马勇:《现代金融体系下的中国混业经营:路径、风险和监管体系》,中国人民大学出版社 2015 年版。

[3]陈雨露、马勇:《中国金融体系大趋势》,中国金融出版社 2011 年版。

[4]陈云主编:《金融大数据》,上海科学技术出版社 2015 年版。

[5]陈勇主编:《中国互联网金融研究报告》(2015),中国经济出版社 2015 年版。

[6]曹茂君:《西方法学方法论》,法律出版社 2013 年版。

[7]陈宇:《风吹江南之互联网金融》,东方出版社 2014 年版。

[8]第一财经新金融研究中心:《中国 P2P 借贷服务行业白皮书》(2013),中国经济出版社 2013 年版。

[9]范文仲等:《互联网金融理论、实践与监管》,中国金融出版社 2014 年版。

[10]冯科:《金融监管学》,北京大学出版社 2015 年版。

[11]郭田勇主编:《金融监管学》,中国金融出版社 2009 年版。

[12]胡滨主编:《中国金融监管报告》(2015),社会科学文献出版社 2015 年版。

[13]何松琦、周天林、石峰主编:《互联网金融中国实践的法律透视》,上海远东出版社 2015 年版。

[14]韩忠亮:《全球化背景下金融监管的博弈研究》,北京大学出版社 2013 年版。

[15]黄国平、伍旭川主编:《中国网络信贷行业发展报告(2014 ~ 2015)——P2P 网贷平台风险评级与分析》,中国经济出版社 2015 年版。

[16]黄震、邓建鹏主编:《P2P 网贷风云:趋势 · 监管 · 案例》,中国经济出版社 2015 年版。

[17]黄震、邓建鹏:《互联网金融法律与风险控制》,机械工业出版社 2014 年版。

[18]霍学文:《新金融,新生态》,中信出版社 2015 年版。

[19]焦瑾璞:《构建中国金融行为监管体系研究》,中国金融出版社 2015 年版。

[20]李爱君:《互联网金融法律与实务》,机械工业出版社 2015 年版。

[21]李昌麒主编:《经济法理念研究》,法律出版社 2009 年版。

[22]刘庆飞:《多重背景下金融监管立法的反思与改革》,上海世纪出版集团 2015 年版。

[23]廖凡:《国际货币金融体制改革的法律问题》,社会科学文献出版社 2012 年版。

[24]李海峰:《网络融资:互联网经济下的新金融》,中国金融出版社 2013 年版。

[25]李麟、钱峰:《移动金融:创建移动互联网时代新金融模式》,清华大学出版社 2013 年版。

[26]罗明雄、唐颖、刘勇:《互联网金融》,中国财政经济出版社 2013

年版。

[27]黎四奇:《我国银行法律制度改革与完善研究》,武汉大学出版社2013年版。

[28]零壹研究院:《中国P2P借贷服务行业白皮书》(2015),人民东方出版社2015年版。

[29]零壹财经、零壹数据:《中国P2P借贷服务行业白皮书》(2014),中国经济出版社2014年版。

[30]零壹研究院:《众筹服务行业年度报告》(2015),人民东方出版社2015年版。

[31]零壹财经、零壹数据:《众筹服务行业白皮书》(2014),中国经济出版社2014年版。

[32]李东荣主编:《中国互联网金融发展报告》(2015),社会科学文献出版社2015年版。

[33]李莉莎:《第三方电子支付法律问题研究》,法律出版社2014年版。

[34]李耀东、李钧:《互联网金融:框架与实践》,电子工业出版社2014年版。

[35]李扬主编:《金融学大辞典》,中国金融出版社2014年版。

[36]李扬、胡滨主编:《金融危机背景下的全球金融监管改革》,社会科学文献出版社2010年版。

[37]苗文龙:《互联网金融:模式与风险》,经济科学出版社2015年版。

[38]欧阳日辉主编:《互联网金融监管:自律、包容与创新》,经济科学出版社2015年版。

[39]潘功胜:《微型金融监管的国际经验》,中国金融出版社2015年版。

[40]彭兴庭:《金融法制的变迁与大国崛起》,法律出版社2014年版。

[41]祁敬宇主编:《金融监管学》(第2版),西安交通大学出版社2013年版。

[42]全国金融系统青年联合会:《多元化视角下的互联网金融》,中国

金融出版社 2015 年版。

[43] 芮晓武等主编:《中国互联网金融报告》(2014),社会科学文献出版社 2014 年版。

[44] 芮晓武等主编:《中国互联网金融报告》(2013),社会科学文献出版社 2014 年版。

[45] 孙宝文主编:《互联网金融元年:跨界、变革与融合》,经济科学出版社 2014 年版。

[46] 史建平主编:《中国中小微企业金融服务发展报告》(2014),中国金融出版社 2014 年版。

[47] 王彬:《金融防火墙制度的法学及经济学分析》,法律出版社 2014 年版。

[48] 王和:《大数据时代保险变革研究》,中国金融出版社 2014 年版。

[49] 王华庆:《监管之路:危机后的思考》,上海远东出版社 2014 年版。

[50] 王海军、赵嘉辉主编:《"中国式"互联网金融:理论、模式与趋势之辨》,电子工业出版社 2015 年版。

[51] 吴晓求等:《互联网金融——逻辑与结构》,中国人民大学出版社 2015 年版。

[52] 吴晓求等:《中国资本市场研究报告(2014)——互联网金融:理论与现实》,北京大学出版社 2014 年版。

[53] 王在全主编:《互联网金融与中小企业融资》,中国经济出版社 2015 年版。

[54] 谢平、陈超、陈晓文:《中国 P2P 网络借贷:市场、机构与模式》,中国金融出版社 2015 年版。

[55] 谢平、邹传伟、刘海二:《互联网金融手册》,中国人民大学出版社 2014 年版。

[56] 许传华、徐慧玲、周文:《互联网金融发展与金融监管问题研究》,中国金融出版社 2015 年版。

[57] 余丰慧:《互联网金融与革命》,中华工商联合出版社 2014 年版。

[58] 杨彪:《中国第三方支付体系有效监管研究》,厦门大学出版社 2013 年版。

[59]阳建勋:《后危机时代衍生金融监管变革的法律问题研究——以〈多德—弗兰克法案〉为中心》,法律出版社 2014 年版。

[60]雍冀慧:《银行业行为监管研究:基于英国 FCA 政策实践的分析》,中国金融出版社 2015 年版。

[61]杨青、霍炜:《电子货币——互联网金融下的货币变革》,中国金融出版社 2015 年版。

[62]阎庆民、杨爽:《互联网 + 银行变革与监管》,中信出版社 2015 年版。

[63]杨涛主编:《互联网金融理论与实践》,经济管理出版社 2015 年版。

[64]于永宁:《后危机时代的金融监管变革之道》,法律出版社 2013 年版。

[65]姚文平:《互联网金融》,中信出版社 2014 年版。

[66]中国人民银行金融稳定分析小组:《中国金融稳定报告》(2015),中国金融出版社 2015 年版。

[67]中国人民银行金融稳定分析小组:《中国金融稳定报告》(2014),中国金融出版社 2014 年版。

[68]中国人民银行金融稳定分析小组:《中国金融稳定报告》(2013),中国金融出版社 2013 年版。

[69]中国人民银行金融研究所:《新金融时代》,中信出版社 2015 年版。

[70]朱崇实、刘志云:《混业经营趋势下的中国金融监管法:挑战与革新》,厦门大学大学出版社 2013 年版。

(二)译著

[1][美]哈威尔 · E. 杰克逊、小爱德华 · L. 西蒙斯:《金融监管》,吴志攀等译,中国政法大学出版社 2003 年版。

[2][美]霍华德 · 戴维斯、大卫 · 格林:《全球金融监管》,中国银行业监督管理委员会国际部译,中国金融出版社 2009 年版。

[3][美]E. 博登海默:《法理学:法律哲学与法律方法》,邓正来译,中国政法大学出版社 2004 年版。

[4][德]卡尔·拉伦茨:《法学方法论》,陈爱娥译,商务印书馆2003年版。

[5][美]理查德·A.波斯纳:《法律的经济分析》(第7版),蒋兆康译,法律出版社2012年版。

[6][美]尼古拉斯·克里斯塔基斯、詹姆斯·富勒:《大连接:社会网络是如何形成的以及对人类现实行为的影响》,简学译,中国人民大学出版社2013年版。

[7][美]罗伯特·考特、托马斯·尤伦:《法和经济学》(第5版),史晋川、董雪兵等译,格致出版社、上海三联书店、上海人民出版社2010年版。

[8][美]Peter Renton:《Lending Club简史》,第一财经新金融研究中心译,中国经济出版社2013年版。

[9][加]马修·弗雷泽、[印]苏米特拉·杜塔:《社交网络改变世界》,谈冠华、郭小花译,中国人民大学出版社2013年版。

[10][美]曼纽尔·卡斯特主编:《网络社会:跨文化的视角》,周凯译,社会科学文献出版社2009年版。

[11][美]杰弗里·弗里德曼、佛拉迪米尔·克劳斯:《助推金融危机—系统性风险与监管失灵》,段灿、张霞等译,中国金融出版社2013年版。

[12][荷]乔安妮·凯勒曼、雅各布·德汉、费姆克·德弗里斯:《21世纪金融监管》,张晓朴译,中信出版社2016年版。

[13][美]约瑟夫·斯蒂格利茨:《信息经济学:应用》,纪沫、陈工文、李飞跃译,中国金融出版社2007年版。

[14][美]斯蒂芬·德森纳主编:《众筹:互联网金融融资权威指南》,陈艳译,中国人民大学出版社2015年版。

[15][美]帕特里克·T.哈克、斯塔夫罗斯·A.泽尼奥斯:《金融机构的绩效:效率、创新和监管》,许诺金等译,中国金融出版社2005年版。

[16][美]詹姆斯·巴斯、小杰勒德·卡普里奥、罗斯·列文:《金融守护人:监管机构如何捍卫公众利益》,杨农、钟帅、靳飞译,生活·读书·新知三联书店2014年版。

(三)英文著作

[1] A. Joanne Kellermann, Jakob De Haan, Femke De Vries, *Financial*

Supervision in the 21st Century, Springer-Verlag, 2013.

[2] Charles Goodhart, Phillipp Hartmann, David Llewellyn, Liliana Rojas-Suarez, Steven Weisbrod, *Financial Regulation: Why, how and where now?*, Routledge, 1998.

[3] David M. Freedman, Matthew R. Nutting, *Equity Crowdfunding for Investors: A Guide to Risks, Returns, Regulations, FundingPortals, Due Diligence, and Deal*, Terms-John Wiley & Sons, 2015.

[4] Howard Davies, David Green, *Global Financial Regulation: The Essential Guide*, Polity Press, 2008.

[5] Piet Clement, Harold James, Herman Van Der Wee, *Financial Innovation, Regulation and Crises in History*, Routledge, 2015.

[6] William Michael Cunningham, *The Jobs Act: Crowdfunding for Small Businesses and Startups*, Apress, 2012.

二、论文

(一)中文论文

[1]巴曙松、王璟怡、杜婧:《从微观审慎到宏观审慎:危机下的银行监管启示》,载《国际金融研究》2010 年第 5 期。

[2]巴曙松、朱虹:《互联网金融监管的国际比较及其启示》,载《中国金融》2015 年第 15 期。

[3]白钦先、谭庆华:《论金融功能演进与金融发展》,载《金融研究》2006 年第 7 期。

[4]陈小林、杜若华、刘永锋:《我国互联网金融征信体系建设路径思考》,载《征信》2015 年第 1 期。

[5]陈云良:《从授权到控权:经济法的中国化路径》,载《政法论坛》2015 年第 2 期。

[6]陈宗义:《"民主概念坐标系"中的金融民主》,载《上海金融》2014 年第 11 期。

[7]邓大鸣:《论我国金融监管应有的法律理念》,载《理论与改革》2015 年第 6 期。

[8]邓舒仁:《互联网金融监管的国际比较及其启示》,载《新金融》2015 年第 6 期。

[9]冯果、蒋莎莎:《论我国 P2P 网络贷款平台的异化及其监管》,载《法商研究》2013 年第 5 期。

[10]冯果、袁康:《境外资本市场股权众筹立法动态述评》,载《金融法苑》2014 年第 2 期。

[11]冯果、袁康:《社会变迁与金融法的时代品格》,载《当代法学》2014 年第 2 期。

[12]冯毅、唐航、陈雪君:《自发秩序创新与金融监管的正义性分析——从哈耶克与罗尔斯的视角出发》,载《金融教育研究》2015 年第 2 期。

[13]樊云慧:《股权众筹平台监管的国际比较》,载《中国法学》2015 年第 4 期。

[14]管斌:《商业银行法律风险的产生及其规制——以英国北岩银行危机为分析蓝本》,载《法商研究》2012 年第 5 期。

[15]顾晨:《法国众筹立法与监管介绍》,载《互联网金融与法律》2014 年第 10 期。

[16]顾晨:《欧盟众筹市场与监管制度研究》,载《金融法苑》2014 年第 2 期。

[17]高清霞、范文娇:《互联网金融监管之探讨》,载《金融博览》2014 年第 8 期。

[18]高田甜、陈晨:《基于金融消费者保护视角的英国金融监管改革研究》,载《经济社会体制比较》2013 年第 3 期。

[19]龚映清、蓝海平:《美国 SEC 众筹新规及其监管启示》,载《证券市场导报》2014 年第 9 期。

[20]洪艳蓉:《寻求互联网金融的法治逻辑》,载《金融法苑》2014 年第 2 期。

[21]胡吉祥:《众筹的本土化发展探索》,载《证券市场导报》2014 年第 9 期。

[22]黄震:《互联网金融法治化需新思维》,载《中国金融》2014 年第 12 期。

[23]黄震、邓建鹏等:《英美 P2P 监管体系比较与我国 P2P 监管思路研究》,载《金融监管研究》2014 年第 10 期。

[24]霍学文:《不完备法律与互联网金融发展》,许多奇主编:《互联网金融法律评论》(1),法律出版社 2015 年版。

[25]《意大利众筹规则》,姜旻、许多奇译,载许多奇主编:《互联网金融法律评论》(1),法律出版社 2015 年版。

[26]黎四奇:《对后危机时代影子银行监管的冷思考》,载《暨南学报》(哲学社会科学版)2014 年第 8 期。

[27]李杨:《脱媒:中国金融改革发展面临的新挑战》,载《新金融》2007 年第 11 期。

[28]李耀东、奚玉莉、李晓静:《互联网理财发展及其监管》,载《金融博览》2016 年第 3 期。

[29]李有星、陈飞、金幼芳:《互联网金融监管的探析》,载《浙江大学学报》(人文社会科学版)2014 年第 4 期。

[30]李真:《互联网金融征信模式:经济分析、应用研判与完善框架》,载《宁夏社会科学》2015 年第 1 期。

[31]廖凡:《理论突破与机制创新:英国金融消费者保护的晚近发展及其启示》,载《社会科学》2013 年第 8 期。

[32]廖凡:《金融市场:机构监管? 功能监管》,载《金融市场研究》2012 年第 6 期。

[33]廖理等:《观察中学习:P2P 网络投资中信息传递与羊群行为》,载《清华大学学报》(哲学社会科学版)2015 年第 1 期。

[34]廖岷:《银行业行为监管的国际经验、法理基础与现实挑战》,载《上海金融》2012 年第 3 期。

[35]楼建波:《股权众筹监管探究》,载《社会科学》2015 年第 9 期。

[36]刘力臻、王庆龙:《基于模仿传染模型的比特币羊群效应分析》,载《北京邮电大学学报》(社会科学版)2015 年第 2 期。

[37]刘明:《论私募股权众筹中公开宣传规则的调整路径兼评——〈私募股权众筹融资管理办法(试行)〉》,载《法学家》2015 年第 5 期。

[38]刘明:《美国〈众筹法案〉中集资门户法律制度的构建及其启示》,

载《现代法学》2015 年第 1 期。

[39]刘少军:《互联网金融合法与非法的判断标准》,载岳彩申、盛学军:《互联网与民间融资法律问题研究》,法律出版社 2014 年版。

[40]刘瑜恒:《美国股权众筹立法发展及其借鉴意义》,载《证券法苑》2015 年第 1 期。

[41]吕祚成:《P2P 行业监管立法的国际经验》,载《金融监管研究》2013 年第 9 期。

[42]刘志云:《国际关系与国际法跨学科研究之路径》,载《世界经济与政治》2010 年第 2 期。

[43]刘志云、刘盛:《基于国家安全的互联网全球治理》,载《厦门大学学报》(哲学社会科学版)2016 年第 2 期。

[44]鲁政委:《互联网金融监管:美国的经验及其对中国的镜鉴》,载《金融市场研究》2014 年第 6 期。

[45]罗敬媛、籍磊:《互联网金融对消费者保护的影响分析和制度设计》,载《中国发展观察》2015 年第 1 期。

[46]马勇:《2011 系统性金融风险:一个经典注释》,载《金融评论》2011 年第 4 期。

[47]毛海栋:《美国〈众筹条例评述〉》,载《法律与新金融》2016 年第 9 期。

[48]毛智琪、杨东:《日本众筹融资立法新动态及借鉴》,载《证券市场导报》2015 年第 4 期。

[49]潘迎、刘志云:《论我国股权众筹法律监管制度的构建》,载许多奇主编:《互联网金融法律评论》(第 2 期),法律出版社 2015 年版。

[50]彭冰:《私募众筹?一个自相矛盾的词汇——对〈私募股权众筹融资管理办法(征求意见稿)〉的批评》,载《法律与新金融》2015 年第 1 期。

[51]皮天雷、赵铁:《互联网金融:逻辑、比较与机制》,载《中国经济问题》2014 年第 4 期。

[52]强力、杨为乔:《〈金融消费者保护法〉草案(建议稿)及说明》,载郭锋:《金融服务法评论》(第 3 卷),法律出版社 2012 年版。

[53]任高芳:《美国第三方支付监管体系对我国的启示》,载《金融发展

评论》2012 年第 10 期。

[54]宋鹏程、吴志国等:《我国 P2P 借贷行业监管模式研究》,载《南方金融》2014 年第 1 期。

[55]盛学军、刘志伟:《证券式众筹:监管趋势与法律进路》,载《北方法学》2015 年第 4 期。

[56]盛学军:《后危机时代下对金融监管法价值的省思》,载《重庆大学学报》(社会科学版)2011 年第 1 期。

[57]王利明:《负面清单管理模式与私法自治》,载《中国法学》2014 年第 5 期。

[58]王兆星:《机构监管与功能监管的变革》,载《中国金融》2015 年第 3 期。

[59]王华庆:《论行为监管与审慎监管的关系》,载《中国银行业》2014 年第 5 期。

[60]伍坚:《我国 P2P 网贷平台监管的制度构建》,载《法学》2015 年第 4 期。

[61]吴素萍、徐卫宇:《功能性金融监管的理论与框架》,载《经济导刊》1999 年第 6 期。

[62]温信祥、叶晓璐:《法国互联网金融及启示》,载《中国金融》2014 年第 4 期。

[63]谢平、邹传伟、刘海二:《互联网金融监管的必要性与核心原则》,载《国际金融研究》2014 年第 8 期。

[64]辛欣:《境外股权众筹的发展与监管简述》,载《清华金融评论》2015 年第 3 期。

[65]邢会强:《相对安全理念下规范互联网金融的法律模式与路径》,载《法学》2017 年第 12 期。

[66]杨东:《互联网金融监管体制探析》,载《中国金融》2014 年第 8 期。

[67]杨东:《互联网金融的法律规制——基于信息工具的视角》,载《中国社会科学》2015 年第 4 期。

[68]杨东、黄尹旭:《中国式股权众筹发展建议》,载《中国金融》2015

年第3期。

[69]杨东、刘磊:《论我国股权众筹监管的困局与出路——以〈证券法〉修改为背景》,载《中国政法大学学报》2015年第3期。

[70]杨涛:《网络支付新规的效应》,载《中国金融》2016年第2期。

[71]姚海放:《网络平台借贷的金融法规制路径》,载《法学家》2013年第5期。

[72]尹海员、王盼盼:《我国互联网金融监管现状及体系构建》,载《财经科学》2015年第9期。

[73]于蔚、钱水土:《互联网金融监管的国际经验》,载《中国金融》2015年第1期。

[74]岳彩申:《互联网金融监管的法律难题及其对策》,载《中国法律》2014年第3期。

[75]岳彩申、张晓东:《金融监管制度发展的新趋势——消费者保护与审慎监管的分离》,载《上海财经大学学报》2011年第3期。

[76]曾江洪、杨帅:《P2P借贷出借人的羊群行为及其理性检验——基于拍拍贷的实证研究》,载《现代财经》(天津财经大学学报)2014年第7期。

[77]张保刚、李谨、张紫薇:《次贷危机背景下金融监管的法经济学分析》,载《现代管理科学》2013年第8期。

[78]张继红、吴涛:《欧洲股权众筹投资者适当性制度之比较研究》,载《证券法苑》2015年第2期。

[79]张容、刘志云:《论我国股权众筹法律监管制度的构建》,载许多奇主编:《互联网金融法律评论》(第1期),法律出版社2016年版。

[80]张晓朴:《互联网金融监管的原则:探索新金融监管范式》,载《金融监管研究》2014年第2期。

[81]张雨露:《英国借贷型众筹监管规则综述》,载《互联网金融与法律》2014年第5期。

[82]张雨露:《英国投资型众筹监管规则综述》,载《互联网金融与法律》2014年第6期。

[83]赵渊、罗培新:《论互联网金融监管》,载《法学评论》2014年第

6期。

(二)英文论文

[1] Alex Brill, Peer-to-Peer Lending: Innovative Access to Credit and the Consequences of Dodd-Frank, *Washington Legal Foundation*, 2010, 25(35).

[2] Andrew VersteinE, The Misregulation of Person-to-Person Lending, *UC Davis Law Review*, 2011, 45(2).

[3] Carl E. Smith, If It's Not Broken, Don't Fix It: The SEC's Regulation of Peer-to-Peer Lending, *Business Law Brief*, 2009 – 2010.

[4] C. Steven Bradford, Crowdfunding and the Federal Securities Laws, *Columbia Business Law Review*, 2012, (1).

[5] Dongyu Chen, Chaodong Han, A Comparative Study of online P2P Lending in the USA and China, *Journal of Internet Banking and Commerce*, 2012, 17(2).

[6] Douglass C. North, Insitituions, *Accounting, Economics, and Law*, 2011, 1(1).

[7] Douglass C. North, Institutional Change and Economic Growth, *The Journal of Economic History*, 1971, 31(1).

[8] Edan Burkett, A Crowdfunding Exemption-Online Investment Crowdfunding and U. S. Secrutiies Regulation, *The Tennessee Journal of Business Law*, 2011, 13.

[9] Eric C. Chaffee, Geoffrey C. Rapp, Regulating Online Peer-to-Peer Lending in the Aftermath of Dodd-Frank: In Search of an Evolving Regulatory Regime for an Evolving Industry, *Wash. & Lee L. Rev*, 2012, 69(2).

[10] Eugenia Macchiavello, Peer-to-Peer Lending and the Democratization of Credit Markets: Another Financial Innovation Puzzling Regulators, *Columbia Journal of European Law*, 2015, 21(3).

[11] Francis M. Bator, The Anatomy of Market Failure, *The Quareterly Journal of Economics*, 1958, 72(3).

[12] Fafael La Porta, Florencio Lopez-De-Silance, Andrei Shleifer, *Law and Finance*, Journal of Political Economy, 1998, 106(6).

[13] Garry A. Gabison, Equity Crowdfunding: All Regulated but Not

Equal, *DePaul Business & Commercial Law Journal*, 2015, 13(3).

[14] Harmes, A. Mass Investment Culture, *New left Review*, 2001(9).

[15] Jack R. Magee, Peer-to-Peer Lending in the United States: Surviving after Dodd-Frank, *N. C. Banking Inst*, 2011, 15.

[16] Katharina Pistor, ChengGang Xu, Incomplete Law-A Conceptual and Analytical Framework and its Application to the Evolution of Financial Market Regulation, *Journal of International Law and Politics*, 2003, 35(34).

[17] Kevin E. Davis, Anna Gelpern, Peer-to-Peer Financing for Development: Regulating the Intermediaries, *N. Y. U. Journal of Int'l Law & Polotics*, 2010, 42.

[18] Lisa T. Alexander, Cyberfinancing for Economic Justice, *William & Mary Business Law Review*, 2013, 14.

[19] Mark E. Nissen, Agent-based Supply Chain Disintermediation Versus Re-intermediation Economic and Technological Perspectives, *International Journal of Intelligent Systems in Accounting Finance and Management*, 2009(4).

[20] Meton, A Functional Perspective of Financial Intermediaton, *Financial Management*, 1995, 24(2).

[21] Meton, Bodezvi, Design of Financial System: Towards a System is of Function and Structure, *Journal of Investement Management*, 2005, 3(1).

[22] Mathew Hollow, Crowdfunding and civic society in Europe: a profitable partnership, *Open Citizenship*, 2013, 4(1).

[23] Paul Slattery, Square Pegs in a Round Hole: SEC Regulation of Online Peer-to-Peer Lending and the CFPB Alternative, Yale J. on Reg, 2013, 30(1).

[24] Richard J. Herring, The Structure of Cross-Sector Financial Supervision Financial Markets, *Institutions & Instruments*, 2008, 17(1).

[25] Stuart R. Cohn, The New Crowdfunding Registration Exemption: Good Idea, Bad Execution, *Florida Law Review*, 2012, 64(5).

[26] Thomas G. Jame, Far from the Maddening Crowd: Does the Jobs Act Provide Meaningful Redress to Small Investors for Securities Fraud in

Connection with Crowdfunding Operations, *Boston College Law Review*, 2013, 54(4).

[27] Thomas Lee Hazen, Crowdfunding or Fraudfunding? Social Networks and the Securities Laws-Why the Specially Tailored Exemption Must be Conditioned on Meaningful Disclosure, *North Carolina Law Review*, 2012, 90(5).

[28] Zhang J., P. Liu, Rational Herding in Microloan Markets, *Management Science*, 2012, 58(5).

三、网络文献

[1]艾瑞咨询:《2014年中国第三方互联网支付交易规模突破8万亿》,载http://report.iresearch.cn/html/20150304/247141,2015年6月28日最后访问。

[2]艾瑞咨询:《2014年P2P行业十大总结:渐成燎原之势》,载http://ec.iresearch.cn/e-bank/20150121/245670.shtml,2015年3月28日最后访问。

[3]艾瑞咨询:《互联网金融创新金融模式研究》,载http://report.iresearch.cn/2068.html,2013年12月2日最后访问。

[4]百筹网:《Massolution发布众筹行业报告:2015年全球众筹金额预计344亿美元》,载http://www.100chou.com/site/news/trend/id-95,2014年5月1日最后访问。

[5]蔡凯龙:《美国如何监管互联网金融》,载http://www.ftchinese.com/story/001055533?full=y,2014年4月12日最后访问。

[6]CNNIC:《第36次中国互联网络发展状况统计报告》,载http://www.cnnic.net.cn/hlwfzyj/hlwxzbg/hlwtjbg/201307/t20130717_40664.htm,2013年7月27日最后访问。

[7]李波:《以宏观审慎为核心推进金融监管改革》,载http://app.yicai.com/4748144.shtml,2016年2月18日最后访问。

[8]李哲峰:《艾瑞:2015Q3第三方移动支付规模达24204.9亿元》,载http://report.iresearch.cn/content/2015/12/256609.shtml,2015年12月4

日最后访问。

[9]毛军华:《中金公司:余额宝2016年可达到1.5万亿元》,载http://finance.sina.com.cn/money/fund/20140228/143518367849.shtml,2015年2月28日最后访问。

[10]肖钢:《证券法的法理与逻辑》,载http://www.csrc.gov.cn/pub/newsite/tzzbh1/tbgzdt/tbgzyw/201312/t20131218_240026.html,2015年3月28日最后访问。

[11]新金融通讯社:《互联网金融纳入央行统计体系 P2P网贷成统计重点》,载http://mt.sohu.com/20151130/n428938874.shtml,2015年12月12日最后访问。

[12] A Publication of the Tax & Legal Work Group of the European Crowdfunding Network, *Review of Crowdfunding Regulation: Interpretations of existing regulation concerning crowdfunding in Europe, North America and Israel*, http://www.europecrowdfunding.org/wp-content/blogs.dir/12/files/2013/10/ECN-Review-of-Crowdfunding-Regulation-2013.pdf, 2013-12-8.

[13] Eleanor Kirby, Shane Worner, Crowd-funding: An Infant Industry Growing Fast, http://www.iosco.org/library/pubdocs/pdf/IOSCOPD459.pdf, 2015-3-28.

[14] European Central Bank, *Virtual Currency Schemes*, http://www.ecb.europa.eu/pub/pdf/other/virtualcurrencyschemes201210en.pdf, 2015-3-28.

[15] NIcholas Borst, *Guest Post: Internet Finance Drives China Banking Reform*, http://blogs.ft.com/beyond-brics/2014/06/30/guest-post-internet-finance-drives-china-banking-reform/? Authorised=false, 2015-3-28.

后 记

冬去春来，光阴荏苒，不觉间我博士毕业已经两年多了。在本书定稿之际，我的思绪又飞快飘回令人神往的厦门大学。内心的使然与人生的机缘，使得我有幸成为一名厦门大学法学院的博士生。厦门大学面朝大海，背靠五老峰，与南普陀古刹为邻，坐拥湖光山色。它以海纳百川、兼容并包的胸怀，倡导自强不息、止于至善的理念，成为最具有包容精神、最公正、最具魅力的大学。这是我魂牵梦绕的地方，更是我心怀感恩之处。在这清净飘香的校园中，我探寻着知识，感悟着生活。如今，我在梦里无数次的闻着凤凰花香、听着古刹钟声、望着碧波潋滟，眷恋厦大的美好时光。

饮水思源，师恩难忘。在此，我首先要感谢我的导师刘志云教授。刘老师为人师表、知识渊博、治学严谨、一丝不苟、游学教法独具匠心，对学生温煦和善。有幸成为他的学生，使我受益终生。回想当初论文选题之情景，面对资料稀少、鲜有人触及的状况，刘老师给予我极大的鼓励与肯定，勉励我一步步勇敢地走下去。在论文的框架与结构上，刘老师不厌其烦、悉心指导、严格要求，使我在改进不足的同时，获益于学术品格的锻造。在论文资料的收集方面，刘老师及时予以准确的指导，让我少走弯路。在成文前,刘老师呕心沥血,从逻辑、主题、论证、语句、注释等方面不厌其烦地加以指导。让我在修改的过程中,汲取着为师、做学问、做人宝贵的精神财富。除此之外,在日常的学习与生活当中,刘老师始终不忘关爱学生,令我倍感温暖,深受鼓舞。师恩如山,终生受益,感激不尽。还要感谢导师组的廖益新教授和林秀芹教授。廖老师治学严谨、和蔼可亲,提出宝贵的意见让我受益匪浅。林老师治学一丝不苟,要求严格,但平易近人,难忘的还有她那温和的笑容。在论文开题时,林老师给予我极大的鼓励,并给予中肯的建议,让我受益良多。还要感谢中国人民大学朱大旗教授、湖南大学黎四奇教授、厦门大学李国安教授、朱晓琴教授,他们都使我获益良多。

感谢厦门大学法学院所有给我授过课的老师,包括卢炯星教授、郭懿美教授、肖伟教授、游钰副教授、金海统副教授、李晓辉博士,还有林老师要求我们旁听课的周赟教授。每位老师以各自专业的知识、严谨的治学精神、独具魅力的人格,丰富了我的世界、开阔了我的视野,在此衷心感谢。另外,还要感谢我的硕士导师强力教授。强老师是我开始法学专业学习的领路人和启蒙人。他温文尔雅、知识渊博、待人和善,是我学习的榜样。此外,还要感谢陈喜峰副教授。陈老师以他严谨的治学和无私的精神,给予我诸多的帮助与关心,令我获益匪浅,心怀感激。还要特别感谢厦门大学黎永强主任,他以兄长般的关心、帮助与鼓励,使得我在厦门感受到家的温暖,回忆起童年的点滴。感谢阳建勋老师、毛海栋老师,在与他们的交流互动中,我收获颇多。在厦门大学学习期间,感谢众多同学的关心与帮助。感谢王彬、黄进喜、叶文庆、蔡军龙、吴林涛、谢达梅、方芳夫妇、陈智鹏、杨春娇、郭俊芳、王俊、梁家全、孟翔韬、刘文献、谷世英、谭砚、仙慧、宋邦俊、敖玉芳、朱一青、林煶、杨武松、张容、潘迎、于鹏、许鸿辉、饶攀、庄哲、任宇、刘辉、胡宽、刘盛等同门。还要感谢一路鼓励、无私帮助过我的倪娜博士、张伟博士、刘红旭博士、井凯笛博士、孙海荣博士、王海茸博士。

最后还要感谢我的家人的理解、支持与付出。我是在职攻读博士,在学习、工作和家庭的交织中,我的家人为我创造了良好的学习与写作条件,承担了尽可能多的责任。在此,我深表感谢,并向他们致以崇高的敬意。

从 2012 年论文开题到 2016 年 6 月成文,四年间,我体验了研究互联网金融的辛酸苦辣,从资料的匮乏到汗牛充栋,再到现在修改出版,时间又过去了两年多。我目睹着互联网金融日新月异、日益深化的创新与发展,同时也不断思考着如何更好地对其进行监管,规范其发展,促进其创新。互联网金融监管作为全球性的问题,世界各国都在实践中不断摸索。目前,这一问题的探索尚无止境。本书的内容难免有疏漏与不足之处,敬请各位批评指正。本书付梓之时,感谢本书编辑黄琳佳女士为此所付出的辛苦劳作。

何剑锋

2018 年 3 月 28 日于咸阳

附录　互联网金融监管文件法规一览表

颁布时间	名称	颁布机构	备注
2013 年 11 月 15 日	《中共中央关于全面深化改革若干重大问题的决定》	十八届三中全会	发展普惠金融，鼓励金融创新，丰富金融市场层次和产品。
2013 年 12 月	《关于加强影子银行监管有关问题的通知》（国办发〔2013〕107 号）	国务院办公厅	将互联网金融纳入影子银行范围中，按照“分业经营，分业监管”原则提出加强监管。
2014 年 3 月 5 日	《政府工作报告》	国务院	促进互联网金融健康发展，完善监管协调机制，守住不发生系统性风险和区域性金融风险的底线。

续表

颁布时间	名称	颁布机构	备注
2015 年 3 月 5 日	《政府工作报告》	国务院	促进互联网金融健康发展。
2015 年 7 月 1 日	《国务院关于积极推进"互联网 + 行动的指导意见"》(国发〔2015〕40 号)	国务院	促进互联网金融健康发展,全面提升互联网金融服务能力和普惠水平,鼓励互联网与银行、证券、保险、基金的融合创新,为大众提供丰富、安全、便捷的金融产品和服务,更好满足不同层次实体经济的投融资需求,培育一批具有行业影响力的互联网金融创新型企业。(人民银行、银监会、证监会、保监会、发展改革委、工信息部、网信办等负责)。
2015 年 7 月 14 日	《关于促进互联网金融健康发展的指导意见》(银发〔2015〕221 号)	中国人民银行、工业和信息化部、公安部、财政部、国家工商总局、国务院法制办、中国银行业监督管理委员会、中国证券监督管理委员会、中国保险监督管理委员会、国家互联网信息办公室	按照"依法监管、适度监管、分类监管、协同监管、创新监管"的原则,确立了互联网支付、网络借贷、股权众筹融资、互联网基金销售、互联网保险、互联网信托和互联网消费金融等互联网金融主要业态的监管职责分工,落实了监管责任,明确了业务边界。
2015 年 7 月 22 日	《互联网保险业务监管暂行办法》(保监发〔2015〕69 号)	中国保险监督管理委员会	对参与互联网保险业务的经营主体、经营条件、经营区域、信息披露、监督管理等方面进行了规定。

续表

颁布时间	名称	颁布机构	备注
2015 年 8 月 25 日	《最高人民法院关于审理民间借贷案件适用法律若干问题的规定》(法释〔2015〕18 号)	最高人民法院	划定 24% 的民间借贷利率红线,网络贷款平台的提供者仅提供媒介服务,当事人请求其承担担保责任的,人民法院不予支持。
2015 年 12 月 28 日	《非银行支付机构网络支付业务管理办法》(银发〔2015〕第 43 号)	中国人民银行	清晰界定支付机构定位,坚持支付账户实名制,兼顾支付安全与效率,突出对个人消费者合法权益的保护,实施分类监管推动创新。
2015 年 12 月 28 日	《网络借贷信息中介机构业务活动管理暂行办法(征求意见稿)》	银行业监督管理委员会、公安部、工业和信息化部、国家互联网办公室	对 P2P 网贷平台施行负面清单管理,不得从事或者接受委托从事十二项活动。
2016 年 3 月 10 日	《互联网金融信息披露规范(初稿)》	中国互联网金融协会	要求 P2P 从业机构每天更新至少涉及交易总额、交易总笔数、借款人数量等 21 项平台运营信息。
2016 年 4 月 13 日	《关于加强校园不良网络借贷风险防范和教育引导工作的通知》(教思政厅函〔2016〕15 号)	教育部办公厅、中国银行业监督管理委员会办公厅	加大不良网络借贷监管力度,加大学生消费观教育力度,加大金融、网络安全知识普及力度等。
2016 年 8 月 24 日	《网络借贷信息中介机构业务活动管理暂行办法》(银监会令〔2016〕1 号)	中国银行业监督管理委员会、工业和信息化部、公安部、国家互联网信息办公室	明确网贷机构为信息中介,加强事中事后行为监管,实行实行负面清单管理管理,明确网贷机构不能从事的十三项禁止性行为。

续表

颁布时间	名称	颁布机构	备注
2016 年 4 月 12 日	《互联网金融风险专项整治工作实施方案》(国办发〔2016〕21 号)	国务院办公厅	重点整治 P2P 网络借贷、股权众筹、互联网保险、第三方支付、通过互联网开展资产管理及跨界从事金融业务、互联网金融领域广告等领域存在的问题。十七个部委同步公布了 6 个细分领域的子方案。
2016 年 10 月 28 日	《互联网金融信息披露个体网络借贷》标准(T/NIFA 1—2016)、《中国互联网金融协会信息披露自律管理规范》	中国互联网金融协会	定义并规范了 96 项披露指标,其中强制性披露指标逾 65 项、鼓励性披露指标逾 31 项,分为从业机构信息、平台运营信息与项目信息等三方面。
2016 年 10 月 28 日	《网络借贷信息中介机构备案登记管理指引》(银监办发〔2016〕160 号)	中国银行业监督管理委员会、工业和信息化部、工商总局	工商登记并领取营业执照或进行工商经营范围变更→地方金融监管部门备案登记申请→持备案登记证明到地方通信管理局办理相关的增值电信业务许可证→与银行签订资金存管协议,进行银行资金存管→将增值电信业务许可证、银行资金存管等情况反馈到地方金融监管部门。
2017 年 2 月 22 日	《网络借贷资金存管业务指引》(银监办发〔2017〕21 号)	中国银行业监督管理委员会	对存管人、委托人都进行了明确的界定。明令禁止多头存管,一家网贷平台只能选择一家银行进行存管。设置客户资金与网贷机构自有资金分账管理、不变相背书、预留 6 个月过渡期等规则。

续表

颁布时间	名称	颁布机构	备注
2017 年 3 月	《支付机构将部分客户备付金交存人民银行操作指引》(银办发〔2017〕10 号)	中国人民银行	自4月17日起,支付机构应将客户备付金按照一定比例交存至指定机构专用存款账户,首次交存的平均比例为20%左右,最终将实现全部客户备付金集中存管。
2016 年 10 月 18 日	《关于进一步加强校园网贷整治工作的通知》(银监发〔2016〕47 号)	中国银行业监督管理委员会、教育部、人力资源社会保障部	一律暂停网贷机构开展校园贷业务。
2017 年 6 月	《关于进一步做好互联网金融风险专项整治清理整顿工作的通知》	中国人民银行等 17 个部门	整改实施应最迟于 2018 年 6 月底前完成,对个别从业机构情况特别复杂的,经省级人民政府批准后,整改期最长可延至 2 年,由省级人民政府指定相关部门负责监督及验收。
2017 年 6 月 30 日	《关于对互联网平台与各类交易场所从事违法违规业务开展清理整顿的通知》(整治办函〔2017〕64 号)	互联网金融风险专项整治工作领导小组	于 2017 年 7 月 15 日前,停止与各类交易场所合作开展涉嫌突破政策红线的违法违规业务的增量。同时,互联网平台须积极配合各类交易场所,妥善化解存量违法违规业务。
2017 年 8 月 23 日	《网络借贷信息中介机构业务活动信息披露指引》(银监办发〔2017〕113 号)	中国银行业监督管理委员会	强调网贷信息全过程披露,设定网贷信息披露的具体指标,平台披露的内容应当真实、及时、完整、准确。
2017 年 9 月 4 日	《关于防范代币发行融资风险的公告》	中国人民银行、工业和信息化部、工商总局、银监会、证监会、保监会、中央网信办	代币发行融资本质上是一种未经批准非法公开融资的行为,涉嫌非法发售代币票券、非法发行证券以及非法集资、金融诈骗、传销等违法犯罪活动。

续表

颁布时间	名称	颁布机构	备注
2017年11月21日	《关于立即暂停批设网络小额贷款公司的通知》(整治办函〔2017〕138号)	互联网金融风险专项整治工作领导小组	从即日起,各级小额贷款公司监管部门一律不得新批设网络小额贷款公司。
2017年12月1日	《关于规范整顿"现金贷"业务的通知》(整治办函〔2017〕141号)	互联网金融风险专项整治工作领导小组、P2P网络借贷风险专项整治工作领导小组	对现金贷的概念进行了界定,指出了现阶段现金贷存在的问题,并对潜在的金融风险和社会风险提出了警示。
2017年12月29日	《中国人民银行办公厅关于调整支付机构客户备付金集中交存比例的通知》(银发办〔2017〕248号)	中国人民银行	自2018年起调整支付机构客户备付金集中交存比例。
2017年12月25日	《条码支付安全技术规范(试行)》和《条码支付受理终端技术规范(试行)》(银办发〔2017〕242号)	中国人民银行	强调业务资质要求,重申清算管理要求,要求维护市场公平竞争秩序,规范条码生成和受理,加强商户管理和风险管理。
2018年1月18日	《关于开展为非法虚拟货币交易提供支付服务自查整改工作的通知》(银管支付〔2018〕11号)	中国人民银行	严禁支付机构为虚拟货币交易提供服务。
2018年3月5日	《政府工作报告》	国务院	强化金融监管统筹协调,健全对影子银行、互联网金融、金融控股公司等监管,进一步完善金融监管,防范化解地方政府债务风险。

图书在版编目(CIP)数据

互联网金融监管研究 / 何剑锋著. -- 北京 : 法律出版社, 2019

ISBN 978 - 7 - 5197 - 3030 - 7

Ⅰ. ①互… Ⅱ. ①何… Ⅲ. ①互联网络－应用－金融监管－研究 Ⅳ. ①F830.2 - 39

中国版本图书馆 CIP 数据核字(2019)第 019852 号

金融法学文库	**互联网金融监管研究** **HULIANWANG JINRONG JIANGUAN YANJIU**	何剑锋 著	策划编辑 黄琳佳 责任编辑 黄琳佳 装帧设计 马 帅

出版 法律出版社
总发行 中国法律图书有限公司
经销 新华书店
印刷 永清县金鑫印刷有限公司
责任校对 马 丽
责任印制 陶 松

编辑统筹 学术·对外出版分社
开本 720 毫米×960 毫米 1/16
印张 18.25
字数 272 千
版本 2019 年 3 月第 1 版
印次 2019 年 3 月第 1 次印刷

法律出版社/北京市丰台区莲花池西里 7 号(100073)
网址/www.lawpress.com.cn
投稿邮箱/info@lawpress.com.cn
举报维权邮箱/jbwq@lawpress.com.cn
销售热线/010 - 83938336
咨询电话/010 - 63939796

中国法律图书有限公司/北京市丰台区莲花池西里 7 号(100073)
全国各地中法图分、子公司销售电话:
统一销售客服/400 - 660 - 6393
第一法律书店/010 - 83938334/8335 西安分公司/029 - 85330678 重庆分公司/023 - 67453036
上海分公司/021 - 62071639/1636 深圳分公司/0755 - 83072995

书号:ISBN 978 - 7 - 5197 - 3030 - 7 **定价**:65.00 元
(如有缺页或倒装,中国法律图书有限公司负责退换)